GÜNTER WULF

Sechs Jahre in Haus F

**Über den Autor:**

Günter Wulf wurde seiner Mutter nach der Geburt mit dem Versprechen abgenommen, ihn zur Adoption freizugeben – stattdessen kam er ins Heim. Da die Kinderheime Schleswig-Holsteins überfüllt waren, wurde er 1968 in eine geschlossene Psychiatrie abgeschoben, wo ihm Furchtbares angetan wurde. Heute appelliert er an die Regierung, sich der Verantwortung für ihre Schutzbefohlenen stets bewusst zu sein.

Günter Wulf
Mit Regina Carstensen

# SECHS JAHRE IN HAUS F

Eingesperrt,
geschlagen,
ruhiggestellt.
Meine Kindheit
in der Psychiatrie

Lübbe

Dieser Titel ist auch als E-Book erschienen.

NACHHALTIG PRODUZIERT

Die Bastei Lübbe AG verfolgt eine nachhaltige Buchproduktion. Wir verwenden Papiere aus nachhaltiger Forstwirtschaft und verzichten darauf, Bücher einzeln in Folie zu verpacken. Wir stellen unsere Bücher in Deutschland und Europa (EU) her und arbeiten mit den Druckereien kontinuierlich an einer positiven Ökobilanz.

FSC www.fsc.org MIX Papier | Fördert gute Waldnutzung FSC® C014496

Zum Schutz der Persönlichkeitsrechte wurden Namen und Details verändert.

Originalausgabe



Umschlaggestaltung: Guter Punkt, München | www.guter-punkt.de
Unter Verwendung eines Motivs von © Morozov_photo/
GettyImages Satz: hanseatenSatz-bremen, Bremen
Gesetzt aus der Minion Pro
Druck und Verarbeitung: GGP Media GmbH, Pößneck
Printed in Germany
ISBN 978-3-404-61699-2

5 6 7

Sie finden uns im Internet unter
luebbe.de
Bitte beachten Sie auch: lesejury.de

*Ich widme dieses Buch all jenen Schutzbedürftigen und Zwangseingewiesenen, die in den Einrichtungen – und damit unter der Obhut! – der Bundesrepublik Deutschland und der Kirchen unermessliches Leid erfahren haben. Viele von ihnen nahmen sich später das Leben, weil ihnen niemand glaubte.*
*Dieses Buch widme ich aber auch meiner Mutter, die völlig verzweifelt nach mir gesucht hat.*

# Inhalt

# Prolog

## Wenn es finster wird

Die Albträume, sie kommen immer wieder. Nachts, meist wenn ich vorher mit jemandem darüber gesprochen habe. Über die toten Kinder. Die am Boden lagen, die neben mir im Bett starben. Sie geistern durch meine düsteren nächtlichen Gedanken, mehren meinen Schrecken, der sowieso schon da ist und nicht weichen will. Die ruhigen Nächte, die es auch immer mal wieder gibt, sind dann vorbei. Für eine geraume Zeit. Die Depressionen nehmen zu, und es ist niemand da, dem ich mich anvertrauen kann, denn durch das, was in Haus F geschehen ist, kann ich keine Bindung eingehen, kann ich Menschen nie lange in meiner Nähe ertragen. Berührung? Unmöglich.

Ein Psychiater sagte mir einmal: »Das können wir Ihnen nicht mehr nehmen, Herr Wulf. Da kommen wir nicht mehr durch. Es hat sich so in Sie reingefressen, reingepflanzt, es ist mit Ihnen gewachsen. Es ist nicht mehr machbar. Machbar wäre es, wenn das Trauma noch frisch wäre. Aber es hat Ihr ganzes Sein über Jahrzehnte bestimmt, Ihr ganzes Ich, das ist ein irreparabler Schaden, nicht mehr zu beheben.« Für mich ist das eine persönliche Katastrophe. Die Gewissheit, dass ich mich nie so entfalten konnte wie jeder andere Mensch. Und in diesen Nächten wird mir das nur zu deutlich.

Ich fühle mich noch heute wie ein Sonderling, ein Außenseiter, jemand, der immer außen vor ist. Wie hieß es damals doch? Heimkind bleibt immer Heimkind. Es scheint zu stimmen. Mit dieser Last werde ich leben müssen, bis an mein Ende. Da mache ich mir nichts vor. Ich erwarte auch nicht mehr, dass sich noch mal etwas ändern wird, nicht mit über sechzig. Aber mir geht es darum, dass ich für den Rest meines Lebens doch noch ein vernünftiges Leben führen kann. Kurz vor meinem Ableben möchte ich noch sagen können: Dankeschön. Das ist es wert gewesen, trotz aller negativen Erfahrungen – es hat einen Lichtblick gegeben. Im Moment kann ich das nicht. Aber ich habe die Hoffnung, dass es noch dazu kommen wird, wenn ich alles aufgeschrieben habe, wenn es raus ist, all das, was mir in meiner Kindheit und Jugend passiert ist. Insbesondere in dem schrecklichen Haus F auf dem Hesterberg, in der damals größten Kinder- und Jugendpsychiatrie in Schleswig. Ja, der größten, aber auch rückständigsten Anstalt in der Bundesrepublik, wenigstens bis Anfang der Siebzigerjahre, bis ein anderer Direktor die Leitung übernahm und Schluss machte mit den Exzessen, mit der Gewalt und den Misshandlungen.

Heute existiert das schreckliche Haus nicht mehr, all das dort stattgefundene Elend ist mit seinen Mauern abgerissen worden, aber es ist dadurch nicht verschwunden. All die, die dort Opfer geworden waren, haben es in ihrer Seele nicht verwunden. Einige von uns haben es nicht ausgehalten und sich das Leben genommen – ich selbst habe es zweimal versucht. Zweimal bin ich gescheitert. Ich konnte meine Erlebnisse nicht mit ins Grab nehmen. Es muss also einen Sinn haben, dass ich noch lebe und nun dafür kämpfe, dass Menschen von den Gräueltaten erfahren. Vom Medikamentenmissbrauch in diesen Einrichtungen, von den brutalen Schlägen durch Pflegerinnen und Pfleger, von den Vergewaltigungen durch Mitpatienten. Hinter den Mauern psychiatrischer Anstalten, in denen ich zwölf Jahre lang lebte, acht Jahre unter Dauermedikation, spielten sich Tragödien ab, unvorstellbare Dramen.

Niemand versuchte, dem Treiben Einhalt zu bieten. In den deutschen Psychiatrien der Nachkriegszeit kannte man kein ausgeprägtes Verantwortungsbewusstsein, keine Fürsorge- und Aufsichtspflicht gegenüber Schutzbefohlenen. Wir waren Material, auch Material für Medikamentenexperimente – nicht anders als in der Nazizeit. Ungebrochen wurden bestimmte Verhaltensmuster fortgesetzt. Die im Grundgesetz 1949 formulierte Menschenwürde wurde bei uns missachtet. Wir wurden als minderwertig angesehen und so auch behandelt. Nun kümmert sich das Landesparlament in Kiel um uns. Es geht um Entschädigungen, aber viel wichtiger: um das öffentliche Eingestehen von dem, was mit uns Bewohnern dort gemacht wurde. Endlich.

# 1

## Der Pferdeflüsterer

Ich lag in einem Bett und wurde durch einen langen Gang geschoben. Vorher musste ich woanders gewesen sein, doch daran habe ich keine Erinnerungen. Man hatte mich hierhergebracht, an den Ort, an dem sich mein Leben als Heimkind fortsetzte. Ein Leben ohne Mutter.

Ich hatte keine Mutter. Nein, das stimmt nicht. Natürlich hatte ich eine Mutter, eine, die mich geboren hatte, aber ich kannte sie nicht, wusste auch nicht, wie das war, eine Mutter zu haben.

Zur Welt gekommen war ich am 14. Februar 1959 um 00:21 Uhr in der Kieler Universitäts-Frauenklinik. Man hatte mich ihr dort weggenommen, als ich sechs Wochen alt war. Es geschah in einer Nacht-und-Nebel-Aktion, im wahrsten Sinne des Wortes, denn als man mich von meiner Mutter trennte, geschah dies nicht am helllichten Tag, sondern mitten in der Nacht, als sie schlief und nichts davon mitbekam. Dieses Vorgehen geschah auf Anweisung der Amtsvormundschaft Neumünster, aus Angst, ich könnte unter ihrer Obhut verwahrlosen. Meine Mutter, Erika Wulf, lebte damals bei ihrer Mutter in Nortorf, in der Nähe von Neumünster, deshalb war für mich das Jugendamt Neumünster zuständig. Meine Großmutter war der Ansicht gewesen, dass ihre Tochter »nicht mit dem Kindchen umgehen kann, weshalb es gut wäre, wenn ihr der Kleine auch weggenommen wird, wie zuvor schon ihre beiden Töchter Angelika und Renate. Dazu haben ja alle verschiedene Väter, weshalb über unsere Familie in der Nachbarschaft schon schlecht geredet wird. Das muss jetzt aufhören.« Hinzu kam, dass mein Vater angeblich im Gefängnis saß, das reichte dem Amt, mich meiner Mutter ohne ihr Wissen und Einverständnis zu entwenden.

Zuerst brachte man mich in Neustadt-Pelzerhaken in der Lübecker Bucht unter. Als ich zu alt war für das Kleinkinderheim, schob man mich weiter, nun über diesen Flur mit den gewölbten Decken. Doch um das zu können, musste man mich vorher als schwachsinnig eingestuft haben. Sonst hätte mich das psychiatrische Kinderheim Vorwerk nicht aufgenommen. Es war für geistig und oft auch körperlich behinderte Jungen und Mädchen gedacht, aber nicht für »normale« Kinder. Und wenn sie doch normal waren, so wie ich, dann musste man sie eben für schwachsinnig erklären. So wurden Plätze geschaffen für Kinder, die man in den anderen Heimen nicht haben wollte. Und den entsprechenden Stempel bekam man, wenn es keine Eltern gab, die protestieren konnten – aus welchen Gründen auch immer.

Wie alt ich bei meinen ersten Erinnerungen war, weiß ich nicht mehr, ich schätze mal drei oder vier Jahre. Der Flur hatte eine kleine Einbuchtung in der Wand gehabt, und in diese wurde mein Bett geschoben. Vielleicht war da früher eine Bank gewesen, jedenfalls stand dort nun mein Bett. Es war dunkel um mich herum, und ich hörte noch, wie jemand sagte: »Wir müssen den Jungen hier abstellen, die

Station ist völlig überfüllt.« Dann war es still. Diese Stille, dazu die Schwärze um mich herum, ängstigte mich so sehr, dass ich ins Nichts hinein fragte: »Ist noch jemand hier? Ich hab Angst!« Auf einmal hörte ich eine Stimme, ganz leise, sie antwortete mir: »Ja, hier ist auch einer. Und ich hab auch Angst.« Da gab es nun zwei Jungs, die Angst hatten, aber niemanden, der sie uns nahm.

Als ich am nächsten Morgen aufwachte – irgendwann hatte mich doch die Müdigkeit übermannt –, sah ich, dass sich mir direkt gegenüber ein Zimmer befand, das eine gläserne Front zum Flur hin hatte. In dem Raum konnte ich einen hoch aufgeschossenen Mann ausmachen, aus dessen schmalem Gesicht Augen scharf und stechend blickten wie bei einem Adler. Er bewegte sich mit großen Schritten, ging oft auf und ab; die Haare waren nach hinten gekämmt, leicht pomadisiert, damals favorisierten viele Männer diese Frisur, sie galt als schick. Wahrscheinlich hatte man sich das bei Elvis Presley abgeguckt, nur hatte nicht jeder so eine eindrucksvolle Haarpracht. Dieser Mann kämpfte mit seinen eher lichten braunen Haaren und war, wie ich später erfuhr, der Direktor des Heims, Walter Holthusen.

Den Jungen, der sich genauso verloren gefühlt hatte wie ich, konnte ich nirgends entdeckten, so sehr ich mich auch umschaute. Da ich nicht wusste, was ich tun sollte, blieb ich vorsichtshalber in meinem Bett, das schien mir am wenigsten bedrohlich. Im Laufe des Morgens schob man mich dann aus meiner Bucht, zog mich an und brachte mich in ein anderes Haus, nicht weit von diesem entfernt. »Du bist jetzt auf einer Station«, sagte der Pfleger, der mich begleitet hatte. Und diese Station bestand aus einem Raum mit vielen anderen Kindern und einem tagsüber leeren Schlafsaal.

Eine Belegung von fünf Kindern wäre ein Traum gewesen, aber in den hiesigen Sammelräumen waren zehn, fünfzehn, manchmal sogar zwanzig Jungen untergebracht. Die Person, die mich gestern Abend im Gang abgestellt hatte und der ich kein Gesicht zuordnen konnte, hatte ja gesagt, dass die Station völlig überfüllt sei. In diesem Moment ahnte ich, was damit gemeint war.

Unter den Kindern entdeckte ich eines mit dunkler Hautfarbe, natürlich fiel es sofort auf. Noch nie hatte ich einen Jungen gesehen, der so seltsam ausschaute, noch dazu hatte er kurze krause Haare. Wie sie sich wohl anfühlten? Irgendwann fand ich auch sein Schicksal heraus: Er hatte nicht die geringsten geistigen und emotionalen Beeinträchtigungen, seine Mutter hatte ihn hier einfach abgegeben, weil sein Vater ein schwarzer GI war, der jedoch nichts von seinem Kind wissen wollte. Mit einer solchen »schwarzen Schmach« wollte aber auch die ledige Mutter nichts zu tun haben – so ein Bastard passte nicht in die brave Nachkriegsgesellschaft, und solche Frauen, die ihre Kinder loswerden wollten, achteten sehr auf das Außen, auf das, wie sie von anderen bewertet wurden. Es war schon schlimm genug, wenn ledige Frauen ein Kind zur Welt brachten, dann galt man gemeinhin schon als Schlampe. Wenn es dann noch ein »Mischlingskind«, ein Besatzungskind, war, ein dunkelhäutiger Nachwuchs, dann wurde permanent und ungeniert mit dem Finger auf einen gezeigt, dann ging das weit über Tuscheln hinter dem Rücken der Frauen hinaus. Was für ein gesellschaftlicher Druck da ausgeübt wurde, ohne dass man sich einmal fragte, was man damit anrichtete. Was das für die Kinder bedeutete und auch für die Frauen, denen kaum eine Wahl blieb, wenn sie nicht gerade kämpferisch veranlagt waren.

Anfangs fühlte ich mich in dem Heim wohl, denn es gab Dinge, die mir gefielen, die gut waren, die mir das Gefühl gaben, behütet zu sein. Die Vorwerk-Mitarbeiterinnen und -Mitarbeiter sangen viel mit uns, meist Volkslieder, darunter einige aus Ostpreußen, was wohl daran lag, dass die Pfleger aus ihrer dort angestammten Heimat geflohen waren, der Krieg hatte sie auch nach Schleswig-Holstein gebracht.

Da wir für die Badewanne noch zu klein waren, wurden wir in Steinbottichen gewaschen und gebadet. Eines Abends nahm mich ein Pfleger mit weizenblonden Haaren, Herr Schönfeld, an die Hand und führte mich zur Badewanne.

»Du brauchst keine Furcht zu haben«, sagte er sanft.

Er zog mich aus, hob mich in die Wanne und nahm mich fest und sicher an den Händen und Füßen und schiffte mich übers Wasser, hin und her, dabei sang er: »Fahre hin, fahre her, fahre Schifflein übers Meer …«

Ich genoss auch das alljährliche Erntedankfest. Mit dem, was geerntet wurde, wurde nach alter Tradition ein Kutschwagen geschmückt, und mit ihm fuhren wir laut singend durch das weitläufige Heimgelände, zu dem auch noch ein Mädchen- und Frauenhaus gehörte sowie eine Villa, in der nur ältere männliche Patienten untergebracht waren. Ich liebte außerdem die Vorweihnachtszeit, es gab Plätzchen und Kuchen, und wir haben mit großer Begeisterung gebastelt, überall brannten Kerzen, alles war heller als sonst.

Sehr stolz war ich, weil ich an einer Weihnachtsaufführung mitwirken durfte. Darin spielte ich die »goldene Nuss«, als die ich mich rollend auf andere Statisten zubewegte und ihnen ganz viel Glück bescherte, wenn ich sie berührte und ihnen sagte: »Jetzt erfüllt sich für dich ein großer Wunsch!«

Für diese »schauspielerische Leistung« wurde ich gelobt, sodass ich leuchtende Augen und rote Wangen bekam. Es war einer jener seltenen Augenblicke, in denen ich unendlich glücklich war. Und immer versuchte ich später, als 1964 die Stimmung mir gegenüber kippte und ich nicht mehr an den Weihnachtsaufführungen teilnehmen durfte – was für mich eine Katastrophe ersten Ranges war –, die schlechten Zeiten zu verdrängen und die guten Zeiten hochzuhalten. Die waren mir wichtiger.

Ich kann mich nicht daran erinnern, dass um Weihnachten herum Eltern vorbeikamen, weder die von anderen Kindern noch meine, die schon gar nicht.

Einmal fragte ich, neugierig, wie ich war: »Wo ist meine Mama? Ich muss doch auch eine Mama haben, sonst wäre ich doch gar nicht da?«

Ich wurde von der Pflegerin nur merkwürdig angeguckt, und dann fragte mich der Direktor, der das gehört hatte und zu uns getreten war: »Wie kommst du denn darauf?«

»Ich bin hier, mich gibt es, dann muss es doch auch eine Mama geben«, wiederholte ich.

»Ja«, sagte er. »Da hast du nicht ganz Unrecht. Eine Mama gibt es, aber die wollte nichts mit dir zu tun haben. Dass dir das nur klar ist.«

Das hatte er ohne Rücksicht auf meine Gefühle geäußert und mich dann stehen lassen, hatte sich einfach wieder anderen Dingen zugewandt.

Wie? Es stimmte also, dass ich eine Mutter hatte, so wie Ludwig, der schwarze Junge, eine Mutter hatte. Aber wo war sie? Warum kam sie mich nicht besuchen? Was hieß das, dass sie mit mir nichts zu tun haben wollte? Keiner war bereit, mir diese Fragen zu beantworten.

Als ich irgendwann nicht mehr der kleine Bub war, dem man die Welt zeigen konnte, sondern der Junge, der selbst die Welt entdecken wollte, den man auch nicht mehr so einfach stehen lassen konnte – von diesem Moment an wurde das Verhalten mir gegenüber rauer. Ich wurde immer liebloser behandelt, das Nette war schlagartig vorbei. Sicher, ich war nicht der ruhige Junge, den sie sich gewünscht hätten, ich war eher der Hoppla-jetzt-komme-ich-Typ, ein Jean-Paul Belmondo im Kleinformat. So einer aber bedeutete Ärger, Anstrengung, besondere Aufmerksamkeit. Schwachsinnige Kinder sollten aber nicht für Unruhe sorgen, sie sollten gefälligst nicht auffallen, am besten brav auf einem Stuhl verharren und möglichst den Mund halten.

Doch ich passte nicht in dieses Muster hinein, und das wiederum führte dazu, dass sie mich mehr und mehr auf einem Stuhl festbanden, damit ich keinen Unfug veranstaltete. Festgezurrt saß ich dann stundenlang da, ohne dass ich meine Arme und Beine bewegen konnte. Sehnsüchtig schaute ich aus dem Fenster. Wieso hielt man mich hier gefangen? Wieso durfte ich nicht wie die anderen draußen herumtoben? Was hatte ich getan, das eine solche Maßnahme rechtfertigte? Neue Fragen, die ohne Antwort blieben.

Die Pflegerinnen und Pfleger, die ich anfangs sogar gemocht hatte, wurden mir unheimlich. Ich mied sie, wo ich nur konnte, nahm Abstand zu ihnen, weil ich nicht verstand, warum sie so grausam zu mir waren. Sicher, ich war ihnen eine zu große Last – aber deshalb musste man mich doch nicht festbinden, oder?

In meiner Not büxte ich aus. Das Heim grenzte an einen Bauernhof, und bot sich nur die geringste Möglichkeit, lief ich hinüber zu den Ställen. Dort gab es Tiere, Kühe,

Schweine und Pferde, und die zogen mich magisch an. Als kleiner Steppke ging ich aber nie zu den Kühen, weil dort die mächtigen Bullen mit ihren gewaltigen Hörnern waren. Vor denen hatte ich einen Heidenrespekt, fürchtete mich vor ihnen, hielt sie für unberechenbar und damit für absolut nicht harmlos.

Aber die Pferde hatten es mir angetan, sie mochte ich sehr, zu ihnen fasste ich Vertrauen. Klein waren sie zwar auch nicht, aber sie wirkten auf mich nicht so bedrohlich wie die Bullen. Zu den Pferden kroch ich in die Box, beobachtete sie, um zu verstehen, wie sie sich verhielten, streichelte sie. Mit ihnen sprach ich viel, und ich war mir sicher, dass sie meine Stimme kannten und im Gegensatz zum Heimpersonal Verständnis für mich hatten. Sie wandten mir nämlich den Kopf zu, wenn ich mit ihnen redete. Bestimmt waren daran nicht die Zuckerwürfel schuld, die ich aus dem Heim stibitzt hatte, um sie damit zu füttern … Eigentlich hatte ich die Pferde bestochen, um ihre Freundschaft zu gewinnen, aber dieser Gedanke kam mir erst viel später. Damals waren sie einfach für mich da. Ihnen vertraute ich mein schweres Herz an, bei ihnen weinte ich mich aus: »Hallo Pferd, ich bin wieder da. Weißt du, abends müssen wir immer unsere Spielsachen abgeben, gleich nach dem Abendessen. Die werden dann über Nacht eingeschlossen. Aber ich wollte meine gestern Abend nicht abgeben, ich wollte sie mit ins Bett nehmen und mit ihnen einschlafen. Und weil ich mich weigerte, habe ich eine Tracht Prügel bekommen. Was sagst du dazu? Findest du das nicht auch ungerecht?«

»Und was waren das für Spielsachen?«, fragte das Pferd (natürlich war ich es, der das fragte).

»Am wichtigsten ist mir mein Lieblingsteddybär, mein

Mimi-Bär, der ist mit Stroh gefüllt, und wenn man ihn nach hinten kippt, dann brummt er. Den habe ich mal zu Weihnachten geschenkt bekommen. Manche Sachen gehören mir nämlich ganz allein«, erklärte ich stolz. »Manchmal habe ich ihn aber vernachlässigt«, fügte ich hinzu, plötzlich traurig geworden.

»Und warum?«

»Weil ich euch Pferde fast noch mehr liebe als meinen Mimi-Bären. Aber auf der Station ist er mein einziger wirklicher Freund, den kann man doch nicht einfach so abends in den Spieleschrank wegsperren. Das ist unmöglich, ich ertrage das nicht! Er ist dort der einzige Trost, den ich habe, und nachts brauche ich immer besonders viel Trost, wenn ich aus Angst nicht schlafen kann.«

Das Pferd nickte zustimmend: »Ja, das ist ein unhaltbarer Zustand, das gebe ich zu.«

Ich wusste es doch, Tiere waren die besten Freunde.

Besonders liebte ich die flachsfarbene Stute, aber auch den Hengst fand ich toll. Er war zwar unruhiger als die Stute, aber wenn ich ihn streichelte, wurde er ganz still und ließ es sich offensichtlich gefallen. Das war ein unglaublich schönes Gefühl. Und dann traute ich mich sogar, zwischen den Beinen des Hengstes hindurchzukriechen.

Nicht selten erwischte mich der Bauer, wenn ich bei seinen Pferden war, und jedes Mal bekam er mehr graue Haare, wenn er mich dort sah. »Junge, das darfst du nicht. Du kannst nicht einfach zu den Pferden in die Box gehen. Da krieg ich ja eine Herzattacke. Wenn da etwas passiert!«

»Aber da passiert doch nichts.« Heftig versuchte ich, seine Bedenken zu zerstreuen. Aber der Bauer war nicht umzustimmen.

»Das denkst auch nur du. Die Tiere können vor Schreck austreten, glaub mir, das kann schneller passieren, als dir lieb ist. Und das kann dann böse enden.«

»Aber ich verstehe mich doch gut mit den Pferden. Die hören mir zu, wenn ich ihnen was erzähle, und drehen mir sogar den Kopf zu. Die haben mich lieb.«

Ein kleines Lächeln breitete sich auf dem zerfurchten Gesicht des Bauern aus, was ihn aber nicht daran hinderte, mich gleich darauf ins Heim zurückzuscheuchen. Sein Stallknecht Karl brachte mich zurück zu meiner Station. Ich wusste, was mir dann blühte, man würde mich wieder auf den Stuhl setzen und mit Seilen festbinden.

Je mehr mich das Pflegepersonal auf diese Weise zu zügeln versuchte, umso größer wurde meine Sehnsucht nach den Tieren. Neben den Pferden hatte ich mir im Schweinestall eine alte, träge Sau als beste Freundin ausgesucht. Auch sie konnte perfekt zuhören, wenn ich mit ihr sprach. Sie schnupperte dann nach mir, ließ sich von mir streicheln und mit Kartoffelschalen, die ich aus der Abfalltonne unserer Küche stibitzt hatte, bestechen. Ich liebte diese Sau, und als sie sich an mich gewöhnt hatte, konnte ich mich sogar zu ihr legen und dort auch schlafen. Irgendwann erfuhr ich, dass die Sau geferkelt hatte, acht oder zehn Babys sollte sie nun haben. Ich musste sie besuchen, ihr zum Nachwuchs gratulieren; sie wartete bestimmt schon auf mich. Und auf meine Mitbringsel, die Karotten- und Kartoffelschalen.

Zugegeben, die grunzte zuweilen sehr tief und drohend, ich hatte das aber stets als ernsthafte Unterhaltung gedeutet, die sie mit mir führte, nicht als Drohgebärde. Diese Überzeugung brachte mich dazu, immer wieder zu dem Bauern zu laufen. Es war mir egal, was für Folgen das haben würde,

Hauptsache, ich konnte für eine Weile bei meinen geliebten Vierbeinern sein. Sie konnte ich stundenlang betrachten, mit größter Geduld, bei ihnen verlor ich meine innere Wut, die ich langsam gegenüber den Menschen entwickelt hatte, die mit Gewalt meinen Willen brechen wollten.

Man achtete im Heim darauf, dass wir möglichst selbstständig wurden. Selbstständig hieß aber nur, dass das Personal möglichst wenig Arbeit mit uns hatte, es hieß nicht, dass wir eine eigene Persönlichkeit entwickeln sollten. Im Gegenteil, das einzig Wichtige war, dass wir uns unterordneten und anpassten. Das war das Credo. Lief alles wie am Schnürchen, wurde man akzeptiert, zumindest geduldet, aber das bedeutete auch, dass man zu funktionieren hatte. Wenn man nicht funktionierte, wurde man erst ermahnt, und reichte das nicht aus, steckte man uns in die Zwangsjacke. War man dann immer noch nicht ruhig, setzte es obendrein noch Schläge. Die Zwangsjacken gab es in jeder psychiatrischen Einrichtung, auch in der passenden Kindergröße. Wer sich nicht unterordnete, wurde untergeordnet! Der Zweck heiligte die Mittel.

Samstage und Sonntage waren ein Highlight in unserem Alltag, denn dann durften wir in unserem Aufenthaltsraum Fernsehen gucken, *Flipper* oder *Bonanza* in Schwarz-Weiß. Unser Fernseher hatte allerdings die Eigenschaft, öfter mal nicht zu funktionieren, da hatten wir eine große Gemeinsamkeit. Ich jubilierte dann jedes Mal still, denn dadurch fiel unser Fernsehprogramm nicht aus, sondern wir durften rüber zur Villa. Doch nur geschlossen, im Gänsemarsch. Ich freute mich dann – neben dem Fernsehprogramm – auch auf einen alten Mann, der stets in seinem Ohrensessel saß und durch eine dicke schwarze Brille das Geschehen auf dem Bildschirm verfolgte. Sah er mich, rief er: »Na, komm mal her zu mir, mein Kleinchen.« Dann durfte ich mich zu seinen Füßen vor dem Ohrensessel niederlassen. Das war wunderschön, es fühlte sich wie zu Hause an – obwohl ich ein richtiges Zuhause nie kennengelernt hatte.

Als wir uns auf den Rückweg machen sollten, hieß es abermals: »Geschlossen zurück!« Was mich aber nicht davon abhielt, hin und wieder zum Bauernhof zu schielen, den ich von unserem Heimweg aus gut erkennen konnte. Und schon hatte man mich ertappt: »Günter, es geht in diese Richtung, nicht nach rechts. Du brauchst es gar nicht zu versuchen.« Das Personal wusste ganz genau, was Sache war, es kannte mich fast besser als ich mich selbst. Das war unheimlich, erschreckend, ich hatte dann immer das Gefühl, dass es meine Gedanken lesen konnte. So kam es mir jedenfalls vor. Die Mitarbeiter kannten die Kinder, besonders jene, die widerspenstiger waren, und auf die hatten sie ein besonders scharfes Auge. Doch wer ausbrechen wollte, der wurde nicht mehr geduldet, der musste auf Linie getrimmt werden.

Wahrscheinlich versuchten die Pfleger, vernünftig mit uns umzugehen, was aber nur selten gelang. Sie schienen überfordert zu sein, zumal sie keine ausgebildeten Erzieher waren. Hinzu kam, dass Unterdrückung Teil des damaligen Erziehungsstils war. Von der Biedermeierzeit über die Kaiserzeit bis zur Hitlerzeit und zur deutschen Nachkriegszeit – als Kind hatte man grundsätzlich zu gehorchen. Pflegeleicht zu sein. Unsichtbar zu sein. Kinder und Rechte? Das konnte man vergessen. Erst recht bei Heimkindern. Und das System Heim hatte noch seine speziellen Eigenheiten: Es wurde sehr deutlich unterschieden, ob man ein eheliches oder ein uneheliches Kind war. Das wurde auch »draußen« getan, aber ich vermute, nicht so offensichtlich wie bei uns, wenn ich auch keine wirklichen Vergleiche hatte.

Ich gehörte zu denen, die Bastard geschimpft wurden. Dieses Schimpfwort wurde mir nicht direkt an den Kopf geworfen, aber wurde ein Pfleger neu eingearbeitet, redete man auch schon mal Klartext, und das so laut, dass unsere Ohren es mithören konnten: »Dieser Junge und jener und der da, das alles sind Bastarde, da müsst ihr besonders aufpassen und ruhig härter zugreifen.« Ich wusste nicht wirklich, dass »Bastard« ein Schimpfwort war, aber so, wie es ausgesprochen wurde, mit diesem abfälligen Tonfall, kam es mir so vor.

Einmal war ich richtig frech und fragte: »Wieso werde ich anders behandelt als die Kinder, die eine Mutter und einen Vater haben?« Solche Fragen wurden nicht geduldet, und schon setzte es eine Ohrfeige.

Das System Heim bestand letztlich aus drei Klassen von Menschen: Zur ersten Klasse gehörten die Pflegerinnen und Pfleger, natürlich auch, an deren Spitze, der Direktor. Die zweite Klasse umfasste die ehelich Geborenen, die dritte eben jene Bastarde. Das war eine unumstößliche Hierarchie. Und genau diese ließ man uns jeden Tag, zu jeder passenden oder unpassenden Gelegenheit spüren.

Und weil das Personal nicht ausgebildet war, versuchte es seine Unsicherheit mit Härte zu kaschieren. Wer das nicht konnte, übertrug seine Angst auf uns. Herr Schönfeld gehörte zur letzteren Kategorie. In seinem Herzen war er ein guter Mensch. Wie er mich in der Badewanne sicher über die »Meereswellen« getragen hatte, das vergesse ich nie. Doch eines Tages machten wir einen Spaziergang, der uns aus dem Heim herausführte. Das Ziel war eine Parkanlage, wo wir spielen und singen sollten. Der Weg dorthin führte an Trümmerhäusern vorbei, denn noch längst hatte man nicht alles wiederaufbauen können. Durch die Luftangriffe der Royal Air Force im März 1942 – in einer Nacht flogen 234 britische Flugzeuge über die alte Hansestadt und überzogen sie mit einem Bombenhagel, es war das erste Flächenbombardement – war ganz Lübeck zerstört.

Vor den Ruinen fürchtete ich mich, und ich fragte Herrn Schönfeld: »Warum sind denn die Häuser so kaputt?«

Lange sah er mich an, so lange und so eindringlich, dass ich mich noch mehr zu fürchten begann. Schließlich antwortete er, und dabei hatte er Tränen in den Augen: »Sie sind alle zerstört worden, von unseren Feinden. Die haben uns kaputt geschossen.« Das Wort »Feinde« betonte er so, dass ich auf einmal das Gefühl hatte, selbst ein solcher Feind zu sein. Denn waren Menschen dritter Klasse nicht Feinde? Als Vierjähriger wusste ich nicht, was Feinde waren. Später erfuhr ich von einer Pflegerin, dass Herr Schönfeld im Krieg im wahrsten Sinne des Wortes aus seinem Elternhaus herausgebombt worden war, durch eine Druckwelle sei er aus dem Fenster geflogen, habe dieses Unglück aber überlebt. Durch seine heftige Reaktion begriff ich jedoch gleich, dass er nicht gern an diesen Häusern vorbeiging, dass Krieg etwas ganz Schlimmes war – und erst recht solche Feinde, die etwas Derartiges taten.

Später gingen wir noch öfter an den Häusergerippen vorbei, und jedes Mal hatte ich dabei ein mulmiges Gefühl, dachte, ich würde von diesen Häusern erschlagen werden. Mir schien es, als kippten sie nach vorne über und drohten immer, über uns zusammenzustürzen, und ich war froh, dass wir wegen der Absperrbänder die andere Straßenseite benutzten. Bestimmt wünschte sich Herr Schönfeld, dass die »Feinde« unter ihnen begraben wurden. Erleichtert atmete ich auf, wenn wir den Park erreichten – ein Wunder, dass die Grünanlage erhalten geblieben war, riesige alte Bäume demonstrierten, wer hier das Sagen hatte, dazwischen floss ein kleines Bächlein. Einmal rutschte ich dort aus und wäre beinahe ins Wasser gestürzt. Eine Pflegerin zog mich rechtzeitig hoch, gab mir aber einen gewaltigen Klaps auf den Po, weil ich nicht aufgepasst hatte.

Noch eine andere Szene hatte sich in mir eingefressen: Ich war fünf Jahre alt, und an einem Wintertag gingen wir warm angezogen nach draußen. Natürlich immer in einer Gruppe, nie durfte man alleine die Station verlassen, nie durfte man alleine auf dem Gelände spielen, und schon gar nicht durfte man ausgelassen herumtoben. Alles sollte kontrolliert ablaufen, unter solchen Bedingungen war es nicht möglich, dass sich ein Kind frei entfalten konnte. Deshalb lief ich immer weg, und deswegen wurden meine Fluchtversuche zum Hof nebenan auch immer so hart geahndet. Ständig unter Beobachtung, das war unser Lebensmotto. Versuchte man den Argusaugen zu entfliehen, wurde man eingefangen, zurückgebracht und fixiert.

An diesem Wintertag dachte ich aber ausnahmsweise gar nicht daran, mich der Kontrolle zu entziehen. Ich hatte nichts anderes im Sinn, als die Sonne zu genießen. Und weil sie so schön warm schien, öffnete ich die Knöpfe meines Mantels.

»Was machst du da, Günter? Was fällt dir ein? Kannst du denn nie wie alle anderen Kinder sein und gehorchen?«

Energisch wurde ich von einer Pflegerin am Arm gepackt, sie gehörte zu den Frauen, die ich nicht mochte, ein hageres Gestell, knochig die Wangen, alles an ihr schien aus einer einzigen Farbe zu bestehen: Grau. Wir wussten, dass sie nicht verheiratet war, und unverheiratete Pflegerinnen hatten keine Kinder. Das war schon mal ein großer Minuspunkt, wenn es darum ging, sich in uns einzufühlen, Verständnis für uns zu entwickeln. Und die meisten Frauen, die in dem Heim arbeiteten, waren ledig.

Verwirrt schaute ich sie an. Was hatte ich denn nun schon wieder verbrochen? Ich hatte doch nur meinen Mantel geöffnet. Ich wollte nichts weiter, als die warme Sonne auf meinem Körper spüren. War das nicht erlaubt?

»Du glaubst, du kommst mit deinem Dickschädel durch?« Die Pflegerin keifte, aus ihren Augen sprühten Funken. »Vergiss es! So etwas werde ich nicht dulden. Das muss bestraft werden. Du wirst jetzt fünf Mäntel übereinander tragen.«

So absurd es klang, sie ließ sich nicht davon abhalten. Die dürre Pflegerin lief ins Haus zurück und kam kurz darauf mit fünf Mänteln zurück, jeder eine Nummer größer als der andere, und ich musste tatsächlich alle fünf auf einmal anziehen. Durch ihr ausgeklügeltes Vorgehen – wie kam man nur auf eine solche Idee? – passten sie auch alle übereinander. Schwer trug ich an den Kleidungsstücken, und ich schwitzte unendlich unter ihnen. Bewegen konnte ich mich mit und in ihnen auch nicht, mit dem Spielen war es vorbei. Ich stand nur da, sah den anderen Jungs zu, fühlte, wie sich Schweißperlen auf meiner Stirn bildeten. Oder waren es Tränen, die mein Gesicht herunterliefen? Ich fand das unendlich ungerecht. Wieso bestrafte man mich derart gnadenlos? Ich hatte nicht einmal gewusst, dass es verboten war, einen Knopf aufzumachen. Ich hätte es noch verstanden, wenn ich ihn absichtlich abgerissen oder sonst etwas Gewaltsames gemacht hätte, aber so?

Aber bei mir hatte kein Pfleger mit Konsequenzen zu rechnen. Ich war elternlos und damit schutzlos. Die Kirche – und ich war in einer diakonischen Einrichtung – soll den Menschen Halt geben und sich um die kümmern, die Hilfe brauchen. Doch bis heute sträubt sie sich gegen jegliche Aufklärung, was in diesen evangelischen Heimen geschah, zumindest hier oben im hohen Norden. Sie will sich nicht ihren Taten stellen. Es wird herumlaviert, statt zuzugeben, was passiert ist. Sie predigen Nächstenliebe, leben sie aber nicht. Jesus wäre diesem Verein niemals beigetreten.

Menschen, die nicht allein für sich sorgen können, brauchen durchaus Unterstützung für ihr Leben, und dafür wurden solche kirchlichen Institutionen und Einrichtungen ja geschaffen. Doch diese Aufgabe hat die Kirche in meinem Fall keineswegs erfüllt.

Es fehlte also der kirchliche Schutz, aber auch der Staat hat weggeschaut, obwohl das Heim unter seiner Aufsicht stand! Wenn alle wegsehen, können Tragödien ihren Lauf nehmen – und so wurde mein Leben zur Tragödie. Mein Aufenthalt in der Psychiatrie war für mich keine Hilfe, kein Segen, sondern wurde mir zum Verhängnis.

# 2

## Medikamente für Schweine – und Kinder

»Günter, jetzt schluck das mal.« Der für das Heim zuständige Arzt, Dr. Lüders, hielt mir etwas hin, was ich nicht zuordnen konnte.

»Was ist das?«, fragte ich. Ich war schon nervös, aber sofort fühlte ich mich noch unruhiger, wusste instinktiv, dass hier etwas nicht so ganz in Ordnung war. Dr. Lüders, der nicht auf dem Heimgelände wohnte, aber ganz in der Nähe, sah mich auch so merkwürdig an, überhaupt war er eine seltsame Person. Vor diesem Mann hatte ich Angst, nicht Respekt, was aufgrund seines weißen Kittels vielleicht gefordert war, nein, Angst. Er hatte düstere Augen, die Haare hatten ein stumpfes Grau, und er war von großer, schlaksiger Gestalt. Er war vielleicht Mitte fünfzig, und sein Kittel flatterte, wenn er über die Gänge lief, er sah dann fast aus wie eine Vogelscheuche. Ich mochte ihn nicht, weil er so forsch und manchmal auch sehr ungeduldig war. Dabei war er sehr streng und strahlte Autorität aus.

»Frag nicht, sondern schluck es runter.«

»Nein, ich will das nicht«, wehrte ich mich.

Jedoch vergeblich, Dr. Lüders packte mich und zwang mich, das Zeug zu schlucken. Es war das Jahr 1964, und ich war fünf Jahre alt.

Ich ahnte, dass es ein Medikament war, so wie man mir schon Zäpfchen verabreicht hatte, als ich mit hohem Fieber im Bett gelegen hatte. Aber dieses Mal war ich nicht krank, hatte kein Fieber und auch keinen Husten. Es musste sich um etwas anderes handeln, nur was sollte das Medikament bewirken?

Ich fragte meine Freunde, ob sie etwas Genaueres wüssten. Das waren Niels, Helmut, Andreas und Ludwig. Ludwig war das unerwünschte Besatzungskind, das ich gleich bei meiner Ankunft im Heim gesehen hatte. Von meinen Freunden mochte ich Niels am meisten, wir beide waren unzertrennlich. Wir verstanden uns so gut, dass wir uns auch mal gegenseitig piesackten und kleine Streiche spielten. Doch obwohl ich jünger war als Niels, wurde mein Verhalten als Boshaftigkeit angesehen, und deshalb wurde ich gerügt. Dabei wusste ich genau, was bei Niels noch als Spaß durchging. Beging ich in den Augen des Pflegepersonals noch größere »Verbrechen«, wurde dies dokumentiert. Dass Niels und ich gute Freunde waren, wurde hingegen nicht festgehalten, in meine »Schandtatenliste«, die zu meinen Akten gelegt wurde, trug man nur mein schlechtes Benehmen ein. Diese Liste verfolgte nur einen einzigen Zweck: Sie diente der Rechtfertigung damals getroffener Entscheidungen und Maßnahmen sowie der Implantation von Schuldgefühlen bei uns Heimkindern, die uns bis ins Erwachsenenleben verfolgen sollten. Man hatte uns unsere »Verbrechen« regelrecht eingetrichtert.

Als ich Jahrzehnte später beim heutigen Leiter der Vorwerker Diakonie um Einsicht in meine Akte bat – tatsächlich existierte sie noch –, druckte er sie mir aus. So konnte ich nachlesen, dass ich erstmalig am 10. Dezember

1962 »unangenehm aufgefallen« war, knapp einen Monat zuvor, am 7. November, war ich dem Heimarzt Dr. Lüders vorgestellt worden. Gab es da einen Zusammenhang? Ein Jahr später, 1963, war es nicht bei einem Vermerk geblieben, da waren es insgesamt acht, weswegen man mich immer wieder mit einem Gurt ans Bett gebunden hatte. Laut Bericht litt ich an »gesteigerter Unruhe«. Es war das Jahr, in dem ich mich der Einengung und Unterordnung zu entziehen versuchte und ständig zu den Tieren auf dem angrenzenden Bauernhof floh. 1964 verlängerte sich die Schandtatenliste um insgesamt siebzehn »Negativeinträge«.

»Niels, du musst doch auch dieses Medikament schlucken, weißt du, zu was das gut sein soll?«, wollte ich von meinem kleinen Freund wissen.

»Keine Ahnung«, sagte Niels und zuckte mit den Schultern.

Vielleicht ist er zu naiv, dachte ich, und fragte auch meine anderen Freunde, ob sie mehr wussten. Aber auch Ludwig und Helmut konnten mir nichts Genaueres sagen. Nur Andreas hatte wie ich darüber nachgedacht, was wir da zu uns nehmen sollten, und seine Schlussfolgerung gezogen:

»Ich vermute mal, dass es mit unserem Verhalten zu tun hat. Wir sind denen zu unruhig, die wollen, dass wir ihnen keine Probleme machen.«

Ich nickte. »Das kann hinhauen.«

Und so war es dann auch. Dr. Lüders hatte mir laut meinem Aktenbericht – alles schön notiert – am 13. Mai 1964 dreimal acht Tropfen Haloperidol verabreicht, ein hochpotentes Antipsychotikum, ein Neuroleptikum, das heute gegen Psychosen, gegen Wahnvorstellungen und Realitätsverlust, verschrieben wird. Bekannt ist inzwischen, dass es schwere Nebenwirkungen auslöst, etwa Störungen der Bewegungsabläufe. Es war ein Wahnsinn, dass ein solch heftiges Medikament an Kindern ausprobiert wurde. Damals stand sogar im Raum – und bis 1964 war das noch nicht hinreichend geklärt –, dass Haloperidol womöglich toxische Eigenschaften haben könnte. Wenn man dazu bedenkt, dass jedes Kind eine andere Dosis benötigt, abhängig vom Alter und Körpergewicht, dann ist es noch viel unverständlicher, dass man uns alle mit einer ähnlichen Dosis versorgte.

Weiterhin bekam ich in dem Jahr 1964 dreimal täglich Megaphen in Form von Dragees (zwei Stück), ein Präparat von Bayer, letztlich Chlorpromazin, das ebenfalls wie Haloperidol ein Neuroleptikum ist. Dieses Medikament wurde als Meilenstein in der Geschichte der modernen Psychiatrie gefeiert, doch bevor man das tun konnte, musste es erst einmal erprobt werden. 1950 war es von dem französischen Chemiker Paul Charpentier synthetisiert worden, es wurde dann in verschiedenen Situationen bei psychiatrischen Patienten eingesetzt, insbesondere bei Menschen, die unter Schizophrenie litten. Weil es sedierend wirkte, wurde beispielsweise in den USA eine große Studie mit Chlorpromazin durchgeführt, genau in dem Jahr, in dem es im Kinderheim Vorwerk schon zum Einsatz kam – um uns ruhigzustellen. Erst seit Mitte der Achtzigerjahre wird Megaphen in Deutschland nicht mehr verschrieben, zuletzt wurde das Präparat als Tiermedikament eingesetzt, um Schweine zu beschwichtigen. Der *Spiegel* schrieb am 3. August 1992, dass die Arznei die Schweine beruhige, aber die Bauern krank mache – Chlorpromazin verursacht bei Hautkontakt nämlich eine schwere Lichtallergie. Genau dieses Medikament wurde nun an Fünfjährigen getestet!

Weil ich am 11. Juni 1964 trotz doppelter Megaphen-Dosis wieder negativ aufgefallen war, wurden mir zusätzlich kalte Duschen verabreicht, um mich »zur Besinnung« zu bringen. Die eiskalten Duschen waren ein Grauen. Ich wurde dazu in die Badewanne gestellt, doch zum Abbrausen nahm man nicht den Sprühkopf von der Wanne, sondern jenen vom Bottich, der an einem langen Schlauch angeschlossen war und einen besonders harten Strahl hatte. Ein paar Minuten lang wurde dieser Strahl auf mich gehalten, ich sprang in der Badewanne hilflos auf und ab und schrie aus Leibeskräften: »Weg! Weg! Weg!« Es war so kalt und so unangenehm, ich wollte nur, dass es aufhörte.

Doch damit nicht genug. Dem Bericht konnte ich entnehmen, dass ich eine weitere Vorstellung bei Dr. Lüders hatte, meine Medikation sollte überprüft werden. Nachdem der Heimarzt sich meiner – was auch immer man darunter verstand – angenommen hatte, verschrieb er nun eine andere Verabreichungsform: dreimal täglich Megaphen (jeweils ein Dragee) und abends noch eine Tablette Luminal, ein Arzneistoff aus der Gruppe der Barbiturate, also ein Schlafmittel, das aber auch zur Behandlung von Epilepsie eingesetzt wird. Zwar wird Kindern das Medikament noch heute verschrieben, aber es wird mindestens im Beipackzettel darauf hingewiesen, dass der darin enthaltene Wirkstoff Phenobarbital Unruhe, Konzentrationsschwäche und aggressives Verhalten auslösen kann. Letztlich genau das Gegenteil dessen, was bei mir erreicht werden sollte. Vielleicht wurde ich auch aus diesem Grund nicht folgsamer, vielleicht gelang es deshalb nicht, mich vollends ruhigzustellen.

Und überhaupt, wenn vieles noch nicht abgeklärt war, wieso wurden uns Kindern dann all diese Medikamente verabreicht? Die Antwort liegt auf der Hand: um ihre Wirkung zu testen. Was in der Nazizeit in Heimen und psychiatrischen Einrichtungen gang und gäbe war, wurde in der jungen Bundesrepublik bis in die Siebzigerjahre hinein fortgesetzt. Das betraf nicht nur die unmittelbare Nachkriegszeit, während der der Staat und auch die Alliierten kläglich versagt hatten, diesem Gebaren Einhalt zu gebieten, Grenzen zu setzen. Zwar wurde immer wieder von einer erfolgreichen Entnazifizierung gesprochen – doch wenn ich mein Leben so betrachte, kann ich dem nicht zustimmen. Wie wir Heimkinder behandelt und »therapiert« wurden, das hatte nichts mit einer geglückten Entnazifizierung zu tun.

In einer Dokumentation des SWR mit dem Titel *Die Grenzen des Erlaubten* zeigten die Filmemacher Charly Kowalczyk und Eva Schindele, wie in der Geschichte der Bundesrepublik mit ungetesteten Medikamenten und noch nicht vollständig erprobten Wirkstoffen umgegangen wurde. So heißt es bei ihnen: »1931 hatte das Reichsgesundheitsministerium erstmals ethische Richtlinien für die Forschung am Menschen erlassen. Darin akzeptierte man zwar das Experiment als legitimes Mittel der Erkenntnis, nahm jedoch gleichzeitig die Ärzte in die Pflicht, die Verantwortung für Leben und Gesundheit der Versuchspersonen zu tragen. Mit der Machtübernahme der Nationalsozialisten 1933 wurden diese ethischen Richtlinien wieder außer Kraft gesetzt.«

Es ging in den psychiatrischen Einrichtungen der Nazis aber nicht nur um Medikamentenversuche, sondern auch um Zwangssterilisationen. Kein Klinikleiter widersetzte sich diesem menschenfeindlichen Treiben, und auch beim Morden gab es weitgehend Zustimmung. Valentin Faltlhauser, vor der Nazizeit ein engagierter Reformpsychiater, ersann neue, perfide Mordmethoden. So entwickelte er eine fettfreie »E-Diät«, bei der Menschen innerhalb von drei Monaten den Hungertod starben. Faltlhauser wurde 1949 wegen »Anstiftung zur Beihilfe am Totschlag« zu einer Gefängnisstrafe von drei Jahren verurteilt, die er nie antreten musste. Auch während des Nürnberger Ärzteprozesses verteidigten einzelne Mediziner ihre Experimente als wissenschaftlich notwendig und sinnvoll.

Die Medikamente zeigten bei uns Heimkindern Wirkung, oft aber eine unterschiedliche. Bei vielen, so ging es auch mir, breitete sich ein Benommenheitsgefühl aus, sie wurden schläfrig und träge. Andere wurden durch die Medikamente aufgeputscht. Bei einigen Mitteln, die mir verabreicht wurden, stellte man fest, dass sie meine Unruhe nur steigerten. So versuchte man dies und jenes, ständig wurden Medikation und auch Dosis geändert. In meiner Akte stand immer nur das Datum, an dem ein neuer Test vorgenommen wurde.

In regelmäßigen Abständen, meist vierzehntägig, wurde mir auch Blut entnommen, sicherlich um die Veränderungen in ihm zu dokumentieren – wichtig für die Pharmaproduzenten. Ich fand dieses Blutabnehmen nur widerlich, und die Spritze tat weh. Immerhin konnte ich mich im Kinderheim Vorwerk öfter dieser unangenehmen Prozedur entziehen. Als ich später in die geschlossene Anstalt, in das Landeskrankenhaus Schleswig-Hesterberg, kam aber nicht mehr. War das Blutbild nicht in Ordnung, wurde abermals etwas Neues ausprobiert. Irgendwie musste man es doch schaffen, mich so einzustellen, dass ich keine Probleme mehr bereitete.

In meiner Akte, die ich als Erwachsener hatte einsehen können, war noch vermerkt, dass ich Melleril bekam, ein Präparat mit dem Wirkstoff Thioridazin – als Anwendungsgebiete gelten chronische Formen der Schizophrenie und andere Psychosen, die mit Erregungszuständen sowie psychomotorischer Unruhe einhergehen, also Halluzinationen, Wahnvorstellungen oder Persönlichkeitsstörungen. Gut, wir waren in einem psychiatrischen Heim, aber wir waren Kinder, und viele von uns hatte man dort nur untergebracht, weil es woanders keinen Platz gab. Nichts rechtfertigte jedenfalls, dass man uns als Versuchskaninchen missbrauchte.

Thioridazin wurde übrigens erst 1966 patentiert, durch das Schweizer Pharmaunternehmen Sandoz, also zwei Jahre, nachdem man es mir verordnet hatte. Heute kommt es als Generika zur Anwendung, also als wirkungsgleiche Kopie, weil der Patentschutz auf Melleril abgelaufen ist. In den USA und in Europa wurde Melleril aber vom Markt genommen, denn es hatte sich gezeigt, dass es gefährliche Herzrhythmusstörungen hervorrufen konnte.

Heute frage ich mich oft, wie aus einem einst ruhigen Heimkind – und ruhig musste ich einmal gewesen sein, da ich die erste Zeit in Vorwerk als sehr schön erlebt habe – ein rastloser, jähzorniger Junge werden konnte. Wieso kam das Pflegepersonal nicht mit mir klar? Lag es an meiner Reaktion darauf, wie es mit mir umgegangen war? Oder hatte ich mich schlicht so entwickelt, vielleicht durch die Medikamente? Schwer zu sagen. Vielleicht spielte beides eine Rolle. Auf jeden Fall möchte ich das Verhalten der Pflegerinnen und Pfleger nicht kleinreden. Denn wieso wurden nur meine »verwerflichen« Eigenschaften festgehalten und nicht meine – sicherlich auch vorhandenen – guten Seiten? Ich war doch aufgeweckt, anderen gegenüber hilfsbereit. Und ich war ungeheuer neugierig, wollte immer alles wissen, stellte dem Pflegepersonal ständig Fragen: »Warum heißt der Apfel eigentlich Apfel?« Solche Fragen kamen aber gar nicht gut an, zumal die Pfleger sie selbst nicht beantworten konnten. Oft hatte ich auch die geistig behinderten Heimbewohner liebevoll gestreichelt, einzig um ihre überschwängliche Freude über meine Zuwendung zu erleben, die wenigstens eine ehrliche war. Diese Freude hatte auch mich jedes Mal überwältigt, ich sagte ihnen: »Wir sind gute Freunde.« Oder ich fragte nach: »Geht es dir gut?«

Brauchte man vielleicht die Schandtatenliste – neben dem Protokoll meiner verabreichten Medikamente –, um später meine Einweisung in eine geschlossene Anstalt zu begründen? Ich kann diese Frage nicht mit Sicherheit beantworten, aber ich habe eine ungute Ahnung.

# 3

## Zwangsjacke im Besinnungsstübchen

Dann kam der 26. Oktober 1964. Über den konnte ich in meiner Akte lesen: »Günter Wulf war sehr ungezogen und musste zur Strafe einen halben Tag ins Bett.« Ich wusste sofort, was damit gemeint war: Ich wurde in die Zwangsjacke gesteckt und festgebunden. Schlagartig fiel mir alles wieder ein. Nur wenige Tage zuvor war ich vom Direktor des Heims in sein Büro gerufen worden. Ein Pfleger hatte mich zu ihm ins Verwaltungsgebäude gebracht, an den Ort, wo ich ihn einst von meinem Bett aus hatte beobachten können. Nun konnte ich den großen Schreibtisch von Nahem betrachten, dahinter ein Sessel. Vor dem Schreibtisch stand noch ein Hocker, und wenn der Direktor auf diesem Platz nahm, dann wusste jedes Heimkind: Oh, oh, gleich wird's brenzlig. Und heute setzte sich Herr Holthusen auf diesen.

»Komm mal«, sagte der Direktor. »Komm mal her zu mir.«

Natürlich wollte ich mich ihm nicht nähern, ich ahnte ja, was mir blühte. Wer hatte schon Lust, geschlagen zu werden?

»Wieso kannst du nicht folgsam sein, Günter? Wieso rennst du immer wieder zum Bauern rüber? Es ist dir verboten, das zu tun. Hundertmal wurde dir das gesagt. Und jetzt hast du es wieder getan. Nun muss Schluss damit sein.« Mit diesen Worten packte er mich, zerrte mich zu sich hinunter auf den Hocker und riss meine Hose herunter. Dann griff er hinter sich, denn dort wartete sein Rohrstock. Mit diesem zog er einmal kräftig über meinen Allerwertesten. Es tat höllisch weh. Nun hatte ich bestimmt auch so einen Striemen wie ich ihn schon bei meinen Freunden gesehen hatte. Aber er schlug nicht nur einmal, sondern zwei- oder dreimal zu. Es brannte höllisch. Ich sah auch, als ich meinen Kopf wendete, dass ich blutete. Ich schrie und weinte, laut und eindringlich, so sehr, dass der Direktor anscheinend auf einmal ein schlechtes Gewissen bekam. Denn er stand auf, ging zu einem Schrank und kehrte mit einem Holztablett zurück, auf dem verschiedene Süßigkeiten lagen.

»Such dir was aus«, brummte er.

Mit nassem Gesicht, die Hose gerade hochgezogen, wählte ich eine kleine Tüte Lakritzen. Ich hätte auch eine mit Keksen nehmen können, aber schnell hatte ich überblickt, trotz aller Schmerzen, dass in der Tüte mit Lakritzen mehr drin war als in der Tüte mit den Keksen.

Als ich mir meine Salmiaklakritzen genommen hatte und die Tüte fest umklammerte, damit sie mir niemand wieder wegnehmen konnte, sagte Direktor Holthusen: »Und dass du mir jetzt artig bist. Sonst erlebst du wirklich was, dagegen ist das hier nichts.« Sein stechender Blick ging mir durch und durch. In diesem Moment hatte ich fürchterliche Angst vor ihm, fest nahm ich mir vor, dass ich ihm Folge leisten würde.

Doch natürlich blieb ich nicht lange brav. Trotz des Verbots zog es mich wieder in die schönen alten Ställe, zu meiner Tierfamilie. Sie hatte mich aufgenommen, sie konnte ich doch nicht im Stich lassen. Ich hatte ja keine andere Familie. Der Bauer, dem die Ställe gehörten, versorgte uns mit Milch, mit Eiern und Fleisch. Dadurch war das Heim autark, was nützlich war für den Staat, denn so musste er sich weniger um die Einrichtung kümmern, steuerte nur das Notwendigste bei, mehr aber auch nicht. Wer sollte da schon protestieren? Wir waren Freiwild, mit uns konnte man machen, was man wollte.

Und das merkte ich, nachdem ich abermals ausgebüxt war, mit einigen aus der Küche stibitzten Möhren, die ich dem Hengst verfüttern wollte.

»Was ist denn heute wieder passiert?«, fragte das dunkelbraune Pferd und kaute genüsslich auf einer meiner geklauten Möhren herum, als ich Trost suchend bei ihm unterschlüpfte. Bei ihm fühlte ich mich geborgen, eine solche Vertrauensbasis war für mich etwas Einmaliges.

»Die haben mir meinen Mimi-Bär weggenommen.«

»Aber das tun sie doch jeden Abend, wie du mir erzählt hast.«

»Schon, nur dieses Mal ist er ganz weg, er ist einfach nicht mehr da. Als heute Morgen der Spieleschrank aufgeschlossen wurde, konnte ich ihn nicht finden.«

Der Hengst schnupperte an mir herum, ein eindeutiges Zeichen dafür, dass er nach einer weiteren Möhre suchte. Als er sie bekommen hatte, war er auch wieder willens, sich meinem Problem zu widmen. »Der Bär wird schon wieder auftauchen, Bären haben manchmal die Eigenschaft, auf Wanderschaft zu gehen.«

Vehement schüttelte ich den Kopf. »Nein, der kommt nicht zurück, das weiß ich genau. Sie haben mir nämlich ein anderes Spielzeug gegeben, das tun sie nur, wenn etwas kaputt ist. Oder sie wollen mir meinen Bären einfach so nicht mehr geben. Aus Bosheit. Sie selbst behaupten aber, mir damit etwas Gutes zu tun. Sollen sie denken, was sie wollen, aber mein neues Spielzeug ist kein Ersatz für den Mimi-Bär, den Mimi-Bär kann man nicht ersetzen!«

»Und was haben sie dir gegeben?«

»Einen Stoffhund. Den habe ich sofort zerrissen. Ich habe den Pflegern gesagt, dass ich meinen Mimi-Bären zurückhaben will.«

»Geht nicht, wie du selbst gesagt hast. Den haben sie doch schon entsorgt. Wir Pferde werden auch entsorgt, auf dem Schlachthof, wenn der Bauer der Meinung ist, dass wir ihm nicht mehr nützlich sind. Hast du nicht noch eine Möhre?«

Nachdem ich dem Pferd die letzte Karotte gegeben hatte, kroch ich unter dem Hengst durch, ohne dass er nach mir trat. In seiner Nähe fühlte ich mich geborgen, ein wichtiger Ersatz, da ich nun ohne den Mimi-Bären leben musste. Sein Verlust war gewaltig, meine Kinderseele kam damit nicht zurecht.

In diesem Moment ging der Bauer an der Box vorbei. Seine Augen weiteten sich erschrocken, als er sah, was ich da tat. Bislang hatte er mich nur in der Box erwischt, nie unter dem Hengst. Fast flüsternd sagte er: »Günter, weg da, und zwar so schnell wie möglich.« Streng stauchte er mich zusammen, als ich wieder in vermeintlicher Sicherheit war. In meiner kindlichen Einfalt erklärte ich, der Hengst würde mich nur beschützen wollen. Leider machte meine Aktion auch im Heim die Runde.

Ich wurde nicht nur im Bett an den Beinen fixiert, dieses Mal steckte man mich auch erneut in eine Zwangsjacke, ein scheußliches Ding. An den geschlossenen Ärmeln hatte sie lange Bänder, mit denen die Arme über Kreuz festgebunden wurden, so fest, dass ich kaum atmen konnte. Nachdem ich keinen Widerstand mehr leisten konnte, ohrfeigten mich die Pfleger – ich fühlte mich entsetzlich hilflos. Für diese Prozedur lag ich nicht in meinem Bett in unserem Schlafsaal, sondern ich wurde von den anderen Kindern isoliert. Man verfrachtete mich ins sogenannte Besinnungsstübchen. Das war nichts anderes als eine Zelle, kahl und weiß, neben dem schmalen Bett stand noch ein Holzstuhl, auf dem sich jemand vom Pflegepersonal setzen konnte, um mich, sollte es notwendig sein, zu füttern. Ansonsten war ich allein in dem Raum, und ich fühlte mich sehr einsam. Ich war ohne meine Freunde und ohne meine geliebten Tiere sowieso. Der Direktor hatte zu Recht gedroht: »… sonst erlebst du wirklich was, dagegen ist das hier nichts.«

Blieb ich beim ersten Mal »nur« einen halben Tag in dem Besinnungsstübchen, so steigerte sich die Dauer meines Aufenthalts in ihm bei den nächsten Bestrafungsaktionen. Manchmal musste ich dort einen ganzen Tag ausharren, komplett bewegungslos, manchmal auch einen Tag und eine Nacht. Oft machte ich ins Bett. Dabei hatte ich gar keine andere Wahl. Es gab zwar einen Nachttopf, aber mit meinen gefesselten Armen hätte ich ihn ohnehin nicht benutzen können. Einen halben Tag konnte ich mein Bedürfnis noch zurückhalten, aber nicht einen ganzen. Der Drang war zu groß, und irgendwann musste ich mich erleichtern. Dieses Besinnungsstübchen war einfach nur ein Grauen, für alle von uns – ich war nicht der Einzige, bei dem man die Zwangsjacke hervorholte. Furchtbar.

Der Rohrstock der Direktors kam auch wieder zum Einsatz. Das war gerade noch zu ertragen, nicht zu ertragen war das, was er dann sagte: »Ich habe es dir ausdrücklich verboten, rüber zum Bauernhof zu gehen. Ich weiß aber, dass du dich immer wieder heimlich hinschleichst. Aber damit ist nun endgültig Schluss. Hast du das verstanden?«

Noch einmal wollte ich diese Prozedur nicht durchleben. Nun hatte ich meine tierischen Freunde tatsächlich verloren. Für immer. Das war für mich das Schmerzlichste überhaupt. Fand ich schon im Heim keinen Trost und keinen Beistand, dann zumindest bei den Tieren, die mir, wenn ich bei ihnen war, jedes Mal zugehört hatten. Wegen der drakonischen Strafen traute ich mich nicht mehr dahin, und das, was in meiner Welt noch heil war, brach zusammen.

Als ich 2016 in Ruhe die Dokumente in Lübeck durchlas, meine Medikamenten- sowie meine Schandtatenliste, hatte ich immer wieder das Gefühl, dass dies nicht meine Akte sein konnte, da ich mich darin nicht wiedererkannte. Klar, einige begangene »Untaten« kamen mir bekannt vor, aber viele Schilderungen waren mir völlig fremd.

»Sind Sie sicher, dass dies meine Akte ist?«, fragte ich den Leiter der Diakonie Vorwerk, der mich nach Lübeck eingeladen hatte. »Kann es nicht sein, dass man sie vertauscht hat?«

»Es ist definitiv Ihre Akte«, erklärte er mir. »Sie müssen ein sehr unruhiges Kind gewesen sein.«

Vielleicht war es auch so erschreckend, all meine »Untaten« schwarz auf weiß zu lesen, weil sie auf diese Weise noch immer existierten und mein kindliches Ungestüm darin immer noch als strafwürdig aufgeführt wurde. Die

Akte war ein Beweis für das Heim, um zu begründen, wie der Direktor später über meine Zukunft entschied. Ein einziger Schmerz. Warum hatte man die Unterlagen nicht vernichtet? Gut, sie waren ein Dokument, das mir nun bei meiner Anklage helfen konnte – aber wer würde sie hören wollen?

Ein seltsames Gefühl beschlich mich auch, als der Leiter von mir wissen wollte, ob ich die Briefe, die ich an ihn geschrieben hatte, um Akteneinsicht zu bekommen, selbst verfasst hätte. »Ja«, sagte ich, mehr nicht. Was sollte ich auch darauf antworten?

Erstaunt blickte mich der Mann an. Hatte er einen Menschen erwartet, der des Lesens und Schreibens nicht mächtig war? Weil ich all die Jahre in diesem Heim zugebracht hatte? So viele Medikamente hatte schlucken müssen? Fast war es zu vermuten.

Erneut nahm ich mir meine Akte vor. Auch im folgenden Jahr, 1966, fiel ich fünfmal »unangenehm« auf. Wieder und wieder ist mir damals erklärt worden, was für ein schlechter Mensch ich doch sei. Ich erinnerte mich hieran noch gut: Ich wurde immer aufsässiger, gerade weil ich nur noch gerügt wurde. Selbst Kleinigkeiten wurden mir vorgehalten, was dann in geradezu logischer Konsequenz zu noch schlimmeren »Ungezogenheiten« führte. In mir wurde der Trotz regelrecht gezüchtet, permanent wurde ihm neue Nahrung zugeführt, ich wurde der gefürchtete Rebell, der sich nicht zähmen ließ.

War ich wirklich allein schuld an meinem Verhalten gewesen? War es nicht verständlich, dass man sich dem ewigen Tadel mit allen Mitteln widersetzte? Sollte ein Kind nicht auch mal gelobt werden?

Anscheinend nicht. Immer häufiger wurde ich nun abends, vor dem Schlafengehen, in die Zwangsjacke gesteckt, dazu gab es »einige Klapse auf den Po«. Die würden, so hieß es in meinem Bericht, »manchmal Wunder« bewirken. Und weil man diesem Wunder nicht völlig vertraute, griff man weiter zu Medikamenten, von denen man sich erhoffte, sie würden mich möglichst wenig randalieren und möglichst viel vor mich hindösen lassen.

Ich bekam nun morgens und mittags zwei Megaphen, abends drei.

# 4

## Bastard, was willst du mit einer Mutter?

Ich war sechs – und hörte ein weiteres Mal, dass ich eine Mutter hatte. Vorher hatte ich Tante Inge gefragt – wir mussten zu allen Pflegerinnen Tante sagen, auch wenn sie einen in die Zwangsjacke zurrten und schlugen:

»Tante Inge, wie ist es, eine Mutter zu haben? Ich habe ja keine Mami und auch keinen Vati wie die anderen Kinder hier. Ich möchte gerne wissen, wie es ist, eine richtige Familie zu haben.«

»Günter«, sagte Tante Inge, »was willst du mit einer Mutter? Du hast doch uns. Außerdem bist du unehelich geboren, allein darum kannst du schon keine richtige Familie haben. Du bist nun mal ein kleiner Bastard« – so offen sprach sie dieses Wort mir gegenüber aus – »und damit musst du dich eben abfinden.«

»Trotzdem möchte ich wissen, wer meine Mama ist. Du, Tante, du hast doch auch eine Mutter, dann darf ich ebenfalls eine haben.«

Tante Inge wurde wütend. »Nein«, rief sie. »Und jetzt gib endlich Ruhe. Wie kannst du es wagen, meine Mutter mit deiner zu vergleichen?«

Ihre Antwort hatte mich so aufgebracht, dass ich sie anschrie: »Du bist eine blöde Tante, dich schlage ich tot.«

Ich ging zum Angriff über, sprang sie an wie eine Katze und riss sie zu Boden, eine unglaubliche Kraft steckte auf einmal in meinem kleinen Körper. Ihre Füße und Beine hielt ich umklammert. Ob ich sie dadurch verletzt hatte oder nicht, das war mir in diesem Moment gleichgültig, ich rastete völlig aus. Tante Inge schrie nun aus vollem Hals, sodass ein Pfleger auf uns aufmerksam wurde. Er rannte herbei und packte mich am Kragen. Kurz darauf fand ich mich im Besinnungsstübchen wieder, mit dem Hinweis: »Hier kannst du nun lange über deine Schandtaten nachdenken.«

Das tat ich dann auch, denn ich hatte nicht zum ersten Mal eine Frau angegriffen. Im Jahr zuvor hatte ich schon einmal so etwas getan, danach hatte man mich zur Strafe ebenfalls in dieses Stübchen gebracht, in dem ich einen Tag und eine Nacht ausharren musste. Die Situation, die dazu geführt hatte, war aber eine andere gewesen. Wir waren draußen auf dem Heimgelände spazieren gegangen, eine kleinere Gruppe von Kindern, selbstverständlich wieder im Verbund, was mir weiterhin nicht behagte. Meine Lust am Ausscheren hatte sich nicht gemindert. Als wir am Mädchenhaus vorbeigingen, das ebenso wie das Jungenhaus mehrere Stationen beherbergte, stand dort eine ältere Frau, die so aussah, wie wir uns eine Hexe vorstellten: gebeugt, krummbuckelig, spitze Nase, Kopftuch und viele Falten im Gesicht, Stock in der Hand, auf dem sie sich abstützte. Es fehlte nur der Kater auf ihrer Schulter.

Völlig überraschend kam sie auf mich zu und prügelte mich ohne Vorwarnung mit ihrem Stock. Was sie dazu veranlasst hatte, blieb für mich unklar, ich nahm aber an, dass es reiner Zufall war, letztlich hätte es jeden aus unserer Gruppe treffen können. Nachdem sie auf mich eingeschlagen hatte, zog sie sich zurück und stellte sich wieder an ihren alten Platz. Dieses Spiel wiederholte sich auch bei unseren nächsten Spaziergängen, immer war ich ihr auserkorenes Opfer. Das Pflegepersonal registrierte das Treiben der Hexe, unternahm aber nichts, um die alte Frau am Schlagen zu hindern.

Das änderte sich erst, als Tante Freya neu bei uns als Pflegerin anfing. Als sie sah, was passierte, riss sie der alten Frau den Stock aus der Hand und sagte empört: »Das gehört sich nicht, das macht man nicht, man schlägt keine kleinen Jungen.«

»Du böse Kuh«, schrie die alte Frau – eindeutig war sie psychisch nicht gesund. Statt erneut auf mich loszugehen, hatte sie sich nun Tante Freya als Opfer ausgesucht. Das duldete ich aber gar nicht, keineswegs durfte die schreckliche Person die nette Tante Freya schlagen. Nicht sie, die mit uns viel fürsorglicher umging als so mache andere Tante. Ich sprang also die alte Frau von hinten an und rief voller Zorn: »Du böse Hexe, du böse Hexe!« Man hatte mich von der Patientin wegreißen müssen, an die ich mich mit so viel Kraft klammerte, dass schon damals ein Pfleger von einer anderen Station hatte eingreifen müssen. Klar, dass es dann hieß: »Der kleine Günter randaliert mal wieder herum. Er ist so was von renitent.« Dass man mir eine Zwangsjacke verordnete, konnte ich nicht nachvollziehen. Ich fühlte mich unschuldig. Ich hatte Tante Freya doch helfen wollen! Wieso wurde ich dafür bestraft?

Ich war noch ganz in meine Gedankenwelt versunken, als plötzlich Dr. Lüders das Besinnungsstübchen betrat.

»Ich gebe dir etwas«, sagte er, »das wird dir helfen.«

Ich wollte seine Hilfe nicht, doch mit gefesselten Händen

konnte ich mich nicht wehren. Er verabreichte mir eine Medizin, die mich unglaublich benebelte und müde machte. Bevor die Wirkung einsetzte, dachte ich darüber nach, was Tante Inge gesagt hatte: Ich konnte nun sicher sein, dass ich eine Mutter hatte. Direktor Holthusen hatte ja schon mal Ähnliches angedeutet, aber damals war ich mir hinterher nicht sicher gewesen, ob er nicht einfach nur etwas dahergesagt hatte. Jetzt war ich felsenfest davon überzeugt, dass ich eine Mutter besaß. Ich nahm mir vor, sie eines Tages zu finden. Nichts sollte mich davon abbringen. Es würde sicher eine Erklärung geben, warum sie mich in dieses Heim gegeben und mich nie besucht hatte. Ganz bestimmt würde sie mir alles erklären, versuchte ich mich aufzumuntern. Obwohl ich wusste, dass auch viele andere Heimkinder Mütter hatten, die aber nicht kamen und deren Gründe dafür nicht leicht zu akzeptieren waren.

Bevor ich wegdämmerte, dachte ich weiter an Tante Inge. Sie gehörte nicht zu den Pflegerinnen, die bösartig waren, im Gegenteil, da gab es ganz andere. Tante Inge, sehr schmal, mit einem strengen Dutt, hatte nur noch einen Arm, der andere war bloß ein Stumpf. Deshalb war es für mich auch so leicht gewesen, sie zu Boden zu werfen. Mit zwei Händen hätte sie sich meiner bestimmt erwehren können. Sie hatte uns einmal erklärt, dass sie sich bei Wetterumschwüngen immer hinsetzen und ihren Arm reiben müsse, weil er ihr dann wehtun würde. Sie hatte uns auch erzählt, wie sie ihren Arm verloren hatte. Sie war aus einem Bus ausgestiegen, und der Busfahrer hatte vorzeitig die Tür geschlossen. Sie sei noch nicht ganz draußen gewesen, da fuhr er schon los, obwohl ihr Arm in der Tür eingeklemmt war. Sie sei mitgerissen worden, der Arm war später nicht mehr zu retten gewesen. Das war so schockierend für uns. Als wir ihre Geschichte hörten, konnten wir uns gar nicht vorstellen, dass niemand rechtzeitig den Fahrer darauf hingewiesen hatte. Wir mochten Tante Inge, weil sie uns so etwas überhaupt erzählt hatte, etwas Privates, denn das war etwas, das sonst niemand tat.

Aber sie hatte ihre schwierigen Phasen. Auch bei ihr war zu merken, dass sie dann überfordert war, sonst wäre es nicht zu meiner Reaktion gekommen. Zwei Pfleger kümmerten sich auf unserer Station um rund fünfundzwanzig Kinder, auf diese Zahl war unsere Gruppe inzwischen angewachsen. Viel zu viel. Wir hatten niemanden, der uns tröstete, zu dem man hingehen konnte, wenn man ein Problem hatte, niemanden, der uns Aufmerksamkeit schenkte. Dabei brauchten wir Heimkinder doch psychische Stabilität, eine Bezugsperson. Gerade ich, denn ich war nicht dazu in der Lage, mich in der Gruppe, in der Gemeinschaft einzufinden und mich wohlzufühlen. Eingeengt fühlte ich mich dort – es waren die ersten Anzeichen einer sich bei mir stark entwickelnden Klaustrophobie. Ein liebevoller Ansprechpartner hätte sicher viel ausgleichen können, aber durch den Personalmangel konnte davon keine Rede sein. Doch um das Pflegepersonal auch ein wenig in Schutz zu nehmen: Sie waren von der Situation heillos überfordert. Sie fühlten sich einfach zu machtlos, um an den unhaltbaren, katastrophalen Zuständen etwas zu ändern.

Aber eine andere Pflegerin, Tante Elke, war wirklich bösartig, ich mochte sie überhaupt nicht. Doch ihre Boshaftigkeit wurde ihr eines Tages zum Verhängnis. Zu unserer Gruppe gehörte ein älterer Junge, er hieß Dirk. Ich erinnere mich noch an sein markantes, fast eckiges Gesicht, auch das Kinn und die Nase waren irgendwie eckig, die Haare schwarz und dicht. Eines Tages saßen wir beim Mittagessen zusammen, und plötzlich sprang er von seinem Stuhl auf und rief: »Hui, hui, alter Teufel.« Er rannte dann immer hin und her, und irgendwann, nachdem er einige Runden im Raum gedreht hatte, stürzte er sich auf Tante Elke und schlug sie zusammen. Wir Kleinen saßen weiter am Tisch und zitterten am ganzen Körper. Wir wussten nicht, was los war. Dirk war ein gewaltiges Stück größer als ich, kein Wunder, er war über zwanzig, aber noch nicht volljährig (sonst wäre er in der Erwachsenenpsychiatrie gewesen), und er war, wie viele hier, geistig behindert.

Ob behindert oder nicht, uns alle hatte man abgeschoben, wir waren überflüssig, und das sagte man auch in unserem Beisein. In Lübeck wurden wir abschätzig Bastard, Rotzlümmel oder verkommenes Miststück genannt, später, im Landeskrankenhaus Schleswig, wurden die Bemerkungen abfälliger: »Den hätte man abspritzen sollen, dann würde er nicht mehr leben.« So verächtlich äußerte man sich über uns. Und manchmal warf man es uns auch direkt an den Kopf: »Dich hätte man nach der Geburt abwürgen sollen.« – »Deine Mutter hätte dich gar nicht erst zur Welt bringen sollen.« Tante Elke gehörte zu diesen Frauen, die auch so etwas wie Letzteres von sich gaben, kein Wunder, dass Dirk es nicht mehr ausgehalten hatte.

Der weizenblonde Herr Schönfeld, der in der Nähe war, regelte die Situation schnell. Er ging zu Dirk und sagte: »Dirk, bleib ruhig.« Einmal die Hand auf die Schulter gelegt, und schon war er wieder friedlich. Tante Elke kündigte nach dem Vorfall. Vielleicht kündigten noch andere Pfleger. Hoffentlich nicht Tante Freya, dachte ich noch, bevor ich einschlief.

Die Attacke, die ich mir geleistet hatte, hatte dann noch zur Folge, dass mich Direktor Holthusen ein weiteres Mal mit seinem Rohrstock bearbeitete, so entsetzlich, dass die gerade verheilten Striemen von den letzten Schlägen blutig aufplatzten. Tagelang konnte ich anschließend nicht auf meinen vier Buchstaben sitzen.

Kurz darauf erschien eine mir bis dahin unbekannte Frau namens Dr. Helga Matthies, die beim Gesundheitsamt in Lübeck arbeitete. Sie sollte sich einige Jungen und Mädchen anschauen, um zu prüfen, ob sie schultauglich seien. Mit sechs Jahren konnte man eingeschult werden, und ich fand die Vorstellung, zur Schule gehen zu dürfen, großartig, denn hier hoffte ich, auf Lehrer zu treffen, die mir endlich meine Fragen beantworten konnten, wenn es denn die »Tanten« und die Pfleger schon nicht taten. Doch Dr. Matthies stellte mich vom Schulbesuch zurück. Sie sagte: »In einem Jahr komme ich wieder, dann bist du sicher reif genug.«

Ich war unglaublich enttäuscht, ein Jahr kam mir wie eine Ewigkeit vor, unendlich lang. Aber irgendwie verging die Zeit dann doch. Dr. Matthies tauchte im März 1967 abermals auf, wie versprochen, und erklärte mich tatsächlich für schultauglich. Drei Monate später durfte ich in die Heimschule gehen. Endlich.

Die Schule lag im Verwaltungstrakt, war also nicht öffentlich, nur Kinder aus den Stationen von Vorwerk durften sie besuchen. Alles war wieder eine in sich geschlossene Enklave, und weil man das wusste, wurden wir entsprechend behandelt. Die Lehrer waren ausgebildete Pädagogen, sie besaßen ein gewaltiges Machtpotenzial, und das lebten sie auch an uns aus.

Der Unterricht begann um acht, nur geschlossen durften wir in unseren Klassenraum gehen, gekämmt und in Jacke oder Mantel. Es konnte im Sommer noch so heiß sein, eine Jacke war Pflicht Zum Unterricht durften nur die »lernfähigen« Kinder, so wurde das damals genannt. Diejenigen, die nicht lernfähig, aber im schulfähigen Alter waren, brachte man woanders hin – wo, das weiß ich nicht mehr. Wir lernfähigen Jungen wurden also geschult. Das war aber nicht die einzige Unterscheidung. Man sprach auch von schulbaren und bildbaren Kindern. Bildbaren Kindern konnte man etwas erklären, was sie auch verstanden, aber ob sie letztlich schulbar waren, das war dann etwas anderes. Das entschieden die Erwachsenen.

Wie auch immer, die Lehrer brachten uns Lesen, Schreiben und Rechnen bei. Stets wurde darauf geachtet, dass der Griffel nicht kaputt war und die Tafel schön abgewischt. Schulbank und -tisch waren ein zusammenhängendes Möbelstück mit eingebautem Griffelkasten, und darunter befand sich ein Fach, in das man seine Schiefertafel legen konnte. Alles musste hier picobello sauber sein, der Schwamm nass, bevor es zur ersten Stunde läutete, und trocken nach Schulende. Und wehe, man verstieß gegen diese Ordnung, dann wurde ordentlich gedroht. Wenn ich heute daran zurückdenke, fällt mir die *Feuerzangenbowle* mit Heinz Rühmann ein. Die Schulklasse in diesem Film – genau eine solche hatten wir gehabt, dabei kam der Film 1944 in die Kinos, wir gingen 1967 zur Schule. Bei uns war nichts licht und hell. Die Schulklassen draußen, außerhalb unserer Welt, waren schon viel moderner gewesen, nicht so rückständig wie die im Heim. Bei uns war alles sehr dunkel und strahlte eine düstere Atmosphäre aus.

Wenig geheuer war mir unsere Religionslehrerin Mechthild Rademacher, eine gestrenge Frau mit weißen Strähnen in ihren dünnen braunen Haaren. Sie war furchtbar religiös, was schon daran erkennbar war, dass sie, wenn sie »Teufel« an die Tafel schrieb, das Wort schnell wieder wegwischen musste, sie wurde dann richtig hektisch. Erst erzählte sie uns vom Alten Testament, danach folgte das Neue Testament. Als sie uns von der wundersamen Brotvermehrung berichtete, die Jesus vollbracht hatte, der Speisung von fünftausend Menschen, und das mit nur wenigen Körben Brot, gab sie kund, diese Geschichte mit uns nachspielen zu wollen. Dazu hatte Mechthild Rademacher einen kleinen Laib Brot mitgebracht. Und ich, der rebellische Bengel, der es »vermehren«, also Jesus sein sollte, sagte:

»Tante Mechthild, können Sie mir mal erklären, wie das geschehen soll? Dieses kleine Stück Brot, wie sollen wir alle hier denn davon satt werden?«

»Halt den Mund, Günter, und teil das Brot auf«, erklärte sie barsch.

Das tat ich dann auch folgsam, gab jedem aus meiner Klasse ein Krümelchen und mir das meiste.

»Günter«, rief die Lehrerin aufgebracht. »Das ist nicht im Sinne Jesu, dass du dir das meiste selbst zuschanzt.« Sie war so wütend auf mich, dass ich mich im Klassenraum in die Ecke stellen musste, die Hände auf dem Rücken und das Gesicht zur Wand. Eine Viertelstunde stand ich dann da, für mich eine Ewigkeit, und wehe, ich hatte mich zu viel bewegt, dann gab es etwas von hinten, und die Schläge hatten es oft in sich. Deswegen mag ich bis heute keine Menschen in meinem Rücken haben.

Ich fühlte mich in der Ecke überhaupt nicht wohl, dachte

im Stillen nur, um die Zeit zu überstehen: Ich werde mich rächen, ich werde mich rächen. Das kann sie mit mir nicht machen. Eines Tages werde ich es ihr heimzahlen.

Als dann meine Strafe von unserer Religionslehrerin für beendet erklärt wurde, musste ich vor die große Tafel treten und etwas aus der Bibel vortragen, eine andere Geschichte über Jesus. Auch das war eine Strafe, um mich zu demütigen, es war Tante Mechthild klar, dass ich den Text nicht auswendig wusste. Nun wurde ich richtig bockbeinig und sagte: »Das ist doch alles albernes Zeug. Das ist Blödsinn. Was interessiert mich dieser Mann, wenn er das Brot nicht richtig verteilen kann? Und diese ganze Ordnung hier, was macht sie für einen Sinn? Es geht doch nur darum, uns für unsere Fehler zu bestrafen. Und bleiben Sie mir bloß mit Ihrer Bibel weg.« Mit meinen Widerworten hatte meine Rache schon begonnen.

Tante Mechthilds Gesicht lief rot an. »Raus!«, stieß sie hervor, und ihre Stimme klang wie Donnerhall.

Nun stand ich also nicht nur in der Ecke, sondern vor der Tür. Klar, dass in diesem Moment der Direktor vorbeiging, sein Büro lag ja im Verwaltungsgebäude. Klar war ebenso, dass er mich mitnahm, um seinen Rohrstock auf mich niedersausen zu lassen. Solche Äußerungen, solche Sprüche waren nicht erlaubt. Da musste es Prügel setzen. Keine Chance auf Gnade.

Die Lehrerin Tante Mechthild kam zu meinem Leidwesen auch immer wieder mit ihren Apostelgeschichten an. Es gefiel mir gar nicht, widerspenstig und tierlieb, wie ich war, dass in ihnen ständig von irgendwelchen Tieropfern gesprochen wurde, die die Israeliten ihrem Gott darbrachten.

Ich sagte ihr: »Ich lehne Gott ab. Wenn er es erlaubt, Tiere zu töten, dann ist er nicht mehr mein Freund.« Ich dachte an die Tiere im Stall des Bauern, an die Sau und die Pferde – was, wenn man die auch eines Tages als Opfer darbrachte? Eine furchtbare Vorstellung, die ich auch laut äußerte.

»Jetzt reicht es mir aber«, schrie die sehr religiöse Lehrerin, ihre Lippen wurden immer schmaler. »Das ist unerträglich, was du da von dir gibst. Das werde ich dem Direktor melden. So geht es nicht weiter.«

Das tat sie dann auch, und er legte mich, als ich zu ihm zitiert wurde, übers Knie und zog mir abermals mit Wucht eins über den Allerwertesten.

Wir Heimkinder lebten in einer Einrichtung des Diakonischen Werks. Doch von Nächstenliebe schien keiner etwas gehört zu haben, die Stellen hatte man in der Bibel ausgelassen, einfach überlesen. Das Religiöse, so wie es im Heim Vorwerk praktiziert wurde, bestand einzig und allein aus Forderungen. Wir sollten uns nur so und so verhalten, Gott war der strafende Gott, der missbilligte, wenn man sich nicht demütig zeigte. Jegliches abweichende Verhalten – und was eine Abweichung war, das definierten der Direktor, die Lehrer und das Pflegepersonal – wurde geahndet.

Ich dachte: Wir sind doch auch Menschen, wir haben ebenso einen Willen, warum dürfen wir den nicht haben und, wenn es uns gerecht erscheint, ihn entsprechend durchsetzen? Warum dürfen wir nicht frei heraus sagen, was wir denken und was uns seltsam und eigenwillig vorkommt?

Erst später fand ich wieder Zugang zur Religion – bis ich hörte, was die Kirche in ihrer Übermacht alles angerichtet hatte. Geistliche vergingen sich an hilflosen Kindern und Jugendlichen, missbrauchten sie sexuell, und das lange Zeit, ohne dass sie zur Rechenschaft gezogen wurden; meist wurde das Bekanntwerden nur mit einer Versetzung geahndet. Ich entwickelte eine abgrundtiefe Abneigung gegenüber dieser Institution und lehne sie seitdem strikt ab.

Es gab aber auch einen Lichtblick unter den Lehrern, Malte Bahnsen hieß er. Weil er eine kleine Fiedel besaß, auf der er uns Schülern hin und wieder etwas vorspielte, nannten wir ihn immer Herr Fiedel. Und er konnte wirklich auf dem Instrument spielen. Ich mochte ihn sehr, denn bei ihm konnte ich meine Fragen loswerden: Darf ich auch mal gegen etwas sein? Woher kommt das Unrechtsempfinden? Aus sich selbst heraus? Aus eigenem Erleben? War es möglich, dass ich eine andere Meinung hatte als das Heimpersonal und trotzdem richtiglag?

Herr Bahnsen – zu ihm mussten wir nicht Onkel sagen – forderte uns in seinem Unterricht, das weckte auch meine Neugierde wieder, da wollte ich wieder mithalten. Aber das war nicht so einfach, denn die Medikamente zeigten ihre Wirkung und machten mich müde. Aber das war noch der harmlosere Effekt. Ich weiß noch, dass ich einmal eine Schwellung im rechten Bein hatte, unten in der Wade. Ich hatte Schwierigkeiten aufzutreten, und der Schmerz zog sich rauf bis zu den Gelenken. Dr. Lüders sah sich die Schwellung an und stellte schließlich die Diagnose: »Dann müssen wir dem Günter wohl das Bein wegnehmen.«

Ich geriet in Panik und schrie wie am Spieß: »Es ist doch alles in Ordnung, das tut überhaupt nicht mehr weh. Ich will hier weg.«

Ich rastete aus, schlug um mich, niemals mehr wollte ich die Krankenstation betreten, die im Mädchenhaus lag.

Damit ich still wurde und möglichst auch die Schwellung wegging, verschrieb mir der Arzt wieder andere Medikamente, vielleicht halfen diese ja bei mir, so seine Hoffnung. Immerhin musste mein Bein nicht amputiert werden – vielleicht hatte er mir das auch nur gesagt, um mir einen Schrecken einzujagen, auch eine Form von Sadismus. Es gelang Dr. Lüders aber nie, mich so einzustellen, wie er es gerne gehabt hätte, wie die Pharmaindustrie es gerne gehabt hätte. So war es nicht weiter verwunderlich, dass ich, als ich das nächste Mal ins Zimmer von Dr. Lüders sollte, mich abermals mit Händen und Füßen sträubte, es zu betreten.

»Du kommst jetzt rein, und damit hat es sich«, befahl der Arzt, langsam seine Geduld verlierend.

Das hatte Direktor Holthusen mitbekommen, der gerade im Mädchenhaus unterwegs war. Augenblicklich erhob er seine Stimme und donnerte: »Lassen Sie sofort den Jungen los.« Alle in der Nähe guckten erstaunt, denn es war nicht üblich, dass der Direktor laut wurde. Als Erklärung schob er hinterher: »Es darf nicht sein, dass ein Kind Angst vor seinem Arzt hat, das dulde ich nicht.«

Dank Herrn Bahnsen griff der Direktor ein weiteres Mal ein, denn er beschwerte sich bei ihm darüber, dass die Kinder während seines Unterrichts einschlafen würden und viel zu müde seien, um ihm konzentriert folgen zu können. Was die Pharmaindustrie versprochen hatte, uns ruhigzustellen, funktionierte wohl zu gut, doch in der Schule war das wenig angebracht. Direktor Holthusen musste ein Einsehen gehabt haben, denn in der Folge wurden die Medikamente reduziert, und unsere Aufmerksamkeit wuchs wieder.

# 5

## Erstickt am Erbrochenen – kein Staatsbegräbnis für Niels

Eines Abends war er tot. Eines Abends erstickte mein bester Freund Niels an seinem eigenen Erbrochenen. Keiner war gekommen, um ihm zu helfen, als er verzweifelt mit dem Leben rang.

Bei uns auf der Station war es üblich, dass man, wenn man etwas nicht mochte, es trotzdem essen musste. Wie hieß es doch so schön: »Es wird gegessen, was auf den Tisch kommt.« Und hatte man etwas auf den Teller erbrochen, weil man es partout nicht runterkriegte, durfte man es nicht einfach liegen lassen oder stillschweigend wegräumen, nein, es wurde einem der ganze Mist wieder reingestopft, wie bei einer Mastgans. In genau dem Zustand, in dem man es ausgespuckt hatte. Das würde man später in Schleswig auch so handhaben, da wäre ich beinahe an einem Harzer Käse erstickt, den ich nicht hinunterwürgen konnte. Was es bei Niels gewesen war, weiß ich nicht, denn er war ja in einer anderen Station untergebracht als ich, wir hatten nicht zusammen Abendbrot gegessen.

Er würgte und würgte und bekam schließlich keine Luft mehr. Bei ihm kam jede Hilfe zu spät. Dr. Lüders, der gerufene Arzt, konnte nur noch seinen Tod feststellen. Dass Niels auf einmal nicht mehr lebte, von einem Moment auf den anderen, war der erste große Schock in meinem Leben. Ich wusste ja noch gar nicht, was der Tod überhaupt bedeutete, doch ich ahnte, dass ich nie wieder mit ihm spielen würde. Ein unfassbarer Verlust.

Uns Kindern wurde erklärt: »Niels ist zum lieben Gott gegangen. Er wird nicht mehr zu uns zurückkehren.«

Ich wagte zu fragen: »Warum gibt ihn der liebe Gott denn nicht wieder frei?«

»Ja, weil er ihn oben im Himmel braucht.«

Mit dieser Antwort war ich nicht einverstanden: »Das ist ja ein doofer Gott. Ich will Niels zurückhaben. Wir alle hier wollen Niels zurückhaben.«

»Das geht nicht mehr, die Türen sind zu. Die lassen sich nicht mehr öffnen.«

Diese Tatsache war für uns schrecklich. Wir hatten ihn am Boden liegen sehen. Auf der Station 2, dorthin war ich gegangen, weil ich mich nach dem Abendessen mit einem anderen Jungen verabredet hatte, weil wir bis zum Schlafengehen noch etwas spielen wollten. Gern wurde das nicht gesehen, dieser Austausch zwischen den einzelnen Stationen, aber ich hatte mich einfach davongestohlen. Die Station 2 lag direkt über unserer; insgesamt hatte das Haus nur zwei Etagen, es war ein längliches Gebäude gewesen, ein moderner Bau aus den Fünfzigerjahren, beide Etagen waren vom Grundriss her identisch. Im ersten Stock hatte ich Niels dann gesehen, genau wie Michael, der mich erschrocken anblickte. Ein paar Leute vom Pflegepersonal standen um meinen am Boden liegenden Freund, und Michael und ich beobachtete, wie er hochgehoben und auf sein Bett gelegt wurde. Als man uns entdeckte, schickte man uns raus, die Tür wurde hinter uns geschlossen.

Was weiter mit Niels geschah, erfuhren wir nie. Wahrscheinlich wurde sein Leichnam noch in der Nacht abgeholt, als wir alle schliefen. Wir Kinder sollten wohl nichts davon mitbekommen. Irgendwo wird man ihn beerdigt haben, so nahm ich an, hoffentlich im Beisein seiner Familie, zumindest seiner Mutter. Auch Niels gehörte zu den unehelich Geborenen.

Der Tod von Niels ließ mir keine Ruhe, ich konnte mir nicht erklären, wie er gestorben war. Er hatte doch noch nicht geschlafen! Da konnte es vielleicht geschehen, dass man an seinem Erbrochenen erstickte. Aber Niels hatte auf dem Fußboden gelegen, erst dann hatte man ihn ins Bett gehoben. Und war man bei Bewusstsein, dann würgte man und würgte, spuckte und spuckte, das hatte ich mehrmals bei anderen Kindern beobachtet, die man in ähnlicher Weise malträtiert hatte. Was war da genau passiert? Ich vermutete, dass ich es nie erfahren würde. Und die Pfleger brauchte ich erst gar nicht zu fragen, sie würden mir nichts erzählen. Die hielten in solchen Angelegenheiten dicht, auch wenn sie sich sonst, was uns betraf, ja nicht mit ihren Ansichten zurückhielten.

Niels war in unseren Herzen, aber wir Heimkinder wollten auch nach außen hin unser Gedenken zeigen. Wenn er schon nicht mehr bei uns war, wollten wir ihm wenigstens ein Grab schaufeln, wenn auch ein leeres, um sich immer seiner zu erinnern, um ihn wenigstens besuchen zu können. Der Platz war schnell geklärt, Niels sollte im »Garten Eden« ein Grab und einen Gedenkstein bekommen.

Mit diesem Garten hatte es eine besondere Bewandtnis. Ich liebte ihn, in ihm fühlte ich mich wohl. Es gab Rhabarberbeete, an den Seiten Schlehen, in der Mitte einen Kirschbaum, weiterhin herrliche Apfelbäume. Es war wirklich ein paradiesischer Garten, der den Namen Eden zu Recht verdiente. Tante Mechthild hielt den auch ordentlich in Schuss, das musste ich ihr hoch anrechnen. Kleine Wege hatte sie angelegt, über die wir gehen konnten, sodass wir nicht auf den Beeten herumtrampelten. Aber das wollten wir auch gar nicht, weil es einfach so schön war, was da vor unseren Augen wuchs. Das respektierten wir. Sie hatte es aber auch nachvollziehbar erklärt: »Da wächst etwas, und was da wächst, das können wir essen, deshalb müsst ihr vorsichtig sein.« Und natürlich wollten wir das Gemüse und die Früchte essen, auf die saftigen, süßen Kirschen freuten wir uns jedes Jahr.

In jenem Garten Eden also häuften wir an einer Stelle nahe den Schlehen einen Erdhügel auf. Tante Mechthild ließ uns dann Niels' Grabstein darauf errichten. Wir hatten im Heim eine Werkstatt, und einer der Arbeiter dort hatte Niels' Namen in einen ganz normalen kleinen Feldstein reingefräst. Jeden Sonntag gingen wir von nun an dorthin und stellten eine Kerze für ihn neben dem gravierten Stein auf. Ich dachte häufig: Man hat seinen Tod einfach in Kauf genommen. Man nimmt hier den Tod einfach billigend in Kauf.

Heute ist mir bewusst, dass ein solcher Vorfall auch nur möglich war, weil es keine Leute gab, die derartige Geschehnisse untersuchten. Es fehlte jegliche Kontrollinstanz. Kinder in einer psychiatrischen Einrichtung entsprachen nicht dem Zeitgeist, wir wurden völlig tabuisiert. Deutschland genoss seinen neuen Wohlstand, die Wirtschaftswunderzeit war in vollem Gange. Schon 1957 lautete der Wahlslogan der CDU zur Bundestagswahl: »Wohlstand für alle«, und Minister Ludwig Erhard stellte die Weichen für eine Wirtschaftsordnung, die sich »Soziale Marktwirtschaft« nannte. Aber es war blanker Hohn, denn das Wörtchen »alle« bezog sich eben doch nicht auf alle. Jedenfalls nicht auf uns. Wir waren mit einem Stigma behaftet, wir wurden in dieser Wohlstandsgesellschaft wie Aussätzige behandelt. Dabei waren wir nicht weniger wert als all die anderen. Aber das durften wir nicht laut sagen. Das wurde nicht geduldet.

Tante Mechthild erzählte uns einmal bei einem unserer Grabbesuche: »Der Niels steht jetzt vor dem lieben Gott und muss für seine Unartigkeiten büßen.«

Wieder fühlte ich Wut in mir aufsteigen – wie konnte man so etwas über meinen engsten Freund behaupten? Was sollten das für Unartigkeiten gewesen sein? Die einzige Unart war es gewesen, dass man ihn gezwungen hatte, sein Erbrochenes herunterzuwürgen.

»Tante Mechthild, wenn das so ist, dann verlange ich von Ihnen, dass Sie mich zum lieben Gott bringen, der ja gar kein lieber, sondern ein böser Gott ist, damit ich vor ihm ein gutes Wort für Niels einlegen kann.«

Mechthild Rademacher blieb vor Schreck der Mund offen stehen. Wie konnte ich nur solchen Widerstand leisten! Jegliche Friedensabsichten, die sie mir gegenüber noch gehegt hatte, waren erloschen. Über die Bibel hatte ich mich schon genug despektierlich geäußert, nun hatte ich auch noch ihren heiß geliebten Gott beschimpft – das war endgültig zu viel. Dabei war ich doch schon Wiederholungstäter. Sie berichtete Direktor Holthusen von meiner Äußerung, und wieder einmal schlug er mit aller Wucht zu. Ich reagierte wiederum damit, dass ich meine »Schandtatenliste« erweiterte, sie wurde bald um zehn »Untaten« reicher.

In diese Zeit fiel auch die Beerdigung von Konrad Adenauer, er war am 19. April 1967 gestorben. Der erste Kanzler der Bundesrepublik erhielt ein Staatsbegräbnis, es war ein pompöser Abschied, Starfighter gaben dem Sarg einen »himmlischen Schutz«, drei Schuss Salut wurden abgefeuert, es war eine Beisetzung wie von einem König. So kam es mir jedenfalls vor, als wir alle am Fernseher im Klassenraum unserer Heimschule die ganze Zeremonie mitverfolgten beziehungsweise mitverfolgen mussten.

Es blieb nicht aus, dass ich bei einer Lehrerin nachfragte: »Warum hat man das mit Niels nicht so gemacht? Wieso bekommt dieser Mann so ein schönes Begräbnis und Niels nicht? Niels hat doch das gleiche Recht auf eine so große Beerdigung wie dieser Herr Adenauer.« Es machte mich wütend, dass man Niels so etwas nicht zugestanden hatte, das war eine große Ungerechtigkeit. Dabei war Niels mein bester Freund gewesen. »Wer ist schon Konrad Adenauer?«, fuhr ich fort. »Was interessiert mich der alte Mann? Wie kann Gott das zulassen? Das zeigt mal wieder, wie ungerecht er ist!«

»Günter! Was fällt dir ein! So etwas sagt man nicht«, wies sie mich streng zurecht. »Konrad Adenauer ist ein ganz wichtiger Mann gewesen.«

»Aber Niels war wichtiger!«

Die Lehrerin warf mich hinaus auf den langen Korridor unseres Verwaltungsgebäudes, das alle Schulklassen beherbergte.

Der Ton mir gegenüber wurde immer schärfer, alle hielten mich für schwer erziehbar, für gestört. Der Einzige, der mich anders sah, war mein Lehrer Herr Bahnsen. Er sagte einmal über mich: »Der Junge muss gefördert werden. Er ist nicht gestört, er ist nur ein aufgewecktes Kind. Er ist aufnahmefähig und versteht, was man ihm beibringt.« Doch seine Stimme hatte kein Gewicht, was auch daran lag, dass man etwas anderes mit mir vorhatte, dass man schon über mein Leben entschieden hatte.

Am 21. Juni 1967 musste ich zu einer weiteren Schuluntersuchung, die abermals von Dr. Matthies durchgeführt wurde, einer Frau mit hochtoupierten blonden Haaren und blauen Augen, die so kalt wie ein Kühlschrank blicken konnten, passend zu ihrem blauen Kostüm. Sie stellte mir ein paar Aufgaben, unter anderem sollte ich einige geometrische Figuren nachzeichnen, was ich meiner Meinung nach auch gut gemacht hatte.

Direktor Holthusen war bei dieser Untersuchung anwesend, er musste sich wegen mir im Vorfeld mit der Gesundheitsbehörde in Lübeck in Verbindung gesetzt haben, denn ich war der einzige Schüler, der von Dr. Matthies inspiziert wurde. Er lehnte an der Tür unseres Klassenraums, in dem der Test am Nachmittag stattfand, und sagte, auch für meine Ohren vernehmbar: »Wir sind dem Jungen nicht mehr gewachsen. Uns fehlt das Personal, wir sind total unterbesetzt. Der Bub ist so unruhig und wild, wir wissen einfach nicht, wie wir ihn bändigen können. Ständig randaliert er herum, greift die Pflegerinnen oder Patienten an, kann sich überhaupt nicht anpassen und unterordnen.«

Dr. Matthies schaute den Direktor an, nachdem sie noch einmal eingehend meine geometrischen Figuren betrachtet hatte. Nach einer kleinen Pause sagte sie: »Erklären wir ihn für bildungsunfähig. Dann haben wir einen Grund, ihn in die geschlossene Psychiatrie einzuweisen.« Die falsche Diagnose wurde von Dr. Matthies einfach angeboten!

Was wollte man? Ich konnte kaum glauben, was ich da gehört hatte. Ich sollte für bildungsunfähig erklärt werden? Ich wusste, was das bedeutete: Es hieß, dass ich nicht länger die Schule besuchen durfte, sondern »ausgeschult« werden würde, nach vorherrschender Sprachregelung. Auf meiner Station gab es einige Kinder, die als bildungsunfähig erklärt worden waren. Sie waren aber nicht wie ich erst zur Schule gegangen, sondern man hatte bei ihnen die Schulpflicht aufgehoben, weil sie schwerst- oder mehrfach behindert waren. Sie hatten die Zuschreibung »geistig behindert« bekommen, wie es damals noch hieß. Man wollte sie auch nicht auf entsprechenden »Sonderschulen« haben. Wurde meine Bildungsfähigkeit, meine Bildbarkeit etwa als so gering eingestuft, dass ich nicht einmal einen Volksschulabschluss machen, nicht einmal eine Sonderschule besuchen durfte? Aber hatte nicht Herr Bahnsen gesagt, dass ich aufnahmefähig sei und dass man mich unbedingt weiter fördern sollte? Das setzte doch voraus, dass ich nicht ganz blöd war.

Hier lief was verkehrt. Aber was genau? Es hatte irgendetwas mit dem zu tun, was die unterkühlte Eisente von der Gesundheitsbehörde noch gesagt hatte: *Dann haben wir einen Grund, ihn in die geschlossene Psychiatrie einzuweisen.* Das Kinderheim Vorwerk war keine geschlossene Einrichtung – es konnte also nur sein, dass man mich woanders hinbringen wollte. Aber was war eine geschlossene Psychiatrie? Ich sollte hier weg, das stand für mich fest. Sechs Jahre war das Kinderheim Vorwerk meine Heimat gewesen, die einzige, die ich hatte. Eine Gänsehaut überzog meinen Körper, ich zitterte, dunkle Ahnungen stiegen in mir auf. Sie wollten mich nicht mehr haben, sie wollten mich loswerden.

Es stimmte, dass ich hin und wieder aggressiv gewesen war, aber das lag nur daran, dass die Ursachen nicht in mir, sondern ganz woanders lagen. Ich wusste, dass ich mich grundsätzlich beherrschen konnte, ich hatte durchaus Grenzen und Hemmungen. Ja, ich konnte explodieren, wenn mir etwas nicht in den Kram passte, aber rohe Gewalt, das war nicht mein Ding. Doch bei all den Prügeln, die wir bezogen, den eiskalten Duschen, die man uns verabreichte, konnte ja auch nur das Schlimmste in uns geweckt werden. Sicher, man wollte uns mit dem unbarmherzigen Vorgehen nur zur Besinnung bringen, aber erreicht hat man damit nur das Gegenteil. Richtig überlegt war das alles nicht gewesen. Anders gesagt: Das Personal hatte von Menschenführung überhaupt keine Ahnung.

Es wurde noch unser Stationsarzt Dr. Lüders ins Klassenzimmer gerufen, man wollte eine weitere Meinung hören, wahrscheinlich wollte man sich nur absichern. War der Arzt mit im Boot, dann konnten sie ihr Ziel erreichen, mich irgendwann abzuschieben – und das, ohne das Einverständnis meines Vormundschaftsgerichts einzuholen, das für meine Unterbringung zuständig war.

»Dr. Lüders«, sagte Direktor Holthusen ohne Umschweife, »können Sie es befürworten, Günter für bildungsunfähig zu erklären?«

Vonseiten des Arztes gab es nicht die geringsten Bedenken. Das hatte ich auch nicht anders erwartet, wir waren noch immer keine Freunde geworden.

»Ich denke, das ist die beste Lösung«, antwortete er.

Dr. Lüders wandte sich schon wieder zum Gehen, doch die Eisente hielt ihn zurück: »Sagen Sie, der Günter hat doch bestimmte Medikamente bekommen – wie kann es sein, dass die nicht angeschlagen haben? Wieso ist er immer noch so aufmüpfig, wo er eigentlich ruhiggestellt sein müsste?«

Der Stationsarzt wog bedächtig den Kopf hin und her. »Das ist richtig. Einige Kinder können wir damit auf Spur bringen, sie pflegeleicht machen. Bei manchen Kindern ist das anscheinend nicht möglich. Die Gründe kann ich Ihnen aber nicht sagen.«

»Vielleicht sollten Sie die Medikamente umstellen, denn es kann nicht angehen, dass der Junge so renitent bleibt.«

»Wir haben schon verschiedene Kombinationen ausprobiert. Einige schlugen bei ihm an, andere nicht. Bei einem Medikament war er regelrecht betäubt. Er wurde teilnahmslos und lethargisch, damit tut man einem Kind weiß Gott keinen Gefallen.«

»Dann probieren Sie etwas Neues. Es gibt doch da ...« Die Dame im blauen Kostüm ließ nicht locker und machte weitere Vorschläge.

»Nein, das ist zu heftig, das mache ich nicht. Das können Sie vergessen.« Mit diesen Worten verschwand Dr. Lüders.

Nicht alles hatte ich verstanden, aber so viel doch, ich sollte nicht schon wieder einem Experiment unterzogen werden. Das rechnete ich ihm hoch an.

Schon am nächsten Tag durfte ich nicht mehr zur Schule. Ich kämpfte mit den Tränen, als ich sah, wie die anderen Jungs aus meiner Station aufbrachen, um Neues zu lernen. Warum wurde ich ausgeschlossen? Es ergab für mich keinen Sinn, aber was ich als sinnvoll empfunden hatte, das hatte noch nie jemanden interessiert.

Lehrer Bahnsen konnte ebenfalls nicht verstehen, warum

Dr. Matthies mich für bildungsunfähig erklärt hat. Es passte ihm gar nicht. Nachdem man ihm die Nachricht überbracht hatte, dass ich nicht mehr zum Schulbesuch zugelassen sei, sagte er dem Direktor: »Ich möchte, dass Günter wieder in die Klasse zurückkommt. Sie können das nicht machen, dafür ist der Junge viel zu aufgeweckt. Sie zerstören damit sein Leben. Was soll er denn den ganzen Tag tun?«

»Ich werde es mir überlegen«, erwiderte Direktor Holthusen. »Wir werden sehen.«

Die Worte von Herrn Bahnsen sind nicht ohne Wirkung gewesen, denn für eine gewisse Zeit kam es noch dazu, dass ich wieder zur Schule gehen durfte. Vielleicht auch deshalb, weil ich ohne den Unterricht noch mehr Unfug anstellte als sonst. Irgendwie musste ich ja zum Ausdruck bringen, was ich von der ganzen Sache hielt – wenn ich auch nicht genau wusste, was mit mir geschah.

Da ich immer wieder ausscherte, wollte mich Dr. Lüders irgendwann nicht mehr behandeln. Vielleicht lag es auch daran, dass ich ein Problem für die Arzneimittelindustrie war. Ich war nämlich nicht das, was man sich unter einer guten Testperson vorstellte. Im Grunde, und so fühlte es sich für mich in allen Lebensbereichen an, war ich das personifizierte Unerwünschte. Aber was man mir mit dem Stempel »Bildungsunfähigkeit« antat, ich glaube, das hat niemand vollkommen verstanden. Man verbaute mir damit tatsächlich, wie Lehrer Bahnsen es angedeutet hatte, meine ganze Zukunft.

1968 wurde meine Schandtatenliste um zwölf Einträge erweitert, das war mein absoluter Höchststand. Aber mein Zorn war so groß – schließlich wollte ich etwas lernen und durfte es nicht. Wenn mir nun irgendetwas in die Quere kam, dann reagierte ich mit einem Verhalten, bei dem ich kaum mit Wohlgefallen rechnen durfte. Zwar wurde ich nicht gewalttätig, aber von Gehorsam konnte immer weniger die Rede sein.

Kurz bevor ich das psychiatrische Kinderheim Vorwerk verlassen musste, bekam ich noch etwas mit, das ganz furchtbar für mich war. Ich stromerte durch die Gänge unseres Gebäudes, während meine ehemaligen Mitschüler im Klassenraum den Unterricht verfolgten. Plötzlich hörte ich etwas, und ich drückte mich rasch an die Wand, um möglichst nicht gesehen zu werden. Direktor Holthusen redete mit einem der Pfleger, und ich wollte wissen, was er zu sagen hatte. Was immer ich von den Erwachsenen aufschnappte, konnte nützlich sein, konnte mir etwas über die Welt mitteilen, von der ich mehr erfahren wollte. Die beiden hatten mich noch nicht entdeckt, und so hörte ich etwas, das mir einen großen Stich versetzte.

»Ich habe der Mutter von Günter geschrieben«, erklärte der Direktor. »Sie wollte wissen, wo ihr Sohn ist. Sie war schockiert, als sie erfuhr, dass er hier in Vorwerk ist. Sie hatte gedacht, er sei adoptiert worden, und nun möchte sie ihn gerne raushaben.«

»Und wird das möglich sein?«, fragte der Pfleger.

»Das denke ich mal nicht«, erwiderte der Direktor.

»Aber sie könnte ihn doch zumindest besuchen.«

»Auch das halte ich nicht für sehr wahrscheinlich.«

Diese Worte überhörte ich, in meinem Kopf kam nur eins an: Ich hatte eine Mutter, der Direktor log nicht. Sollte es noch Zweifel gegeben haben – hier hatte ich die endgültige Gewissheit bekommen. Und sie wusste gar nicht, dass ich in einem Heim war. So furchtbar es war, das zu hören, immerhin gab es einen Lichtblick: Offensichtlich hatte sie den Wunsch, mich nun zu sich zu holen! Wenn das stimmte, dann konnte vielleicht bald alles anders werden, dann musste ich nicht mehr hier sein, konnte wieder zur Schule und eventuell auch zum richtigen Grab von Niels gehen.

Ich konnte es kaum abwarten, den Direktor danach zu fragen. Bei der nächstbesten Möglichkeit, die sich bot – ich lauerte ihm regelrecht auf –, sprach ich ihn an: »Wann kommt denn meine Mutter und holt mich ab?«

Sein stechender Blick, wieder traf er mich. Aber er konnte mir nichts mehr anhaben, bald würde er mich nie wieder durchbohren. Meine Mutter würde mich abholen, dann wäre es vorbei mit all diesen Zurechtweisungen. Innerlich jubilierte ich.

»Du hast gelauscht?«, fragte der Direktor.

»Nein«, sagte ich. »Sie haben so laut mit einem Pfleger darüber gesprochen, jeder konnte es hören.«

»Komm mal mit in mein Büro, Günter, dann zeige ich dir, was ich deiner Mutter geantwortet habe.«

Irgendwie klang das nicht gut, es war da etwas in der Stimme des Direktors, das mir nicht gefiel, ein bestimmter Unterton. Fast so etwas wie ein böser Triumph.

In seinem Büro setzte er sich in seinen Sessel, ich durfte auf dem Hocker Platz nehmen, auf dem er immer saß, wenn er mich mit dem Rohrstock bearbeitete. Mit einem schweren Seufzer holte er die Kopie eines Briefs hervor, den er meiner Mutter geschrieben hatte. Er las ihn mir vor, und ich erinnere mich nur daran, dass er mich als einen Menschen charakterisierte, der nur aus Schlechtigkeiten bestand. Er nannte auch den Namen meiner Mutter, der nicht mit meinem übereinstimmte, was mich wunderte: Frau Schlüter. Hatte sie inzwischen etwa einen Mann geheiratet, der diesen Namen trug? Hatten sie zusammen Kinder und eine Familie gegründet? Und dann gab es da noch diesen einen Satz, den ich nie vergessen habe: »Frau Schlüter, Sie haben einen schrecklichen Knaben zur Welt gebracht.«

Ich konnte es nicht fassen. Das hatte er meiner Mutter geschrieben? Wieso? Ich war doch nur ein lebhafter Junge! Wieso durfte ich nicht einfach so sein, wie ich war? Und dann dachte ich noch: Taktvoll ist etwas anderes. Was hatte man meiner Mutter damit angetan? Was hatte man ihr damit zu verstehen geben wollen? Dass auch sie ein schlechter Mensch war, weil sie mich geboren hatte?

»Und hat meine Mutter darauf geantwortet?«, fragte ich leise.

»Nein«, erwiderte Direktor Holthusen, ein schadenfrohes Lächeln umspielte seine Lippen.

Heute weiß ich, dass das nicht stimmte. Nachdem meine Mutter das Schreiben vom Direktor erhalten hatte, setzte sie sich mit dem Jugendamt in Neumünster, das für mich zuständig war, in Verbindung und bat um eine Verlegung in ein anderes Heim, da es mir in dem, in dem ich jetzt sei, anscheinend nicht gut gehe. Die »Schlechtigkeiten« hatten sie darauf gebracht, sie hatte sich das nicht vorstellen können. Als sie dort abgewiesen wurde, schrieb sie meinem Amtsvormund und verlangte, dass man ihr das Kind zurückgebe, schließlich sei es ihr Sohn. Diese Vorgänge hatten zur Folge, dass sie selbst entmündigt wurde, man wollte nun auch sie in eine psychiatrische Anstalt einweisen. Sie floh nach Bochum, dort hatte sie eine Bekannte, die sie um Hilfe bitten wollte. Nordrhein-Westfalen, weit weg von Schleswig-Holstein, von ihrer Heimat Nortorf, schien für sie die Rettung zu sein. Dass es nicht ganz so war, erfuhr ich erst viel später.

»Wieso ist man hier immer nur so böse zu mir?« Meine Stimme war noch leiser geworden, ich konnte mich selbst kaum hören.

»Weil du böse bist. Und jetzt ist Schluss, wir wollen nichts mehr mit dir zu tun haben. Du bist ein Bastard, du musst hier weg. Es ist schon alles angeordnet, morgen holen sie dich ab. Und nun raus aus meinem Büro.«

Benommen schlich ich aus dem Zimmer. Augenblicklich fiel mir ein, dass die Eisente von einer »geschlossenen Psychiatrie« gesprochen hatte. In den vergangenen Monaten war nichts passiert, ich hatte ihre Bemerkung fast schon vergessen. Aber in diesem Moment fiel sie mir wieder ein. Ich konnte es nicht leugnen, ich wusste nun, dass man mich abschieben würde. Offensichtlich hatten sie einige Zeit gebraucht, um diesen Wechsel zu organisieren.

Alles würde dann fremd sein, alles unbestimmt. Nie wieder würde ich das Grab von Niels besuchen und ihm eine Kerze hinstellen können. Und womöglich würde ich auch nie meine Mutter kennenlernen. In dem gemeinen Brief, den mir der Direktor vorgelesen hatte, war von keiner Verlegung die Rede gewesen. Man würde ihr bestimmt nicht sagen, wo man mich hinbrachte. So konnte sie keinen Ärger machen.

Zurück auf meiner Station packte ich meine wenigen Habseligkeiten zusammen.

# 6

## Bildungsunfähig in die Geschlossene

Ein Mann mit dünnen, fast farblosen Haaren, die er über seinen licht werdenden Schopf gekämmt und mit Pomade fixiert hatte, griff nach meinem Arm, mit seiner freien Hand stemmte er meinen kleinen Koffer. Nicht einmal meine geliebte Holzeisenbahn, die ich einmal zu meinem Geburtstag geschenkt bekommen hatte, durfte ich mitnehmen, das hatte man mir nicht erlaubt.

»Wir müssen los«, drängte der Mann, ein Mitarbeiter des Jugendamts, als ich stehen blieb, nicht einen Schritt mit ihm gehen wollte.

»Nein.« Ich weinte bitterlich. »Ich muss mich noch von meinen Freunden verabschieden. Von Ludwig, Helmut, Andreas und Michael. Ich muss ihnen Lebewohl sagen.«

»Dafür haben wir keine Zeit«, erklärte er barsch und zerrte mich an meinem Arm weiter. Mit Erfolg – er sah zwar gar nicht danach aus, aber er hatte immens muskulöse Arme.

»Wenigstens von Ludwig«, versuchte ich es noch einmal. Ludwig, das Besatzungskind, war nach dem Tod von Niels mein bester Freund geworden. Auch sein Schicksal war kein leichtes. Er hatte mir erzählt, dass sein Vater nach dem Krieg wieder in die USA zurückgegangen war. Er hatte zwar gewusst, dass er in Deutschland einen Sohn hat, doch nie hatte er sich gemeldet, sich nie um ihn gekümmert. Seine Mutter hatte man wieder und wieder als Flittchen beschimpft. Irgendwann war sie dem nicht mehr gewachsen gewesen und zusammengebrochen. Man hatte ihr nahegelegt, Ludwig in ein Heim zu geben. Wieso sie ihn dort nicht besuchte, wusste mein Freund auch nicht. Vielleicht hatte sie sich immer noch nicht von ihrem Zusammenbruch erholt. Das war zumindest seine Hoffnung.

Der Mann mit dem Sardellenscheitel ließ sich nicht erweichen, unerbittlich zog er an mir, bis wir vor einem dunklen Kleinbus standen.

»Setz dich da rein!«, befahl er.

Bislang hatte ich noch nie in einem Auto gesessen. Wenn ich dort einsteigen sollte, dann war anzunehmen, dass das neue Heim, zu dem man mich bringen würde, nicht gerade um die Ecke lag. Offensichtlich musste ich mich auf eine längere Reise gefasst machen. Augenblicklich flossen noch mehr Tränen. Das Bekannte war nicht schön gewesen, aber das Unbekannte, das mich erwartete, konnte nur schlimmer sein. Schließlich hatte man mich für bildungsunfähig erklärt, und eine Einrichtung, die die Eisente »geschlossene Psychiatrie« genannt hatte, ließ nichts Gutes hoffen, für mich eine logische Folgerung. Sonst hätte man mich auch im Pflege- und Kinderheim Vorwerk behalten können. Da die Pfleger viel erzählten, wenn der Tag lang war, wusste ich, dass es in der »Geschlossenen« Gitterstäbe geben würde, damit niemand fortlaufen konnte. Jemand hatte auch gesagt, dass man in »der Geschlossenen keine Fenster öffnen« könne. Gitterstäbe? Fenster, die zublieben? Ich war neun! War ich denn ein Verbrecher? Wieso behandelte man Kinder wie Straftäter? Das hatte ich auch die Pfleger gefragt, die so achtlos ihr Wissen ausgebreitet hatten – und keine Antwort erhalten. Diese Gefühlskälte, die ich erlebte, war mir unverständlich. Wie konnten Menschen nur so mit Kindern umgehen – was war der Grund dafür?

Der Bus fuhr los. Erst einmal ging es quer durch Lübeck, und in mir keimte die Hoffnung auf, dass mein neues Zuhause nur am anderen Ende der Stadt liegen würde. Ich war mir auch sicher, dass meine Mutter in Lübeck lebte, etwas anderes konnte ich mir damals gar nicht vorstellen.

Schließlich hielt der Kleinbus vor einem Gebäude aus rotem Backstein.

»Bleib hier sitzen«, befahl der Mann mit der schwindenden Haarfülle. »Ich komme gleich wieder.«

Wieso durfte ich nicht aussteigen? War das Ende der Reise noch nicht erreicht? Sollte ich hier etwa gar nicht untergebracht werden? Ich betrachtete die Fenster, einige waren geöffnet, andere nicht. Von Gitterstäben keine Spur.

Schließlich kehrte der Mann zurück, an der Hand einen Jungen, ungefähr in meinem Alter, nein, etwas älter, das sah ich beim Näherkommen. Nun hatte ich die Erklärung für den Kleinbus. Und die fehlenden Gitterstäbe. Nicht nur ich sollte woanders untergebracht werden, das Schicksal teilte ich mit anderen Heimzöglingen.

»Wie heißt du?«, fragte ich ihn.

»Jürgen«, sagte er, sein blasses Gesicht wehmütig auf die Backsteinfront gerichtet.

Ich konnte seinen Schmerz nachvollziehen, vor knapp einer halben Stunde hatte ich Ähnliches erlebt.

»Und warum musst du da weg?« Ich zeigte auf das Gebäude.

Jürgen zuckte mit den Schultern. »War denen wohl zu verhaltensauffällig«, erwiderte er knapp, als hätte er den Satz auswendig gelernt. Oder als hätte er ihn zu oft von anderen vernommen.

Ich hatte noch eine andere Frage: »Weißt du, wohin wir gebracht werden?«

Jürgen schaute mich jetzt irritiert an. »Klar, ins Landeskrankenhaus Hesterberg. In die Kinder- und Jugendpsychiatrie. Hat man dir das nicht gesagt?«

Ich schüttelte den Kopf. »Liegt das in Lübeck?«

»Was bist du bloß für 'n Dummkopf? Nee, das ist in Schleswig.«

Schleswig, davon hatte ich in der Schule gehört, da gab es ein Museum mit Wikingerschiffen und Moorleichen, die Jahrtausende im Untergrund geschlafen hatten, bis man sie fand. Aber die Stadt lag weit entfernt, fast an der dänischen Grenze, es waren sicher fast zweihundert Kilometer dahin, stundenlang würden wir im Auto sitzen. Abermals brach ich in Tränen aus.

»Heulsuse. Du kannst es sowieso nicht ändern.«

Da hatte Jürgen recht, anscheinend hatte er ein dickeres Fell als ich.

»Hier wird nicht geredet«, mischte sich nun der Jugendamtsmitarbeiter ein, der vorne neben dem Fahrer saß. Die beiden Männer hatten bislang kein Wort miteinander gewechselt. »Seid still.«

Wir hielten uns an das Verbot, ein bedrückendes Schweigen breitete sich im Bus aus. Zu gern hätte ich noch mehr von Jürgen gewusst, ob er etwa unehelich oder ehelich zur Welt gekommen war und was er für Erfahrungen mit den Pflegerinnen und Pflegern in seinem Heim gemacht hatte. Aber das würde er mir sicher auch noch erzählen können, wenn wir unser Ziel erreicht hatten.

Ich schaute aus dem Fenster, zum ersten Mal sah ich mehr als das Heimgelände, die inzwischen abgerissenen Trümmerhäuser oder den Park mit dem kleinen Bach. Riesige Felder zogen an uns vorbei, dann ging es durch kleine Wäldchen, mal war die Landschaft ganz flach, dann wieder leicht hügelig. Irgendwann stoppte das Fahrzeug, vor uns ein Kanal, der Nord-Ostsee-Kanal, wie ich in der Schule gelernt hatte, über uns eine gewaltige Brücke aus Stahl. Herr Bahnsen hatte einmal ein Bild von ihr mitgebracht und erklärt, dass sie fast 2.500 Meter lang und nur für Eisenbahnen gedacht sei. Wir querten den Kanal dann auch mit einer Fähre. Eine gute halbe Stunde später erreichten wir ein Ortsschild, auf dem stand: Schleswig.

Und schließlich waren wir da. Auf dem Gelände der Kinder- und Jugendpsychiatrie, die 1820 gegründet worden war und mit der Zeit immer größer wurde, da der Bedarf ständig stieg. Im Laufe ihrer Geschichte wechselte sie die Namen, so hieß sie einst »Heil- und Erziehungsanstalt für blöd- und schwachsinnige Kinder«, ab 1900 wurde sie in »Provinz-Idiotenanstalt« umbenannt, 1913 trug sie die Bezeichnung »Provinzial Heil- und Pflegeanstalt für Geistesschwache«, ein Heim für 130 »körperlich rüstige, ruhige und regelmäßig beschäftigte Kinder« sollte es werden. Doch dann brach der Erste Weltkrieg aus, und bis zu dieser vorgesehenen Bestimmung sollten noch einige Jahre vergehen: Mit Kriegsbeginn wurden die damals vorhandenen Gebäude vom Militär beschlagnahmt. Das Sanitätsamt des 9. Armeekorps richtete darin ab dem 1. Oktober 1914 ein Reservelazarett ein, bereits am 30. November traf ein größerer Transport mit Verwundeten von der Ostfront ein. Erst 1921, nach einer gründlichen Überholung, konnten in den Häusern wieder »Anstaltspfleglinge« untergebracht werden. Die Nazis richteten in ihnen eine »Kinderfachabteilung« ein. In den Sechziger- und Siebzigerjahren lebten dort rund 1.500 Kinder und Jugendliche.

Ich kam aus dem Staunen nicht raus, es war ein riesiges Gelände mit mehreren Häusern, die richtig schön aussahen, wie mächtige Schulhäuser in Backsteingotik. Die Fenster waren durchzogen von weißen Holzsprossen, zwischen den Gebäuden alte Baumbestände, viele Pappeln darunter. Was sich aber hinter den Mauern abspielte, das war auf den ersten Blick nicht erkennbar. Aber es war zu ahnen, denn als Jürgen und ich aus dem Auto kletterten, konnten wir Gebrüll und Geschrei hören. Jürgen verdrehte die Augen, ich zuckte innerlich zusammen. Der Lärm flößte mir Furcht ein. Hörte sich das so an, wenn man keine Medikamente bekam? Oder wurde hier noch etwas anderes mit den Kindern und Jugendlichen gemacht, etwas, das ich mir noch gar nicht vorstellen konnte und mochte?

»Trödelt nicht herum«, wies uns der Jugendamtsmitarbeiter an, von dem wir immer noch keinen Namen wussten. »Ihr werdet jetzt dem Stationsarzt vorgeführt.«

Jürgen und ich wurden durch eine zweiflügelige Tür geschoben, die hinter uns verschlossen wurde. Hier waren zwar keine Gitter zu sehen, aber Türen, die man nicht öffnen konnte, waren auch nicht viel besser. Als ich mir das Haus Jahrzehnte später noch einmal ansah, bevor es abgerissen wurde, vergewisserte ich mich beim Eintreten, dass die Tür hinter mir nicht mehr abgeschlossen werden konnte.

Es ging ein paar Treppen hoch, schließlich standen wir

in einem weiß gekalkten Raum, einem Medikamenten- und Behandlungszimmer. Als wir eintraten, drehte sich der Arzt um. Er war kleiner als Dr. Lüders, vielleicht auch etwas jünger, um die fünfzig, hatte aschblonde Haare, die an den Schläfen ergraut waren.

»Ich heiße Dr. Paulsen«, stellte er sich mit gepresster Stimme vor. Er wirkte wie jemand, der ständig unter Druck stand, permanent Stress hatte. Ich konnte ihn schwer einschätzen, irgendwie schien er nett zu sein, irgendwie aber auch nicht. Auf jeden Fall strahlte er eine große Unnahbarkeit aus, niemand sollte ihm zu sehr auf die Pelle rücken.

In der Hand hatte er zwei Akten, wohl die von Jürgen und mir. Ohne uns weiter zu untersuchen, sagte er: »Zur Eingewöhnung kommt ihr in die Zwangsjacke, damit ihr keinen Unfug anrichten könnt, auch eure Medikamente werden umgestellt.« Er kratzte sich an der schmalen Nase, dann zeigte er mit dem Finger auf Jürgen: »Du wirst im Haus G untergebracht, und du« – der Finger wanderte weiter zu mir – »du kriegst ein Bett hier im Haus, das ist das Haus F. Da wirst du schon gebändigt.« Damit war die Vorstellung bei Dr. Paulsen beendet.

Alle Häuser auf dem Gelände waren mit einem Buchstaben gekennzeichnet, jeder Buchstabe bedeutete eine andere Qual. Haus G hatte, wie ich Jahre später erfuhr, ein Fassungsvermögen von 130 Kindern, das Haus F, das zu den Häusern gehörte, die besonders berüchtigt waren, beherbergte insgesamt rund hundert Kinder. Im Haus C befand sich zu meiner Zeit in der obersten Etage die Krankenstation. Darunter die Säuglingsstation – das Geschrei, das ich bei meiner Ankunft gehört hatte, stammte von den vielen Babys, die behindert waren oder von ihren Müttern nicht versorgt werden konnten. Dazu zählten auch die von Patientinnen oder von jungen Frauen, die sie zur Welt gebracht hatten, nachdem sie sich einem Patienten hingegeben hatten.

Im Haus H lebten gefährliche Jugendliche und Erwachsene, in diesem Gebäude gab es auch Einzelzellen. In Haus I hatte man ausschließlich Mädchen stationiert, die meisten davon bettlägerig. Diese Mädchen waren nicht mehr in der Lage zu gehen und verkrüppelten zusehends, weil niemand sich die Mühe machte, sie physiotherapeutisch zu behandeln. Damals hätte man gesagt: Niemand war bereit oder fähig gewesen, Gymnastik mit ihnen zu machen. Viele von ihnen hatten große Schmerzen, auch aus diesem Haus drang Geschrei nach draußen, lautes Weinen.

Es gab dann noch das Haus E, hier hatte man rund neunzig Jungen und Mädchen untergebracht, aber getrennt in zwei Stationen. Im Keller gab es einen Klassenraum, der so feucht war, dass man ihn eigentlich nicht benutzen konnte. Im Haus D, dem Haus mit einem Wasserturm, hatte man ebenfalls einen Klassenraum eingerichtet, und von Haus A wusste ich nur, dass dort Patienten untersucht wurden. Dort standen auch ein Röntgengerät und andere medizinische Gerätschaften, ebenso gab es ein zahnmedizinisches Behandlungszimmer. Zu allen diesen Gebäuden kamen noch die Verwaltungs- und Wirtschaftstrakte, dazu eine Villa, in der der Direktor wohnen sollte. Der damals amtierende Direktor nutzte diese Möglichkeit aber nicht, er zog eine andere Bleibe vor.

Jürgen winkte mir noch einmal zu, dann wurden wir getrennt. Jeder von uns wurde einem Pfleger übergeben, der von Jürgen brachte ihn ins Haus G. Ich sah ihn nie wieder. Mein Pfleger, ein Hüne mit tiefen Falten im Gesicht, zerrte mich ein Stockwerk tiefer, in die Station F1. Ja, er musste mich zerren, denn ich wollte nicht dorthin, nicht nachdem ich von Dr. Paulsen vernommen hatte, dass man mich gleich in die Zwangsjacke stecken sollte. Ich hatte nicht einmal etwas ausgefressen, und doch hatte er sie mir verordnet. Aber gegen den Hünen hatte ich ebenso wenig eine Chance wie zuvor gegen den Jugendamtsmitarbeiter. Er trug mich mehr, als dass ich auf meinen eigenen Füßen ging.

Als Erstes sah ich Glasbausteine, die die Tür zur Station F1 einrahmten. Das Jungenhaus in Lübeck hatte aus zwei Stationen bestanden, das Haus F hatte vier Stationen: F1, F2, F3 und F4.

»Dich bringen wir auf der F1 unter«, erklärte mir der Hüne mit gelangweiltem Blick, als würde er ein Paket zuordnen. Ein neues Kind war da, aber es schien ihn nicht im Geringsten zu interessieren.

Es ging nach links, und wir betraten einen großen Aufenthalts- und Essraum, dahinter schloss sich, wie mir gesagt wurde, ein Spielzimmer an. Spielzimmer war ein merkwürdiges Wort für diesen Raum, denn nirgendwo sah ich Spielsachen herumliegen. Vielleicht werden die ja weggeschlossen, dachte ich, wie in Lübeck. Aber es war Mittag, und da waren die Schränke, in denen das Spielzeug lag, schon längst offen gewesen. Für Spielsachen hielt man uns, wie ich erfuhr, auf der F1 auch schon für zu alt, uns wurden außerhalb der Schule spezielle Tätigkeiten zugewiesen. Wir sollten uns nützlich machen. Vom »Spielzimmer« aus konnte ich noch einen kleineren Raum entdecken, in ihm waren Wäsche und Zwangsjacken verstaut.

Es gab noch eine Stationsküche mit einem Herd, einer Spüle, einem Geschirrschrank und einer Arbeitsplatte, daran angeschlossen eine Brotkammer. Rechts von der Küche lag der Waschraum, mit nur einer Toilette, fünf Waschbecken und zwei Badewannen. Von hier aus konnte man in einen Hinterhof gucken, der damals mit Stacheldraht umfriedet war; weniger martialische hohe Holzlatten als Begrenzung wurden erst Ende der Siebzigerjahre angebracht. In diesen recht großen Hinterhof schickte man uns hinaus, wenn es das Wetter zuließ. Es folgten am Ende der Station noch zwei Schlafräume, in dem einen konnte ich zwölf Betten zählen, in dem anderen dreizehn. Dicht standen sie nebeneinander, so eng, dass man sich zwischen den einzelnen Schlafstätten kaum bewegen konnte. Es war auch nicht möglich, Nachtschränke aufzustellen, auf denen man etwas Privates hätte abstellen können, wenn man denn überhaupt etwas sein Eigen nennen konnte. Ich besaß ohnehin nichts mehr, was mir gehörte, außer ein paar Anziehsachen.

Ich sah Jungen unterschiedlichen Alters, die meisten etwas älter als ich. Aber ich konnte auch welche ausmachen, die ein etliches älter waren und fast schon wie Erwachsene wirkten, richtige Halbstarke. Die Jugend- und Kinderabteilung war nur ein Anhängsel der Erwachsenenpsychiatrie auf dem sogenannten Stadtfeld, weshalb auf dem Hesterberg noch viele Erwachsene untergebracht waren, die altersbedingt schon längst hätten verlegt werden müssen. Einige waren sicher zu alt, denen wollte man keinen Umzug mehr zumuten, andere wurden aber auch eingesetzt, damit sie zur Erziehung der übrigen Kinder beitrugen. Weshalb die Halbstarken auf der F1 waren, erschloss sich mir aber nicht. Sie strahlten etwas Bedrohliches aus, was mir gar nicht gefiel. Leider hatten einige von ihnen ihr Bett im gleichen Schlafsaal wie ich. Ich war, das stellte ich schnell fest, nicht nur der Jüngste auf dieser Station, sondern auch der Kleinste.

Das also war mein neues Zuhause. Und das sollte es für die nächsten sechs Jahre bleiben, aber das wusste ich damals zum Glück noch nicht.

Nachdem man mir mein Bett gezeigt hatte, nahm man mir meinen kleinen Koffer ab.

»Wo kommt der hin?«, fragte ich.

»Den lagern wir auf dem Dachboden.«

Nach dieser knappen Antwort folgte das, was man mir angedroht hatte: die Zwangsjacke. Ich war nicht der Einzige, der mit einer solchen herumlief. Zum Glück musste ich nicht im Bett liegen, mit festgebundenen Füßen, ich konnte mich ansonsten »frei« bewegen, nur eben nicht um mich schlagen oder mich an anderen vergreifen, was man in meinem Fall anscheinend befürchtet hatte. Dabei hatte ich nicht ansatzweise daran gedacht, um mich zu schlagen. Die Pfleger hier schienen von einem ganz anderen Schlag zu sein als in Lübeck, sie wirkten unberechenbar und gefährlich. Unter ihnen fühlte ich mich völlig wehrlos.

So hockte ich die ganze Zeit nur herum, saß die Stunden ab. Man hatte mich handlungsunfähig gemacht. Zum Abendessen wurde ich aus der Zwangsjacke entlassen, füttern wollte man mich nicht, ich sollte das Brot mit meinen eigenen Händen essen. Danach musste ich sie aber wieder anziehen. Von den anderen Kindern wurde ich kaum wahrgenommen, es schien, als würde jeder in seiner eigenen Welt leben.

Am nächsten Morgen wurden wir um sechs geweckt, die übliche Zeit, zu der wir aufstehen mussten. Nach dem Waschen und Anziehen durften wir uns im Aufenthaltsraum an die Tische setzen, die Pfleger hatten uns zum Frühstück Brote geschmiert. Beim Essen war reden nicht erlaubt. Nach dem Mittagessen mussten wir den Kopf auf den Tisch legen, und wer ein Wort verlor, bekam eine gescheuert. Eine Stunde später mussten wir raus auf den Hinterhof oder ins Spielzimmer. Auch dort durfte nicht gesprochen oder Lärm gemacht werden. Wie sollen Kinder so spielen?

Gegen achtzehn Uhr gab es Abendbrot, danach konnte man im kleinen Aufenthaltsraum, dem Spielzimmer, Fernsehen schauen. Wer dazu keine Lust hatte, blieb in den Schlafsälen oder tat irgendetwas im großen Aufenthaltsraum. Um 21:30 Uhr kam die Nachtwache, und es war Zeit für die Übergabe. Eine halbe Stunde später waren sämtliche Lichter gelöscht.

Nach jenem ersten Frühstück musste ich die Zwangsjacke nicht mehr tragen, aber sobald ich wieder zu viele Fragen stellte, wurde sie hervorgeholt – und weil ich oft zu laut war, wurde sie zu meinem ständigen Begleiter. Mein Unglück war der Verhaltensbericht aus dem Kinderheim Vorwerk. Deshalb die Zwangsjacke. Ich sollte niedergedrückt werden, obwohl hierfür kein Grund vorlag. Im Landeskrankenhaus war ich wie ausgewechselt, denn ich wurde von den großen Jungen völlig eingeschüchtert und von Anfang an bedroht.

Jeden Morgen verabreichte man mir zwei Tabletten, mittags waren es Tropfen, und abends musste ich abermals zwei Tabletten schlucken, eine von ihnen war zweifarbig. Welche Medikamente man uns da verabreichte, das fand ich nie heraus, es gab darüber keine Berichte wie in der Diakonie. Und dass man mir überhaupt Medikamente verordnet hatte, das war sicherlich ebenfalls den Berichten aus dem Kinderheim Vorwerk geschuldet, die der Jugendamtsmitarbeiter in einer braunen Ledertasche mit nach Hesterberg genommen hatte. Einmal ruhiggestellt, immer ruhiggestellt. Daran wurde in diesen Einrichtungen nicht gezweifelt, höchstens an der Dosis und der Kombination.

In Lübeck hatte ich von den Medikamenten nicht übermäßig viel gemerkt, hin und wieder eine gewisse Müdigkeit, vielleicht hatte auch meine Reizbarkeit, das Aufbrausende in mir, etwas damit zu tun gehabt. Doch auf einmal waren die Symptome nicht mehr zu übersehen. Ich verlor von einem Tag auf den anderen die Kontrolle über meinen Speichelfluss, irgendwie gehorchte mir auch meine Zunge nicht mehr, an der Zungenwurzel verspürte ich so etwas wie Krämpfe. Ich saß nur noch auf dem Boden, denn ich hatte das Gefühl, mit meinem rechten Fuß nicht mehr auftreten zu können, es fühlte sich so an, als würde ich immer nur ins Leere treten. Und weil ich nicht von einer Seite zur anderen taumeln wollte, Angst hatte, mir irgendwo den Kopf anzuschlagen oder etwas zu brechen, suchte ich mir einen Platz auf dem Linoleum, wo ich mich einigermaßen sicher fühlte.

Zu den Beeinträchtigungen meiner Körperfunktion gehörte auch, dass ich nicht mehr sprechen konnte, ich lallte nur noch. Hätte man fotografiert, wie ich da nur noch auf dem Boden saß und lallte, ohne Kontrolle über meinen Speichelfluss, dann hätte das wahrlich nach einem Beweis dafür ausgesehen, dass ich hierhergehörte.

Keiner vom Pflegepersonal schien sich darum zu kümmern, wie es uns ging – hatte ich im Heim Vorwerk schon Lieblosigkeit und Gefühlskälte erlebt, hier war ich nun in einer wirklich menschenverachtenden Anstalt gelandet.

Irgendwann im Jahr 1969, nein, exakt zum 1. Mai, stellte

Dr. Paulsen fest, dass mein Blutbild nicht in Ordnung war. Dabei hätte er mich nur genauer anschauen müssen, um festzustellen, dass es mir nicht gut ging. Ich wurde auf Valium umgestellt, stark dosiert. Rund drei Wochen dauerte es, bis sich der Normalzustand wieder eingestellt hatte, ich mich wieder bewegen und auch meine Körperfunktionen kontrollieren konnte. Aber die Umstellung auf Valium hatte zur Folge, dass ich oft sehr benommen war und nicht wirklich das Gefühl hatte, bei mir zu sein. Es kam mir vor, als würde ich durch Watte gehen, immer hatte ich einen nebligen Schleier vor meinen Augen.

Aber sobald ich einigermaßen wieder auf zwei Beinen stehen konnte, war ich einer anderen Gefahr ausgesetzt. Die Älteren auf unserer Station, die fast schon erwachsenen Jungs von sechzehn bis dreiundzwanzig Jahren, fingen an uns zu drangsalieren. Am schlimmsten waren die Nachmittage am Wochenende, denn samstags und sonntags ließen uns die Pflegerinnen und Pfleger allein zurück, dann schlossen sie die Station ab und gingen die Treppen hinauf bis unters Dach, zogen sich in die Cafeteria zurück, die dort für sie eingerichtet worden war. Einige hatten unter dem Dach auch ihre Unterkünfte. Erst nach zwei oder zweieinhalb Stunden kamen sie zurück. Wir selbst konnten die Station also nicht verlassen, nicht einmal die Fenster ließen sich öffnen, da waren die Pfleger in Vorwerk richtig informiert gewesen. Nur das obere Kippfenster konnte geöffnet werden, doch durch das konnte sich kaum jemand zwängen. Der eine oder andere Junge aus unserer Station hatte es ausprobiert. Doch es hatte nie geklappt, jeder Junge wurde daran gehindert und bekam allein für den Versuch eine Tracht Prügel – und niemand wagte es nochmals.

Wir waren den Großen wehrlos ausgeliefert, und das wussten sie, das nutzten sie aus. Hatten sie auch keine Macht über die Pfleger, so hatten sie diese über uns.

»Hey, Kleiner«, rief mich eines Tages Jan zu sich, ein Bursche mit vielen Sommersprossen im Gesicht, roten, strohigen Haaren und Händen wie riesigen Pranken. Jan war der Anführer der »Gang«, und nichts fand er spannender, als vor seiner breiten Nase Prügeleien zu veranstalten. »Du weißt, was ich jetzt von dir will, oder?«

Wenn ich es auch nicht genau wusste, dann ahnte ich es zumindest.

»Hallo, ich hab dich was gefragt?« Jan konnte fast genauso stechend blicken wie Direktor Holthusen, nur um einiges verschlagener. Er wippte vor Vorfreude mit seinen Füßen auf und ab.

Ich nickte, ich wollte Jan keinesfalls provozieren. Ich wusste, was geschah, wenn ich mich weigerte, ich hatte es schon bei anderen beobachtet, die das getan hatten. Sie wurden dann zusammengeschlagen, wurden über Tische und gegen die Wand geschleudert nach dem Motto: »Wer fliegt am weitesten?« Keine guten Aussichten.

»Na, prima. Ich will, dass du heute kämpfst, und als Partner habe ich dir Bernd ausgesucht.« Er grinste. »Ich finde, ihr seid ein tolles Gespann. Weltmeisterklasse.« Sein Grienen wurde noch verschlagener. »Ring frei für Günter und Bernd.«

Bernd, mein angeordneter »Gegner«, trat vorsichtig aus der Gruppe der jüngeren Jungs hervor, der Neun- bis Zwölfjährigen. Er war etwas größer als ich und schlotterte am ganzen Körper, er hatte vor diesem »Boxkampf« genauso viel Angst wie ich. Wir prügelten uns auf der Station sonst nicht, hatten nie gelernt, wie es war, sich zu schlagen – dazu fehlten uns die Erfahrungen, die wir vielleicht in der Außenwelt gesammelt hätten. Wir standen nur da, versuchten uns anzufassen, wussten dann aber nicht weiter.

Jan und seine Kumpane johlten und klatschten, sie hatten erwartet, dass es so kommen würde. Es machte ihnen einen Heidenspaß, uns so hilflos zu sehen.

»Genug, genug«, schrie Jan. »Das war nur die Aufwärmphase, nun haben wir für dich, Günter, einen wirklichen Gegner ausgesucht. Henning, nun bist du dran!«

Henning war tatsächlich ein anderes Kaliber, er war hochgradig aggressiv, leicht reizbar, mindestens ein Jahr älter als ich, einen Kopf größer und von der Statur her ein Kraftbolzen. Ich hatte mich geweigert, gegen ihn anzutreten, nicht ohne blutige Folgen. Henning stürzte sich auf mich, als hätte er nur darauf gewartet. Es war klar, dass er mir Schaden zufügen, mir wehtun wollte, sein Gesicht war wild verzerrt. Er schlug mich zusammen, schleuderte mich über die Tische und anschließend an die Wand. Blutend blieb ich liegen.

»Klasse Kampf«, schrien die Halbstarken. »Weiter so!«

Ich dagegen fand das gar nicht toll, ich wollte, dass es endlich aufhörte. Ich wollte das alles nicht. Was für einen Sinn machte das? Ich sehnte mich nach dem alten Mann mit der schwarzen Brille im Ohrensessel, sehnte mich danach, zu seinen Füßen *Daktari* anzuschauen. Zu dieser Fernsehserie mit dem schielenden Löwen Clarence wollte ich mich flüchten. Sie spielte im afrikanischen Busch (oder tat zumindest so), und dort gab es ebenfalls eine Krankenstation, aber da herrschte eine ganz andere Einstellung. Da wurden nicht nur kranke Tiere behandelt, da kümmerte man sich genauso liebevoll um die Sorgen der Menschen, keiner wurde im Stich gelassen …

»K.-o.-Sieg für Henning«, grölte Jan plötzlich mehrmals.

Ich hatte gar nicht gemerkt, dass der Kraftbolzen inzwischen wieder auf mir saß und mich mit seinen Fäusten bearbeitete. Das war wohl passiert, während ich in meinen Gedanken in der Villa gewesen war – und das hatte wohl auch mit dem Nebel in meinem Kopf zu tun, der von den verordneten Medikamenten herrührte. Vielleicht hatte ich aber zwischenzeitlich auch nur das Bewusstsein verloren.

Als Henning seine Wut herausgeschlagen hatte, musste ein neues Paar antreten. Dieser sadistische Spaß hörte erst auf, als der Aufpasser das Zeichen dafür machte, dass sich im Türschloss der Schlüssel drehte. Das Pflegepersonal kam zurück. Jan und seine Truppe machten sich aus dem Staub. Nur wir standen weiterhin ausdruckslos herum, wie wir es wegen der Medikamente wohl immer taten.

Keiner der Pfleger fragte, ob in der Zwischenzeit etwas passiert sei, obwohl ich mir sicher war, dass sie wussten, was hinter ihrem Rücken geschah. Aber auch keiner von uns »Pfleglingen« verriet mit einem Sterbenswörtchen, was geschehen war. Wir alle hielten den Mund. Das System Angst hatte uns fest im Griff.

# 7

## Eingesperrt im Rattenkeller

»In deiner Akte steht, dass du bildungsunfähig bist«, sagte eine jener kräftigen, äußerst zupackenden Pflegerinnen. »Du kannst also nicht zur Schule gehen.«

Bei dem Wort »bildungsunfähig« zuckte ich zusammen. Ich hatte so gehofft, in Hesterberg wieder am Unterricht teilnehmen zu können, denn ich hatte ja beobachtet, wie die anderen Jungs in meinem Alter jeden Morgen aufbrachen, um in einem anderen Haus, dem Haus K, die Klassenräume zu besuchen. Sollte es abermals nichts werden, um meine Neugierde zu stillen? Es war doch mein Traum, wieder zur Schule zu gehen – wieso wollte ihn mir keiner erfüllen?

»Aber einfach nichts tun geht auch nicht. Du kannst in der Großküche helfen, da gibt es genug Arbeit, die können jede Hand gebrauchen.«

Was sollte ich davon halten? In Hesterberg gab es kaum Möglichkeiten, sich zu beschäftigen. Hin und wieder durften wir Jungs draußen Fußball spielen, aber die Male konnte man an einer Hand abzählen. Es waren bloß Ausnahmen, wenn das Pflegepersonal mal gute Laune hatte und Lust verspürte, bei schönem Wetter unter freiem Himmel Aufsicht zu spielen. Ansonsten verstrich ein Tag nach dem anderen in großer Eintönigkeit, insbesondere für mich, da ich ja nicht zur Schule durfte. Warum also nicht in der Großküche helfen? Im ersten Moment versprach das wenigstens eine gewisse Abwechslung.

Die korpulente Frau mit den dicken Wangen, die beim Gehen wie auf und absteigende Quallen aussahen, führte mich über das Anstaltsgelände. Jetzt erst sah ich, wie groß es wirklich war, dabei war es mir schon bei meiner Ankunft riesig vorgekommen. Es war eine eigene kleine Stadt. Die wuchtigen Backsteinhäuser wirkten aber nicht mehr schön, sondern erdrückend und abweisend, denn ich hatte inzwischen erfahren, wie es in ihrem Innern zuging. Wieder hörte ich lautes Geschrei und Geheul, fast fürchtete ich mich, so unheimlich wirkte es auf mich. Überall auf den Wegen sah ich nur Pfleger und Pflegerinnen, die irgendwo hineilten, nirgendwo einen Patienten. »Geschlossene Anstalt«, immer mehr verstand ich, was es mit diesem Ausdruck auf sich hatte. Oder lag es am ungemütlichen Wetter? Leichter Raureif überzog die Rasenflächen und die noch nicht weggeharkten braunen Blätter der inzwischen kahlen Bäume.

Der Winter war schon angebrochen, und es war ziemlich kalt. Da ich keine Handschuhe trug, steckte ich meine linke Hand in die Manteltasche, meine Rechte wurde von der Frau umklammert, als wäre ihre Hand eine Zange. Ihre Augen blickten starr geradeaus, sie sahen aus wie die eines Kabeljaus, dunkle, große Pupillen mit einer hellen, schmalen Umrandung – ich hatte mal eine Abbildung von diesem Fisch in einem Buch gesehen.

Was würde mich in der Großküche erwarten? Ich kannte die Küche im Pflegeheim Vorwerk, aber wenn ich all die Häuser hier betrachtete, eine eigene kleine Stadt, wurde mir arg mulmig zumute. Hier lebten so viele Patienten, wie sollte man die alle satt bekommen? Ich blickte auf meine sich vor Kälte schon blau und rot färbende Hand. Noch nie hatte ich auch nur eine Scheibe Brot abgeschnitten, wie sollte ich da eine Hilfe sein? Ich dachte auch voller Wehmut an den Garten Eden, mit dem »Grab« von Niels. Dort hatte ich mich wohlgefühlt. Nirgendwo entdeckte ich hier etwas Vergleichbares, keine Obstbäume, nur sandige Wege und kurz gehaltene Rasenflächen. Alles wirkte trostlos, geradezu ausgestorben, wenn da nicht der schreckliche Lärm gewesen wäre, der aus den Häusern nach außen drang.

Als wir die Großküche erreichten, erkannte ich, dass sie an das Verwaltungsgebäude angeschlossen war. Das Wirtschaftsgebäude lag ungefähr dreißig Meter davon entfernt und beherbergte im vorderen Komplex eine Schusterei, eine Schneiderei und die Bäckerei. Im hinteren Teil befand sich die Großwäscherei.

»Hier ist der Junge«, meine Begleiterin übergab mich einer Frau, die anscheinend für die Großküche verantwortlich war. »Er ist nicht blöd, hat auch keine zwei ganz linken Hände. Irgendwie kannst du ihn sicher beschäftigen.«

»Wenn er nicht dumm ist, warum sitzt er dann nicht in einem Klassenzimmer?«, fragte die Küchenchefin, eine dünne, sehnige Frau in den Fünfzigern. Sie war so dürr, dass man meinen könnte, sie bekäme nichts zu essen. In einer Großküche konnte das aber nicht der Fall sein.

»Ich weiß es nicht, ich hab darüber nicht zu entscheiden. Irgendeine der üblichen Anweisungen«, erwiderte meine Begleiterin und war im nächsten Moment verschwunden.

Die hagere Frau – sie hieß Hilde Grimm, wie ich später erfuhr – rieb sich das Kinn. »Welche Aufgaben kannst du denn erledigen?«, überlegte sie laut. Es war klar, dass sie keine Antwort von mir erwartete, außerdem hatte ich das Gefühl, dass sie bereits eine Entscheidung getroffen hatte. Frau Grimm wollte wahrscheinlich nur die Gelegenheit nutzen, mich in Ruhe einzuschätzen, denn sie musterte mich von oben bis unten mit ihren wässrigen grauen Augen. Um ihr Grübeln zu unterstreichen, kniff sie sie immer wieder zu schmalen Schlitzen zusammen, die von langen dunklen Wimpern umrahmt waren.

»Na ja, fang mal bei den Kartoffeln an, da brauche ich immer Leute, bei den Mengen hier …« Sie drehte sich um und schüttelte den Kopf, als könnte sie nicht verstehen, dass Menschen Hunger haben. Vielleicht arbeitete sie schon so viele Jahre hier, dass Essen sie generell anekelte.

Ich lief hinter ihr her, ohne dass sie mich dazu aufgefordert hatte – Erwachsenen zu folgen hatte ich als Heimkind inzwischen völlig verinnerlicht. Schon bald stand ich in einer Ecke vor einem riesigen Berg Kartoffeln. Einige Frauen in dunklen Kittelschürzen kippten die Kartoffeln in rotierende Trommeln, in denen sie im Wasser geschält wurden. Die geschälten Erdäpfel kamen dann in eine große Zinkwanne. Vor der kauerten Frauen auf kleinen Hockern und entfernten die schlechten Stellen. Ich sollte dabei helfen.

»Dass du mir ja ordentlich die Augen herausholst«, mahnte die Küchenchefin und reichte mir ein kleines Messer. »Aber nicht zu viel. Lass die Kartoffel noch ganz. Und komm ja nicht auf die Idee, mit dem Messer Blödsinn anzustellen. Ich warne dich.« Die keimenden Kartoffeln würde man heute nicht mehr essen, damals machte man sich über gesunde Ernährung keine Gedanken.

Ich setzte mich auf einen freien Hocker, dann fing ich an, die geschälten Kartoffeln aus der Wanne zu klauben, eine nach der anderen. Die Frauen zeigten mir, wie ich es zu machen hatte. Anfangs entfernte ich tatsächlich zu viel Fruchtfleisch, mit der Zeit und mit einiger Übung schnitzte ich aber nicht mehr zu viel raus. Als ich es einigermaßen konnte, ignorierten mich die Frauen, sie tauschten sich untereinander aus oder schwiegen.

Plötzlich sagte eine der Kartoffelfrauen: »Kaum einer der Pfleger will hier auf dem Gelände wohnen, obwohl die Unterkünfte billig sein sollen. Jeder will hier nach Feierabend sofort weg. Keine Minute länger bleiben. Bloß nicht Hesterberg, das habe ich schon mehrfach gehört.« Sie trug einen grauen Kittel und ein ebenso graues Tuch, das sie um ihre Haare gebunden hatte, nur ein hellbrauner Pony lugte daraus hervor. Die anderen Frauen nickten zustimmend.

Warum niemand in der Anstalt wohnen wollte, erfuhr ich leider nicht mehr. Aber eine dunkle Ahnung beschlich mich. Das hier musste ein Ort sein, der gemieden wurde. Ein Ort, der schwer aufs Gemüt schlug.

Mittags, meine Hände waren inzwischen schon ganz wund vom Herausholen der Augen, bekam ich zur Stärkung einen Teller mit Kartoffeleintopf, hin und wieder entdeckte ich darin auch ein Stückchen Fleisch. Ich war erschöpft vom Schälen, die Hände taten mir weh, und ich hoffte, dass mich die kräftige Frau mit den Quallenwangen und den Kabeljauaugen wieder abholte, doch dem war nicht so. Mein Arbeitseinsatz war noch längst nicht zu Ende.

»Ich brauch dich noch im Keller«, verkündete Frau Grimm, deren ehemals weiße Schürze inzwischen einige Kochspuren aufwies. Ich hatte nicht gesehen, dass sie etwas zu Mittag gegessen hatte, sie schien tatsächlich keine Freude am Essen zu haben. Ich dagegen hätte gern noch einen

Teller verdrückt, aber ich wagte nicht, danach zu fragen. »Im Keller lagern die Kartoffeln, die müssen umgeschichtet werden, sonst vergammeln die mir noch völlig. Das kannst du machen, ist 'ne klasse Beschäftigung.«

Dunkle Steinstufen, in der Mitte ausgetreten, führten in den Keller hinab. Es war finster dort unten, nur eine kleine, schwache Glühbirne erhellte den Raum, der so groß war, dass man seine Umrisse nur erahnen konnte. Die Wände starrten vor Dreck, es war feucht und roch muffig, fast hätte ich mich vor Angst übergeben.

»Dann fang mal an, mein Junge.«

Die Küchenchefin stieg wieder die Treppen hoch, dann holte sie aus ihrer Schürzentasche einen Schlüssel hervor.

»Nein«, schrie ich, als mir schlagartig klar wurde, was sie vorhatte. »Nicht abschließen! Lassen Sie bitte die Kellertür offen, ich hau auch bestimmt nicht ab.«

»Nix da«, sagte die dünne Frau und verzog ihren Mund zu einem ebenso dünnen Lächeln. »So habe ich dich unter Kontrolle. Ich kenne euch Jungs, ihr macht die größten Versprechen, schwört bei allem, was euch heilig ist, und dann seid ihr auf einmal über alle Berge. Nee, nee, nicht mit mir.«

»Aber ich habe Angst, wenn ich allein hier im Dunkeln bin.«

»Sieh es mal positiv: So wirst du bei deiner Arbeit nicht gestört und kannst ordentlich was schaffen. Umso schneller bist du fertig und kannst wieder zu deinen Leuten.«

Im nächsten Moment hörte ich, wie sie den Schlüssel im Schloss umdrehte. Ich war eingesperrt. Ich war in diesem düsteren, eklig riechenden Keller gefangen, so wie ich beim Kampf gegen Henning gefangen gewesen war. In diesem dreckigen Loch gab es nichts als Kartoffeln und auf der anderen Seite Briketts, mit denen die Kessel in der Küche beheizt wurden. Ich weinte und weinte, die Tränen liefen nur so die Wangen herunter. Verzweifelt lief ich die Treppen hinauf, trommelte gegen die Tür, schrie um Hilfe, aber niemand machte mir auf. Es gab auch kein Fenster, durch das ich entwischen konnte, nur zwei mit Schmutz überzogene Lüftungsklappen, durch die keine Flucht möglich war.

Ich begann zu schwitzen, meine Hände wurden schweißnass, mir kam es vor, als würden meine Füße in den Schuhen schwimmen, dabei war es in dem Keller eiskalt. Mein Herz schlug schneller und schneller, es raste, und ich hatte das Gefühl, dass ich gleich umfallen, ohnmächtig werden würde. Aber meine Befürchtung trat nicht ein, ich fiel nicht in Ohnmacht. Dann sah ich, dass Mäuse über den Boden huschten, auch eine fette Ratte fühlte sich durch den Lärm, den ich machte, gestört. Meine Angst steigerte sich zur Todesangst, mir war, als wäre ich nur noch eine Hülle, nichts weiter als ein praller Luftballon, der gleich platzen würde.

»Günter, du musst dich beruhigen«, versuchte ich mir selbst gut zuzureden. »Wenn du deine Arbeit erledigt hast, darfst du hier wieder raus. Alles wird gut.« Schon im Pflegeheim Vorwerk hatte ich gelernt, in Angstsituationen mit mir selbst zu sprechen, ich hatte ja niemanden gehabt, dem ich mein Herz ausschütten konnte. »Du kannst das. Du schaffst das. Die Mäuse tun dir nichts, sie haben genauso viel Furcht vor dir wie du vor ihnen. Du kannst an der Situation nichts ändern, du kannst sie nur überstehen. Das packst du schon.«

Meine Aufmunterungsversuche halfen, langsam verebbten meine Tränen. Ich begann, die Kartoffeln umzuschichten – eher umherzurollen –, diese Tätigkeit lenkte mich ab, zeitweilig vergaß ich sogar, weiter über die Angst nachzudenken, und so wurde sie weniger übermächtig als im ersten Moment, auch wenn sie noch da war. Sie lauerte, jederzeit bereit, mir zu zeigen, dass ich gegen sie keine Chance hätte. Jede Maus, die ich aus den Augenwinkeln vorbeihuschen sah, jedes Geräusch, das aus dem Kartoffelberg drang und nicht von mir verursacht worden war, ließ sie wieder aufsteigen. Manchmal glaubte ich, an ihr zu ersticken, fühlte Stiche in der Brust, mein Herz schlug mir bis zum Hals. Dann fing ich wieder mit meinen Beschwichtigungsformeln an oder versuchte, mich an die schönen Momente im Kinderheim Vorwerk zu erinnern. Doch das half alles nur begrenzt. Die Angst, die ich empfand, das war keine normale Angst. Sie hatte bedrohliche Ausmaße angenommen. Das war eine Angst, die einen krank machen konnte.

Endlich kam das erlösende Geräusch: Die Kellertür wurde wieder aufgesperrt. Ich flitzte die Treppe hoch, an Frau Grimm vorbei, blieb mitten in der Großküche stehen und atmete erst einmal tief durch.

»Da will ich nie wieder runter«, weinte ich. »Das ist so schlimm dort unten. So duster und unheimlich.«

»Hab dich nicht so«, grummelte die Küchenchefin und kniff wieder ihre Augen zusammen. »Wir werden sehen.« Frau Grimm konnte, wie ich noch feststellen sollte, sehr launisch und manchmal sogar richtig bösartig werden.

Am nächsten Tag musste ich abermals Kartoffeln putzen, durfte aber mittags zurück ins Haus F. Die Erleichterung währte jedoch nicht lange, denn schon am darauffolgenden Tag hatte der Kohlenhändler neue Briketts angeliefert und diese einfach nur durch eine der verschmutzten Luken in den Keller fallen lassen.

»Die wirst du heute aufschichten müssen«, so lautete die Ansage der Küchenchefin zwei Tage später.

»Bitte nicht!«, rief ich. »Ich halte es im Keller nicht aus. Dort ist es ganz furchtbar, bestimmt sterbe ich da unten.«

»Was ist denn das für ein Mist, den du mir auftischst? Kein Mensch wird dort unten sterben, auch du nicht.«

»Es geht wirklich nicht.«

»Willst du dich mir etwa widersetzen?« Frau Grimm baute sich drohend vor mir auf.

»Nein, ganz bestimmt nicht.« Ich ließ den Kopf hängen, damit sie meine Tränen nicht sehen konnte.

»Na, dann ist man gut.«

Ich hatte keine Wahl, ich musste wieder in die finstere Hölle hinabsteigen.

So ging es viele Monate lang, Kartoffeln, Briketts, auch mal Rüben. Es war ein einziger Albtraum. Wieder und wieder brach Panik in mir aus, immer wenn ich in dem Keller eingeschlossen wurde. Die Anfälle nahmen zu, und es gab nichts, woran ich mich klammern konnte. Ich war verloren hier unten. Ich konnte nur hoffen, dass die Küchenchefin irgendwann einsah, dass ich genug getan hatte. Hatte meine Klaustrophobie, meine Raumangst, schon in Lübeck ihre Anfänge gefunden, so nahm sie in dem feuchten Keller der Großküche ganz andere Ausmaße an. Aber nicht nur dort. Und sie würde mich nie mehr verlassen.

Diese Qualen hatten Folgen. In dieser verfluchten Anstalt war ich nie vorlaut, sondern völlig eingeschüchtert. Noch Jahre später fühlte ich mich fremd in ihr. Sie konnte nie mein Zuhause werden.

# 8

## Unter Wasser gedrückt und vergewaltigt

Jan und seine Mitläufer wurden immer brutaler. Schon am Montag begann die Angst in uns hochzukriechen, und sie wurde mit jedem Tag stärker. Eine Angst, die mir die Kehle zuschnürte und mich nicht richtig schlafen ließ, die wie ein schwerer Stein auf meine Brust drückte. Inzwischen verkündete der Rädelsführer der Halbstarken nicht mehr erst am Sonnabend, sondern drei Tage früher, am Mittwochnachmittag, wenn das Pflegepersonal ebenfalls in der Cafeteria eine kürzere Kaffeepause machte, wer »am Sonnabend dran ist«. Dann wurden die Namen derjenigen aufgezählt, die sich auf den Kampf einstellen sollten, und fiel meiner, machte ich vor lauter Angst in die Hosen. Warm lief es an meinen Beinen herunter. Ich wusste genau, was auf mich zukam. Ich wollte das nicht. Warum zwang man uns dazu? Wir wollten nicht kämpfen, und dann waren die meisten von uns durch die Medikamente auch noch viel zu schlaff für diese Schauturniere.

Mehrmals hatte ich mich geweigert, mich mit einem anderen Jungen zu prügeln. Ich wollte es nicht nur nicht, ich konnte es auch nicht. Zur Strafe zerrte man mich oder die anderen Jungs, die bei diesen Kämpfen ebenso wenig mitmachen wollten, ins komplett weiß gekachelte Badezimmer, in dem zwei Badewannen standen, die ebenfalls weiß gekachelt waren. Die Halbstarken füllten die Wannen mit kaltem Wasser, fast bis zum Rand. Dann wurden wir mitsamt den Klamotten ins Wasser geworfen und fast ertränkt, denn sie packten uns und drückten uns vollständig unter. Wir wehrten uns, ruderten mit den Händen durch die Luft, versuchten, mit den Beinen um uns zu treten, doch sie waren stärker als wir, viel stärker. Hatten wir uns zu stark gewehrt, wurden wir zusammengeschlagen. Und wurden wir ruhiger, weil wir nicht mehr konnten, fast schon aufgaben und Bewusstlosigkeit drohte, rissen sie uns in letzter Sekunde aus dem Wasser. Sie lachten und grölten auch hierbei, fühlten sich als die großen Helden, die sie nie sein würden.

Wir prusteten, schnappten nach Luft, wenn wir nicht mehr untergetaucht wurden, und waren wir wieder einigermaßen bei Besinnung, wiederholte sich das grausame Spiel, das simulierte Ertränken, das auch als Foltermethode genutzt wird. Manchmal mussten wir die Qualen gleich drei- oder viermal hintereinander erleiden.

Als ich später, im Jahr 2015, das Haus F kurz vor seinem Abriss noch einmal aufsuchte, hatte jemand auf die zweiflügelige weiße Eingangstür das Wort »Badewanne« in Rot gesprayt. Ich weiß nicht, wer das getan hat, doch dieser jemand musste einst hier gelebt haben und hatte wohl genau wie ich in dieser Wanne um sein Leben gekämpft.

Die jungen Männer, die uns das antaten, waren Bestien, anders kann ich sie nicht bezeichnen. Sie legten eine Brutalität an den Tag, die ich kaum in Worte fassen kann, auch heute noch nicht, Jahrzehnte später. Eines Tages fingen sie auch noch an, sich im Schlafzimmer über uns Jüngere herzumachen, immer zu fünft, niemals allein oder zu zweit. Meist abends vor dem Zubettgehen, wenn das Personal nicht da war, aber ebenso zu allen anderen Zeiten, wenn sie sich unbeobachtet fühlten. Dann zerrten sie mich in den Schlafsaal, zogen mich auf mein Bett. Sie rissen mir die Kleider vom Leib, bis ich völlig nackt war. Mit Gewalt brachten sie mich in eine gebückte Stellung und wandten eine bestimmte Methode des Festbindens an. Dabei wurden Ellbogen und Kniekehle mit einem Riemen, einem Gürtel oder einem Seil miteinander verbunden, sodass die Arme fest auf den Knien verschnürt waren und ich mich nicht mehr bewegen konnte. Es war nicht möglich, aus dieser Einschnürung herauszukommen, sich ihr zu entwinden. Einer von den Fünfen hielt mich am Kopf fest, während die anderen sich an mir vergingen. Wie Wilde fielen sie über mich her und missbrauchten mich für ihre Zwecke. Hatten sich alle befriedigt, sahen sie abgekämpft aus, ließen sie von mir ab.

»Und wehe, du erzählst jemandem davon«, schärften sie mir noch ein. »Wir ertränken dich dann in der Badewanne. Davon kannst du ausgehen.«

Das war nicht nur einfach dahergesagt, die Bestien musste man ernst nehmen. Sie würden ihre Drohung wahrmachen, wenn ich nur einem vom Pflegepersonal schildern würde, was sie mir antaten, davon war ich überzeugt.

»Und weil du uns zu Diensten warst«, fügte Jan noch hinzu, »werden wir dich am Sonnabend verschonen.«

Weinend krümmte ich mich in meinem Bett zusammen, mein ganzer Unterleib war von Blut überzogen, ich blutete aus allen möglichen Stellen. Mein ganzer Körper tat weh, war ein einziger großer Schmerz. Ich wusste nicht, wie ich liegen sollte, konnte mir aber auch nicht vorstellen, jemals wieder aufzustehen. Aber es war nicht nur das körperliche Leid, das ich aushalten musste, die physischen Spuren konnten verheilen, nicht aber die seelischen. Da war die Scham. Ich schämte mich so unendlich, dass man mich vergewaltigt hatte. Das Wort kannte ich, weil ich es von den Bestien gehört hatte, sonst hätte ich nicht einmal gewusst, was sie mit mir angestellt hatten. Und bei dieser einen Vergewaltigung blieb es nicht, es sollten noch viele folgen.

Natürlich entdeckte das Pflegepersonal das Blut.

»Günter, was ist denn hier geschehen?«, fragte mich ein Pfleger, als er mich verletzt im Bett fand.

Sofort war Jan zur Stelle und wusste, was der Pfleger hören wollte: »Günter und der Henning haben sich mal wieder geprügelt. Die wollten einfach nicht aufhören, da mussten wir erst dazwischengehen. Wir mussten sie gewaltsam trennen.«

Ich war viel zu schwach, um dagegen zu protestieren, hatte aber vielleicht auch schon resigniert. Wir waren Schutzbefohlene, aber wir wurden nicht beschützt. Inzwischen hatte ich die Erfahrung gemacht, dass die Pfleger uns Jüngeren grundsätzlich nicht glaubten. Vielleicht hatten sie sogar selbst ein wenig Angst vor den Halbstarken. Sie nahmen die Vergewaltigungen billigend und bewusst in Kauf.

Dieser Pfleger reagierte auch so, wie Jan es sich wünschte, denn er grinste hämisch, als er kurz in den kleinen Nebenraum ging, in dem die Zwangsjacken untergebracht waren. Mit zwei von diesen Dingern kam er zurück, eine für Henning und eine für mich. Dabei war ich sowieso unfähig, mich zu bewegen – wieso sah das der Pfleger nicht? Wieso sah er auch nicht, dass Henning frei von Blessuren war, nicht eine einzige Schramme hatte, kein Blut an ihm klebte?

Die Halbstarken kehrten noch mal zu mir zurück, als der Pfleger mich fixiert und gefesselt hatte.

»Und damit das klar ist«, drohte der Rotschopf. »Wenn du nicht unsere Wünsche erfüllst, wenn du nicht das machst, was wir wollen, dann hängen wir dir was an. Dann kriegst du 'ne Luftspritze, und dann bist du weg.«

Ich kannte die Spritzen, die Dr. Lüders setzte, um mir Blut abzuzapfen – das hatte höllisch wehgetan. »Luftspritze«, schon allein wie Jan es ausgesprochen hatte, das klang so, als würde man mir die Luft damit nehmen wollen. Ich würde ersticken, dachte ich, und schon flossen erneut die Tränen.

Sechsundvierzig Jahre später kam ein Mann auf mich zu, acht Jahre älter als ich, der mir im Laufe einer Unterhaltung erzählte, er selbst sei auch in Hesterberg gewesen, untergebracht im Haus H, und er habe mit eigenen Augen gesehen, wie Kinder mit der »Luftspritze« getötet wurden. Ich war so erschrocken von seinem Bericht, hatte Angst gehabt, dass das wirklich passiert war, dass ich daraufhin das Sozialministerium in Schleswig-Holstein anschrieb und in meinem Brief mitteilte, was mir dieser Mann geschildert hatte. Das Sozialministerium schaltete daraufhin die Staatsanwaltschaft in Flensburg ein. Die Ermittlungen ergaben dann, dass der Mann gegenüber der Kripo Flensburg widersprüchliche Aussagen gemacht hatte, seine Glaubwürdigkeit war laut den Beamten äußerst fragwürdig. Mal wollte er selbst alles beobachtet haben, mal hätte er es nur gehört. Und das, was er gehört habe, war auch nicht eindeutig. Während der einen Befragung gab er Pfleger als Zeugen an, bei einer anderen eine Patientin. Seine Aussagen waren letztlich ohne Konsequenzen, am Ende wurden die Ermittlungen eingestellt. Es ist wohl davon auszugehen, dass die Drohung der Luftspritzen nichts weiter als eine Praxis der Einschüchterung war – zum Glück. Und dennoch hatte sie große Wirkung.

Stutzig hatte mich auch die Aussage dieses Mannes gegenüber einem Journalisten der *Schleswiger Nachrichten* gemacht, in der er behauptete, dass nachts fremde Männer in seine Station gekommen wären. Meiner Meinung nach war das gar nicht möglich, da die Häuser nachts alle abgeschlossen waren, genauso wie die einzelnen Stationen. Wenn jemand kam, dann waren es andere Patienten. Der Mann hatte weiterhin behauptet, er sei von Dr. Paulsen vergewaltigt worden. Das glaubte ich ihm nicht, für mich ist das undenkbar, nie gab es über solche Fälle auch nur irgendwelche Gerüchte. Sexuelle Übergriffe durch Ärzte und Pfleger gab es nicht, sondern nur von den erwachsenen und den halbstarken Patienten. Und die hielten uns unter eisernem Druck. Die waren wirklich gefährlich.

Ich weiß nicht, warum der Mann so etwas erzählte, die einzige Erklärung, die mir dazu einfällt, ist: Er wollte sich wichtigmachen, vielleicht endlich einmal im Rampenlicht stehen. Ihm war es nie um die Sache selbst gegangen. Doch für mich war das genau der Grund, warum ich mich später an die Öffentlichkeit wandte. Mein Ziel ist es, aufzuklären, zu verhindern, dass so etwas wieder passiert.

An jenem Samstag hoffte ich, dass sie mich in Ruhe ließen, aber die Bestien waren unberechenbar und wir Jüngeren ihrer Launenhaftigkeit ausgesetzt. Diese ließ sie ihr Versprechen vergessen. Und so verschonten sie mich nicht. Wieder wurde ich Opfer ihrer Gewaltlust. Sie ergötzten sich regelrecht, wenn sie uns quälen konnten, es verschaffte ihnen eine Lust, die niemals gestillt werden konnte. Immer musste Nachschub her. Immer gemeiner wurden ihre Machtdemonstrationen.

Im Stillen bat ich den lieben Gott, auf dessen Gnade ich nun doch hoffte, mich am nächsten Morgen nicht wach werden zu lassen und mich zu sich zu holen. Er tat mir jedoch nicht diesen Gefallen, ich musste weiterleben.

Nun war die Angst mein ständiger Begleiter, eine Angst, die unbeschreiblich groß war. Ich konnte an nichts anderes mehr denken, immer war da die Furcht, gleich wieder aufs Bett gezerrt zu werden. Selbst der finstere, unheimliche Keller wirkte nicht mehr ganz so bedrohlich neben der Angst, ein weiteres Mal vergewaltigt zu werden. Aber auch nur, wenn ich nicht gerade in dem schwarzen, stinkigen Loch war. Musste ich dort die Treppen hinuntersteigen, traten die Bestien in den Hintergrund, dann musste ich mit anderen Dämonen kämpfen, Ungeheuern, die noch nicht einmal fassbar waren.

Nie mehr gab es eine Pause von den Ängsten, sie waren immer da, waren in mir. Erstmalig fing ich an, über Flucht nachzudenken oder, weil ich mich doch in einer Art Gefängnis befand, einen Ausbruch. Nur wie kam ich hier raus? Von dieser Station aus war es unmöglich wegzulaufen. Und ob ich zur Großküche gebracht oder wieder von dort abgeholt wurde, immer war jemand an meiner Seite. Ausscheren zum Bauernhof, wie bei unseren Gemeinschaftsspaziergängen im Pflegeheim Vorwerk, war nicht möglich. Aber ich musste dennoch einen Weg finden – das Nachdenken darüber war das Einzige, was mich am Leben hielt.

# 9

## Mord im Hinterhof

Schreckliche Bauchkrämpfe quälten mich, immer wieder musste ich mich erbrechen, dazu hatte ich hohes Fieber und Durchfall. Es ging mir gar nicht gut.

»Dr. Paulsen muss sich den Jungen ansehen«, sagte einer der Pfleger zu einem anderen. »Den scheint es ordentlich erwischt zu haben.«

Gemeinsam brachten sie mich zur Krankenstation, die im Haus C untergebracht war, sie trugen mich fast, denn ich war kaum in der Lage, selbst zu gehen, so geschwächt war ich. Der Stationsarzt war nie alleine im Behandlungsraum, es war immer eine Schwester dabei und im Bedarfsfall auch ein Pfleger, falls der Arzt angegriffen werden würde. Patienten, so ihre Erfahrung, neigten schnell zu Gewaltausbrüchen, das konnte jederzeit passieren. Ich hatte von anderen Patienten erfahren, was es mit der Schwester auf sich hatte, als ich danach gefragt hatte.

Dr. Paulsen warf nur einen Blick auf mich, um die Diagnose zu stellen: »Ruhr.«

Die Ruhr ist eine Infektionskrankheit, bei der die Ansteckung über Bakterien, Shigellen genannt, erfolgt, meist über einen direkten Kontakt von Mensch zu Mensch, also oral oder fäkal. Mangelnde Hygiene spielt deshalb eine große Rolle bei der Ausbreitung der Ruhr, und die hygienischen Zustände im Landeskrankenhaus waren damals katastrophal, was auch in späteren Kommissionsberichten immer wieder festgehalten wurde. Doch Geld zur Behebung dieser unhaltbaren Bedingungen war anscheinend nicht vorhanden. Immer wieder wurde um Abhilfe gebeten, auf die maroden sanitären Anlagen verwiesen, die dringend sanierungsbedürftig waren, auf mangelnde Abflussmöglichkeiten. Im Haus G, in dem wie in allen Patientenhäusern auch Schwerstbehinderte untergebracht waren, gab es im Erdgeschoss nicht einmal einen Wasseranschluss, überhaupt fehlten überall Waschbecken, was die anderen Patienten merkten, die diese Menschen waschen und ankleiden mussten – so auch später ich. In einigen Häusern waren die Wände nass, da es trotz laufender Dachreparaturen bei Regen durchregnete. Weil die Psychiatrie überfüllt war, waren 1968 die Baracken M, O und P gebaut worden, doch sogar in den neuen Gebäuden gab es immer wieder Probleme, so standen in Haus P die Wände unter Strom, wenn es regnete. Es hatte viel Pfusch gegeben.

In einem dieser Berichte hieß es: Es »wird auf das Desinfektionsproblem hingewiesen, das wegen der großen Ansteckungsgefahr schnellstens gelöst werden sollte. Die Desinfektionsmittelmengen entsprechen nicht den hygienischen Erfordernissen und wissenschaftlichen Forderungen. Obwohl eine entsprechende Erhöhung von der ärztlichen Leitung immer wieder gefordert wird, wurde eine Aufnahme in den Wirtschaftsplan bisher immer abgelehnt.« Nichts geschah also, und wenn doch, dann nur schleppend und nicht in ausreichendem Maße.

Nach meiner Ruhr-Diagnose wurde ich von den beiden Pflegern in ein Bett der Krankenstation gehievt. So miserabel ich mich auch fühlte, hier ging es mir den Umständen entsprechend gut, das Krankenpflegepersonal war sehr nett und vor allem sehr fürsorglich. Sogar die Spritzen, die mir die Schwestern gaben, taten kaum weh.

»Gibt es hier auch Luftspritzen?«, fragte ich eine der Frauen, deren kastanienbraunes Haar sich unter der Haube vorwitzig ringelte, da halfen auch die vielen Klemmen nicht, die sie benutzte, um ihre Locken zu bändigen.

»Luftspritzen – was soll das sein?« Sie lachte, und selten hatte ich eine Pflegerin so warmherzig lachen sehen.

»Ich weiß auch nicht … Irgendwas Schreckliches?«

»Keine Bange, es gibt keine Luftspritzen. Aber du hast dich gut erholt, meine Junge. Morgen kannst du wieder zurück ins Haus F.«

Der Gedanke gefiel mir gar nicht. Zurück ins Haus F, das bedeutete, wieder Jan und seinen skrupellosen Kumpanen ausgeliefert zu sein, wieder in den Kartoffelkeller hinabsteigen zu müssen.

»Kann ich nicht noch hierbleiben?«, fragte ich. »Es gefällt mir so gut bei Ihnen und den anderen Schwestern.«

Sie schüttelte den Kopf. »Tut mir leid. Nur Kranke dürfen in den Betten liegen, und wenn sie wieder gesund sind, müssen sie den Platz für die Nächsten räumen, denen es nicht gut geht.«

»Aha, aber wenn ich nochmals krank werde, dann kann ich doch wiederkommen, oder?«

»Ich hoffe nicht, dass du erneut die Ruhr kriegst.«

»Die Ruhr war schrecklich – aber es gibt ja noch andere Krankheiten.«

Partout wollte ich die Krankenstation nicht verlassen, aber am nächsten Morgen holte mich eine Pflegerin ab. Die F1 hatte mich wieder. Noch am selben Nachmittag, es war der gefürchtete Mittwoch, kreuzten die Halbstarken bei mir auf.

»Na, wir haben dich aber richtig vermisst. Ich hoffe, du uns auch.«

Wütend funkelte ich die Fünferbande an. »Nein, ihr seid Lügner. Ich habe eine Krankenschwester gefragt, und die hat mir gesagt, dass es überhaupt keine Luftspritzen gibt. Euch werde ich nie wieder glauben.«

Augenblicklich verdüsterten sich die Gesichter der Jungs.

»Du wagst es, das, was wir dir sagen, in Zweifel zu ziehen?«

Durch das Selbstvertrauen, welches ich durch den Aufenthalt auf der Krankenstation und durch die netten Krankenschwestern gewonnen hatte, antwortete ich keck: »Ja, ihr habt mir nur Angst machen wollen.«

Im nächsten Moment spürte ich unzählige Fäuste, sie schlugen auf mich ein, als würden sie eine Trommel zertrümmern wollen. Anschließend wurde ich abermals vergewaltigt, bis ihr Zorn nachließ. Brutal war ich geschändet worden, hatte ihre Unberechenbarkeit zu spüren bekommen, ihre absolute Gewaltbereitschaft. Wieder war ich voller Blut. In meinem Innersten schrie ich um Hilfe, doch keiner nahm die Schreie wahr. Tränen vermischten sich mit meinem Blut.

Immer gab es neue Arbeiten, die ich zu erledigen hatte. Es war inzwischen Sommer geworden, und in diesem Sommer 1969 bekam ich den Auftrag, zusammen mit Werner den weiß gekachelten Waschraum zu reinigen. Gelegentlich schaute ich sehnsüchtig hinaus, denn draußen im Hinterhof spielten unter einem strahlend blauen Himmel einige kleinere Kinder Fangen. Ich konnte sie gut beobachten, denn noch hatte man die alten, zugigen Fensterscheiben nicht durch Milchglas ersetzt. Nur zu gerne hätte ich bei ihnen mitgemacht, doch wenn man zehn war und nicht zur Schule ging, hatte man zu arbeiten.

Der Boden war leicht zu feudeln, denn es gab damals noch keine Trennwände, die Toiletten standen frei im Raum. Als der Waschraum fast fertig war, stellte ich mich erneut ans Fenster, irgendetwas hatte meine Aufmerksamkeit erregt. Durch das Laub einiger Bäume konnte ich auch einen Teil des Hinterhofs von Haus G einsehen. Verdutzt hielt ich inne, ich traute meinen Augen kaum. Was war denn das? Direkt vor der Treppe zum Keller, die von einem grün gestrichenen Geländer eingefasst war, beobachtete ich das Folgende: Ein großer, kräftig gebauter Junge mit blonden Haaren spielte mit einem Mädchen, das einige Jahre jünger war als er und lange dunkle Zöpfe hatte. Ich hatte die beiden schon öfter zusammen gesehen, sie spielten gern miteinander, schienen sich sehr zu mögen. Doch plötzlich wandelte sich das friedliche Bild. Wie aus dem Nichts heraus begann der Junge, seine Spielkameradin zu würgen, mit beiden Händen drückte er ihr die Kehle zu. Verzweifelt versuchte sie, seine Hände von ihrem Hals abzuschütteln, aber das gelang ihr nicht, sie hatte nicht genügend Kraft. Es sah aus, als würde sie schreien, aber durch die geschlossenen Fenster konnte ich nichts hören. Kein Mensch war in der Nähe der beiden, dringend brauchte das Mädchen Hilfe.

Völlig aufgeregt und aufgelöst rannte ich vom Waschraum in die Küche, wo sich Herr Asmuss vom Pflegepersonal aufhielt.

»Er bringt sie um, er bringt sie um!«, schrie ich atemlos. »Das Mädchen von Haus G wird von dem Jungen gewürgt. Man muss ihr helfen, sonst stirbt sie.«

»Was erzählst du da für einen Unsinn?«, erboste sich Herr Asmuss, ein Mann wie ein Baum mit raspelkurzen Haaren. »Was hast du überhaupt hier zu suchen? Wieso hast du deinen Arbeitsplatz verlassen?« Bevor ich begriff, dass niemand mich ernst nahm, niemand den Ernst der Lage erkennen wollte, scheuerte er mir eine, mit voller Wucht hatte er ausgeholt. Ich flog gegen eine Wand. »Untersteh dich, noch einmal deine Arbeit zu unterbrechen. Los, ab mit dir in den Waschraum. Wir entscheiden, wann du fertig bist, nicht du.«

Benommen taumelte ich zu den weißen Kacheln zurück, Werner wischte immer noch stoisch den Boden.

Doch als er aufsah und bemerkte, dass ich am Kopf blutete, fragte er: »Was ist passiert?«

Bevor ich ihm schildern konnte, was ich gesehen hatte und was mir widerfahren war, klappte ich zusammen und sank zu Boden. Ich hatte das Bewusstsein verloren. Erst am späten Nachmittag erwachte ich wieder, da lag ich in meinem Bett. Als ich mich erheben wollte, verspürte ich starke Kopfschmerzen und Schwindelgefühle. Waren das nicht Symptome einer Gehirnerschütterung? Mehrmals hatte ich mitbekommen, dass das bei anderen Jungen nach Schlägen diagnostiziert worden war, und sie hatten über die gleichen Symptome geklagt.

Erneut sagte ich mir: So geht es nicht weiter. Ich muss hier unbedingt weg, sonst werden sie mich töten. Schon oft hatte ich darüber nachgedacht, kam aber mit meiner Planung nicht weiter. Es fehlte mir die Kraft, alles genau zu überlegen und in die Tat umzusetzen. Immer noch war ich in diesem benebelten und benommenen Zustand, das war einfach zum Verzweifeln. Ich hatte versucht, dem zu entkommen, hatte mich geweigert, die Tabletten einzunehmen. Aber damit kam ich nicht durch, ein solches ungehorsames Verhalten wurde selbstverständlich nicht geduldet. Reagierte ich rebellisch, wurde ich in die Zwangsjacke gesteckt, begleitet von den obligatorischen Ohrfeigen. Und schon hieß es: »Komm, runter damit.« So hatte man das gemacht, und wenn man nicht schluckte, bekam man die Nase zugehalten, sodass man zwangsläufig schlucken musste, um atmen zu können.

Was war mit dem Mädchen? Das war mein erster Gedanke, als ich am nächsten Morgen aufwachte. Ich musste nicht lange auf eine Antwort warten, der Kinderfunk funktionierte bestens. Die Patienten haben natürlich permanent miteinander gesprochen. Auf dem Hinterhof konnten wir mit den Kindern von Haus H reden. Alles, was in den einzelnen Häusern passierte, wurde weitererzählt, das wusste das Pflegepersonal genau. Deswegen waren die Pfleger auch vorsichtig mit dem, was sie sagten, weil die Patienten den Mund nicht halten konnten, wenn sie etwas aufgeschnappt hatten.

Doch im Fall des Mädchens wurde nicht leise und hinter vorgehaltener Hand geredet, fast wirkte es so, als wollten sie, dass die stille Post ihre Arbeit verrichtete und die Neuigkeit weitergetragen wurde. In unserem wenig abenteuerlichen Leben beendete eine solche Nachricht für einige

Momente die Eintönigkeit. Und in diesem Fall machte die Geschichte über den Jungen und das Mädchen schnell die Runde.

Das Mädchen hatte das Würgen des älteren Jungen nicht überlebt. Es war tot. Den Jungen hatte man in eine Einzelzelle gesteckt, von denen es insgesamt vier Stück gab. Nie wieder sollte ich ihn sehen, aber es ging das Gerücht um, dass er ständig sagen würde: »Ich möchte wieder mit dem Mädchen spielen.« Ich konnte mir gut vorstellen, dass es so war. Bevor er das Mädchen tötete, hatte er immer mit ihm gespielt und es vor anderen Patienten beschützt, wenn sie ihm etwas antun wollten.

Als ich das hörte, konnte ich nicht verstehen, was da auf dem Hinterhof unter den Bäumen passiert war. Wieso hatte er seiner Freundin die Kehle zugedrückt? Was war da vorgefallen, dass ein Junge, den alle als ruhig, ausgeglichen, freundlich und beschützend eingeschätzt hatten, derart ausrastete? Was war der Auslöser dafür gewesen? Wieso war er explodiert wie ein Vulkan? Ich erinnerte mich an die Erklärung, warum immer jemand mit im Raum war, wenn Dr. Paulsen Patienten untersuchte, eine Schwester oder sogar zusätzlich ein Pfleger.

Der Junge, der das Mädchen erwürgt hatte, soll, so wurde allgemein behauptet, nicht gemerkt haben, was er getan hatte. Verrückt. Er hatte also anscheinend gar nicht verstanden, was geschehen war. Klar, denn sonst würde er nicht unentwegt fragen, ob er nicht bald wieder mit ihr spielen könne. Wieder und wieder soll er nach dem Mädchen gefragt haben, soll er gesagt haben, dass er es beschützen müsse. Doch dafür war es zu spät, er hatte die Kleine nicht einmal vor sich selbst beschützen können. Ich lernte daraus, dass die Anzeichen von Gewalt nicht immer rechtzeitig zu erkennen und daher auch nur schwer zu verhindern waren. Aber war das bei den Bestien auch so? Nein, bei denen wusste man, dass sie brutal waren, da verschloss man die Augen, aus Angst vor ihnen. Und genau aus diesem Grund musste ich einen Weg finden, diesen grausamen Ort zu verlassen.

Nachts fingen nach dieser Tat die Albträume an. Immer wieder sah ich vor mir, wie das Mädchen seine Zunge rausstreckte, sah, wie es sich aufbäumte, wie es den blonden Jungen wegzudrücken versuchte, es krallte sich geradezu in seinen Körper. Es war ein kleines Mädchen, aber er drückte immer weiter und immer mehr. Es zappelte heftig, und auf einmal sackte es in sich zusammen, ging zu Boden. Pfleger liefen schnell herbei, um das Schlimmste zu verhindern. Zu spät. Ein Drama war passiert. Ein Mord.

Ein zweites Mal erkrankte ich an der Ruhr. Das war wirklich keine Absicht gewesen, es hatte mich nur erwischt, wie es viele erwischt hatte. Man konnte in Hesterberg glatt von einer Ruhr-Epidemie sprechen, deshalb war die Krankenstation auch komplett überfüllt. Und so wurde ich nicht ins Haus C gebracht, sondern sollte in einem Bett auf der Station F4 gesund werden. Diese Station lag im Haus F im ersten Stockwerk, direkt über der F1, und beherbergte vorwiegend bettlägerige Kinder. Da Ruhr hochansteckend ist, hatte man wohl gedacht: Die bettlägerigen Kinder würden sich auf der Toilette nichts einfangen, sie könnten ja nicht allein dorthin, ihnen würde man Nachttöpfe unter den Hintern schieben. Zudem war dieses Zimmer mit zwölf Betten völlig überfüllt. Ein unglaublich fahrlässiges Denken, denn diese Kinder waren geschwächt, und bei einem geschwächten Immunsystem konnte die Krankheit lebensbedrohend sein. Was war daran Quarantäne, wie sie für Ruhr-Patienten vorgeschrieben war?

Als ich einigermaßen wiederhergestellt war, hatte man aber auch gleich eine neue Aufgabe für mich parat. Das Pflegepersonal auf der F4 unterschied sich in seiner Kälte gegenüber Kindern nicht von dem auf meiner Station. Sie sahen in mir nur eine Arbeitskraft.

»Günter, wir können dich hier gut gebrauchen. Du gehst ja nicht zur Schule, da kannst du uns die beschmutzte Leib- und Bettwäsche vorwaschen.«

Viele der bettlägerigen Kinder konnten sich nicht rechtzeitig verständlich machen, wenn sie ein Bedürfnis hatten. Man achtete aber auch nicht auf die Zeichen, wenn sie sich doch einmal meldeten. Das hatte zur Folge, dass die Kinder in ihrem Urin und Kot lagen. Oft stundenlang, denn die Pfleger und Pflegerinnen gingen lieber in die Cafeteria, als sich um die hygienischen Zustände zu kümmern. Sie machten nur sauber, wenn sie meinten, jetzt sei es wirklich nötig. So war es auch kein Wunder, dass immer wieder neue Fälle von Ruhr oder Gelbsucht auftraten. Und so war es ebenfalls nicht weiter verwunderlich, dass es auf dieser Station entsetzlich stank, so sehr, dass der Fäkaliengeruch durchs ganze Haus waberte. Da die Fenster nicht geöffnet werden konnten, blieb er haften. Man konnte nur die Hände über dem Kopf zusammenschlagen.

1990 deckten Medienberichte die erschütternden Zustände im rumänischen Kinderheim Cighid auf. Die Bilder der Kinder gingen um die Welt, sie zeigten Behinderte, die in bitterer Kälte halbnackt ihrem Tod entgegendämmerten.

Eingepfercht in kleinen, verrosteten Gitterbetten, unterernährt und verwahrlost. Viele konnten nicht sprechen, weil nie jemand mit ihnen redete; viele konnten nicht laufen, weil sie in den kleinen Gitterbetten keine Bewegungsfreiheit hatten. Ihnen war jede Form von Menschlichkeit vorenthalten worden. Als ich diese Bilder, die Berichte darüber im Fernsehen sah, musste ich heftig schlucken. Das Landeskrankenhaus Hesterberg war nicht ganz so ein Todeslager gewesen, aber viel hatte nicht gefehlt. Und auch wir mussten unter Mangel leiden. Oft genug hatte es abends und zum Frühstück nur verschimmeltes Brot gegeben, weil es niemanden interessierte, ob es noch gut war oder nicht. Das Brot wurde fertig geschnitten in Aluminiumkästen aufbewahrt. Über diese wurde ein nasses Handtuch gelegt, damit es frisch blieb. Dadurch fing das Brot aber an zu schimmeln. So hatten viele von uns regelmäßig Durchfall und andere Erkrankungen.

Hatte man etwas »ausgefressen«, gab es kein Abendbrot und man ging – nicht gerade selten – mit leerem Magen zu Bett. Überhaupt gab es wenig zu essen, die Portionen für jeden Einzelnen von uns waren knapp bemessen. Viele Kinder, dazu zählte auch ich, waren völlig unternährt und klapperdürr. Unsere Hilfeschreie drangen nicht nach außen, und wenn doch, dann wurde uns nicht geglaubt, denn: Wir waren Idioten, und Idioten glaubt man eben nicht. Wussten die Eltern, die ihre Kinder hierherbrachten, eigentlich, was ihnen angetan wurde? Wussten sie, wie fahrlässig diese Anstalt geführt wurde? Noch heute frage ich mich das.

Immer wieder wurde in den Berichten über Cighid darauf verwiesen, dass Rumänien ein heruntergewirtschaftetes Land sei, ein Armenhaus. Aber konnte man das auch –

als fast entschuldigenden Einwand – von Deutschland im Jahr 1969 sagen? Das Wirtschaftswunder endete erst Anfang der Siebziger, als Ludwig Erhard immer öfter vom Maßhalten sprach und man erkannte, dass man durch den Wirtschaftsaufschwung diejenigen aus den Augen verloren hatte, die zu den Verlierern der Sozialen Marktwirtschaft zählten, die sozial Schwachen, die Minderbemittelten, die Mindergebildeten.

Im Herbst 1969 trat die große Koalition unter Willy Brandt an, und die wirtschaftlichen Rahmenbedingungen, die die neue Regierung vorfand, waren äußerst günstig: eine hohe Wachstumsrate, weitgehende Preisstabilität, eine niedrige Arbeitslosenquote. Damals hieß es, die aktive Wirtschafts- und Finanzsteuerung sei »ausbaufähig«. Von Rumänien konnte man das Jahre später wohl nicht so behaupten.

»Das ist doch eklig«, versuchte ich mich aus der Affäre zu ziehen. Ich hatte durchschaut, dass die Pflegerinnen und Krankenschwestern, die auf der F4 arbeiteten, sich zu schade für die Schmutzarbeit waren. Sie wollten die kot- und uringetränkten Sachen nicht anfassen, sie nicht vorwaschen, also den schlimmsten Schmutz entfernen. Das war aber notwendig, denn die Wäscherei, zu der dann die Wäsche gebracht wurde, weigerte sich, sie mit »Inhalt« anzunehmen. Das Vorwaschen war aber Aufgabe des Personals, dafür wurde es auch bezahlt. Wenn sie sich schon nicht mit den Kindern beschäftigten, hätten sie sich wenigstens um die Wäsche kümmern können.

»Wenn du nicht gehorchst, dann schlagen wir dich, dass dir Hören und Sehen vergehen.« Die Standardantwort folgte auch in dieser Situation.

Ich wusste, dass es keinen Zweck hatte, mich dieser Anordnung weiter zu widersetzen. Am Ende würde ich den Kürzeren ziehen. Die Frauen hatten kräftige Hände, sie waren darin geübt, sie zu benutzen, und zwar mit größter Gewalt. Und wehe, da war noch irgendein Rest zu sehen, dann hagelte es Ohrfeigen serienweise. Ich war völlig verzweifelt.

Also schleppte ich die Wäsche, starr vor Dreck, zu einem Steinbottich, um sie dort einzuweichen. Die Badewannen im Waschraum durften dafür nämlich nicht benutzt werden. Mehrmals musste ich mir den Mund zuhalten, um nicht zu erbrechen. Doch je öfter und länger ich diese Arbeit verrichtete, umso mehr stumpfte ich ab. Dann nahm ich es hin, so wie ich alles hinnahm, fraß es in mich hinein. Irgendwann würde ich älter werden, dann würde dies alles hier aufhören. Irgendwann würde ich nicht mehr hier sein. Diese Vorstellung hielt mich aufrecht, ebenso meine Neugier.

Immer wieder löcherte ich die Jungs aus meiner Station, die zur Schule gingen: »Was lernt ihr da?«, wollte ich wissen. »Kann ich mir mal eure Schulbücher ausleihen? Wie heißt euer Lehrer, und wie ist der so?«

Ich erfuhr, dass der Lehrer Herr Kobelt hieß, Helmut Kobelt. »Er ist ein guter Lehrer«, berichtete mir Jochen. »Das ist keiner, der erst in den Büchern nachschauen muss, der weiß, was er erzählt, das ist ein hochgebildeter Mann. Wir mögen ihn sehr, denn er geht auf jeden Einzelnen von uns ein.«

Martin, einer der etwas Älteren, fügte hinzu: »Und er ist im Krieg gewesen, er hat einen wandernden Granatsplitter im rechten Bein. Wenn das Wetter umschlägt, dann merkt er ihn, das hat er uns mal erzählt.«

Kurz musste ich an Tante Inge und ihren Stumpf denken, der sich auch bei Witterungsumschwüngen bemerkbar machte. Doch dann tauchte das Bild von Lehrer Bahnsen in mir auf: Abgesehen von dem wandernden Granatsplitter schien es, als könnte dieser Herr Kobelt genauso nett sein wie Herr Bahnsen.

»Könnt ihr nicht mal mit dem Lehrer reden und von mir berichten?«, fragte ich. »Ihm erzählen, wie gern ich zur Schule gehen würde? Vielleicht gibt es ja doch eine Möglichkeit für mich, dass er mich an seinem Unterricht teilnehmen lässt. Bitte, versucht es doch mal.«

Ich nervte sie so lange, bis sie eines Tages vom Unterricht heimkamen und mir berichteten: »Du sollst morgen vor dem Unterricht in unseren Klassenraum kommen, der Lehrer will mit dir sprechen.«

Am liebsten hätte ich alle umarmt und einen Freudentanz aufgeführt, stattdessen stieß ich nur einen kurzen Jubelschrei aus. Aber auch der erntete schon missbilligende Blicke. Die Zwangsjacke war nicht mehr fern, wenn ich mich weiter so aufführte. Also blieb ich still, hielt mich zurück. War es denkbar, dass Herr Kobelt meine Diagnose der Bildungsunfähigkeit aufheben konnte? In diesem Moment hielt ich vor Schreck inne. Hatten die Jungs ihm überhaupt gesagt, dass man mich als bildungsunfähig eingestuft hatte? Musste er mich deswegen nicht schon von Amts wegen vom Unterricht ausschließen? Ach, versuchte ich mich zu beruhigen, wenn er mich sehen will, dann wird er schon wissen, was er macht.

Herr Kobelt schaute mich am nächsten Morgen mit gütigen Augen an. Ein Pfleger hatte mich zu ihm ins Haus D gebracht, dazu waren wir rechts die Treppen in den Keller hinabgestiegen. Anscheinend stand der Lehrer in der Anstaltshierarchie über dem Pflegepersonal, sonst hätte man mir bestimmt verboten, in das Haus zu gehen, in dem sein Klassenraum untergebracht war.

»Du bist also der Günter, der unbedingt zur Schule gehen will?«, fragte er.

Ich nickte heftig mit dem Kopf, vor lauter Aufregung brachte ich kein Wort heraus.

»Und warum willst du zur Schule?«

»Man hat mich ausgeschult und gemeint, ich gehöre in die geschlossene Psychiatrie.«

»So, so«, murmelte Herr Kobelt. »Du scheinst aber ganz aufgeweckt zu sein. Ich werde mal mit dem Schuldirektor über dich sprechen, vielleicht gibt es ja eine Möglichkeit, dich eine Weile am Unterricht teilnehmen zu lassen. Dann werden wir besser beurteilen können, ob du tatsächlich bildungsunfähig bist.«

Ich konnte kaum glauben, was ich da hörte. Sollte mein Traum in Erfüllung gehen? Wieder konnte ich nur nicken.

»Und jetzt musst du zurück ins Haus F, denn gleich beginnt der Unterricht.«

Der Pfleger, der mich gebracht hatte, sorgte auch dafür, dass ich mich bald wieder hinter verschlossenen Türen befand.

Doch nur wenige Tage später hieß es: »Günter, du kannst probehalber am Unterricht teilnehmen.«

Und tatsächlich: Nach einer gewissen Zeit stand fest, dass ich keineswegs bildungsunfähig war! Ich wurde zum Schuldirektor bestellt, Herr Fink war ein älterer Herr mit einem akkurat sitzenden Scheitel in seinem grauen Haar.

»Junge, ich gebe dir jetzt ein Buch, und du wirst mir aus ihm vorlesen, die erste Seite.«

Ohne zu stottern las ich, was er mir aufgetragen hatte.

»Das hast du gut gemacht«, lobte Herr Fink.

Anschließend hatte ich einige Rechenaufgaben zu lösen, und wieder einmal sollte ich geometrische Figuren nachzeichnen. Auch diese Aufgabe löste ich, zwar mit kleinen Fehlern, aber solchen, die völlig im Rahmen eines Jungen in meinem Alter lagen.

Ich konnte also lesen, schreiben, rechnen und generell auf gestellte Fragen die richtigen Antworten geben. Alle drei Lehrer, die auf Hesterberg unterrichteten – mehr gab es nicht –, teilten am Ende diese Einschätzung.

»Ich weiß nicht, warum man dich ausgeschult hat«, sagte Herr Kobelt nach meinen Tests. »Wir alle hier können das nicht nachvollziehen. Du bist keinesfalls bildungsunfähig, du bist sogar sehr wissbegierig.«

Am 6. Dezember 1969 wurde ich dann, nach Absprache mit dem Klinikdirektor, endlich wieder eingeschult, wenn auch nur »unter Vorbehalt«, nachdem ich am 21. Juni 1967 ausgeschult worden war. Ich kam in die Klasse von Herrn Müller, ab dem 1. April 1970 wurde ich Herrn Kobelt anvertraut. Fast anderthalb Jahre Unterricht fehlten mir, und doch war man von meinen Fähigkeiten überzeugt. Das Jugendamt wurde nicht informiert, es wurde auch nichts Schriftliches festgelegt, die Lehrer hatten das unter sich entschieden. Ich wurde nun also »beschult« und ging jeden Morgen fröhlich ins Schulgebäude dieser Anstalt.

Lehrer Kobelt sagte sogar: »Den Günter werden wir für die Volksschule vorbereiten, das könnte er schaffen.« Er wollte, dass wir mehr lernten, weshalb er auch den Direktor von Hesterberg bat, die Medikation einzudämmen. Doch das wurde rundweg abgelehnt, der Direktor meinte: »Diese

Kinder kommen ohnehin nicht für eine höhere Schule infrage. Ein bisschen Bildung kann nicht schaden, aber wir wollen es nicht übertreiben. Es langt, wenn sie etwas lesen und schreiben können.«

Mit dieser Aussage war Helmut Kobelt nicht einverstanden, er konnte sich aber nicht gegen den Klinikdirektor durchsetzen, da dieser partout nicht mit sich reden ließ. Er betonte, dass das Lehrpersonal sich nicht in die inneren Angelegenheiten der Psychiatrie einzumischen habe. Damit war die Angelegenheit für ihn beendet.

# 10

## Flucht

Wieso zappelt der denn so?, fragte ich mich, als ich mal wieder auf der F4 die verschmutzte Wäsche reinigte. Auch wenn ich die Schule besuchen durfte, musste ich danach zur Station F4 – warum? Es wurde einfach bestimmt. Zudem war der Schulbesuch noch sehr unregelmäßig. Im Vorraum der Station lag der zweijährige Burkhardt unter einem Sauerstoffzelt direkt am Fenster. Als ich einmal wissen wollte, was mit ihm los wäre, hieß es nur, dass er schwer krank sei. Ich hätte noch gern gewusst, unter welcher Krankheit er litt, aber die Pflegerin, die ich gefragt hatte, hatte sofort ihren Zwangsjackenblick aufgesetzt. Da war es besser, den Mund zu halten. Im Stillen dachte ich: Und wieso ist er nicht auf der Krankenstation im Haus C, wenn es ihm doch so schlecht geht?

Nun schien Burkhardt keine Luft zu bekommen, obwohl er ja unter einem Sauerstoffzelt lag. Denn was war sonst der Grund, dass er so zappelte? Um herauszufinden, was er hatte, trat ich in das Zimmer, schloss die Tür hinter mir zu und ging zu seinem Bett, ganz leise, um den Kleinen nicht zu erschrecken. Ich sah, dass er schwer atmete, sich immer wieder aufbäumte. Seine Augen wurden immer größer, er griff mit seinen kleinen Händchen um sich und schien nach

Halt zu suchen. Auch mit den Beinen strampelte er, bis sein schmächtiger Körper plötzlich reglos dalag. Eine gespenstische Ruhe kehrte ein.

Ich bekam es mit der Angst zu tun und zitterte am ganzen Körper, irgendetwas war hier vor sich gegangen, was nicht hätte passieren dürfen. Ich sah auch, dass die Atemschläuche, an die er angeschlossen war, verschmutzt oder verstopft waren. Und es leuchtete an dem Beatmungsgerät eine Lampe auf, ein Zeichen, dass etwas nicht in Ordnung war. Doch keiner hatte sich darum gekümmert, wer auch immer für seine Überwachung zuständig war, hatte das Warnsignal ignoriert.

Plötzlich flog die Tür auf. Eine Pflegerin stürmte ins Zimmer und schrie: »Was hast du hier zu suchen?« Begleitet wurde ihr Ausruf von einer Ohrfeige, die sie mir verpasste. Ich flog gegen einen Tisch und sackte dort zusammen. Dann wurde ich am Kragen gepackt und ins Nebenzimmer geschleift, wo ich versuchte aufzustehen, was mir aber nicht gelang. Immer wieder kippte ich um, weil ich mein Gleichgewicht nicht halten konnte. So blieb ich einfach auf dem Boden liegen, bis es später Nachmittag war, erst dann erwachte ich aus meiner Bewusstlosigkeit. Als ich bemerkte, dass ich in meinem eigenen Erbrochenen lag, reinigte ich schnell den Boden, bevor ich dafür erneut Prügel bekam.

Gegen Abend schickte man mich wieder auf meine Station, wo das Abendbrot jedoch schon abgeräumt war. Ich hatte aber Hunger, und deshalb schlich ich mich zur Küche und von dort in die Brotkammer, um mir ein Stück Brot zu nehmen. Ein Pfleger erwischte mich und zog mich am Ohr ins Schlafzimmer. Dann nahm er einen Schuh und versohlte mir das Hinterteil, bis ihm der Schweiß von der Stirn tropfte und er erschöpft atmete. Dann ließ er von mir ab, und als er fort war, zog ich langsam meine Sachen aus und mein Nachthemd an.

Alles war so schrecklich gewesen, dass ich in meiner Verzweiflung nur einen einzigen Gedanken hatte, den ich schon so oft als Trost herangezogen hatte: Ich haue ab. Ich bleibe nicht länger hier, ich halte das nicht mehr aus. Ich haue ab, und zwar noch in dieser Nacht. So benommen ich sonst war, sooft ich schon Fluchtpläne geschmiedet, aber nie realisiert hatte, so klar stand nun dieser Entschluss vor mir. Heute Nacht würde ich es wagen. Als das Licht gelöscht wurde und die meisten schliefen, sodass ich ihre tiefen Atemzüge hören konnte, stieg ich leise aus meinem Bett. Meine Hose fand ich im Dunkeln nicht, aber meinen Pullover bekam ich zu fassen und zog ihn übers Nachthemd; ich hatte ihn nach den Hieben mit dem Schuh einfach nur aufs Bett geworfen.

Im Waschraum gab es ein Kippfenster, eine Art Luke, die man öffnen konnte, und durch die wollte ich mich zwängen. Andere Jungs hatten es ausprobiert, und nie war es ihnen geglückt, sich hindurchzuzwängen. Ich jedoch war klein, schmal und beweglich, und ich war mir auf einmal sicher, dass ich das hinkriegen würde. Es war etwas mühsam, aber es gelang mir durch Luftanhalten und Baucheinziehen, die Luke zu überwinden. Puh, das war geschafft. Ich stand in unserem Hinterhof vor dem Zaun, der nächsten Hürde. Aber in mir war der Wille so groß, nicht noch einmal den mörderischen Schlägen ausgesetzt zu sein. Ich hatte doch nur nach dem kleinen Burkhardt schauen wollen – was hatte ich denn Schlimmes angestellt? Ich hatte auch das Brot nicht gestohlen, man hatte mich nur so sehr verprügelt und auf der Station festgehalten, dass ich das Abendessen verpasst hatte. Es war doch normal, dass ich Hunger hatte.

Und schon war ich über den Zaun geklettert, es war, als hätte ich auf einmal ungeahnte Kräfte in mir. Ich schaute auf meine Füße – zum Glück hatte ich bei meinem Ausbruch nicht meine Pantoffeln verloren, ich trug sie immer noch, sodass ich nicht auf Socken weitermusste. So konnte ich nun das Anstaltsgelände verlassen. Voller Zuversicht marschierte ich dann auch eine Straße entlang, vielleicht war es sogar die, auf der mich der Kleinbus mit Jürgen und dem Jugendamtsmitarbeiter nach Hesterberg gebracht hatte. Ich hatte keinen Plan, glaubte nur, dass es zu auffällig war, wenn ich weiter allein nachts durch die Stadt spazierte. Ich musste mich verstecken, denn es erschien mir sinnvoller, meine Flucht erst bei Tageslicht fortzusetzen, dann wäre es belebter, und ich würde in der Menge untergehen.

Vor mir tauchte ein Taxistand auf, an ihm wartete ein Auto auf Kunden. Da kam mir eine Idee: Ich konnte mich doch bis zum Morgen unter das Taxi legen. Gedacht, getan. Ich kroch unter den Wagen, um mich dort zu verstecken. Dummerweise fuhr er irgendwann los, wobei ich Glück hatte, dass ich mich so schmal gemacht hatte und er mich nicht überfuhr. Da lag ich nun auf dem Parkplatz und war plötzlich ohne Schutz, und so war es kein Wunder, dass ich von Passanten entdeckt wurde, einem Ehepaar mittleren Alters.

»Was machst du denn hier?«, wurde ich von dem Mann gefragt.

Ich zitterte vor Kälte und Müdigkeit, auch schmerzte mein ganzer Körper, und vor lauter Angst war ich nicht in der Lage, eine Antwort zu geben.

»Nun steh erst mal auf«, sagte die Frau in einem milderen Ton und rückte ihren Hut zurecht. »Bist du ausgebüxt?« Sie hatte die Situation sofort erfasst.

»Wenn das so ist«, mischte sich wieder der Mann ein, »dann ist es wohl besser, wenn ich die Polizei rufe.«

Die Polizei wurde über den Taxifunk verständigt, und schon bald fuhr eine Streife vor. Der Mann, auch er trug einen Hut, winkte, und schon hielt das Auto an.

Zwei Polizisten stiegen aus, und der Hutträger erklärte: »Meine Frau und ich denken, dass der Junge abgehauen ist. Wir kennen ihn nicht, und gesagt hat er bislang noch nichts.«

Das Ehepaar nannte noch seinen Namen und Adresse, dann setzten sie ihren Heimweg fort.

Ich stand immer noch auf dem Parkplatz, hatte mich keinen Millimeter vom Fleck gerührt. War die Polizei nun etwas Gutes oder Schlechtes? Ich wusste es nicht, vielleicht konnte ich ihnen von meiner Not berichten, und sie würden mich woanders hinbringen. Ich hatte nur meine Flucht im Kopf gehabt, nicht, was ich weiter tun würde, wenn es mir gelang, das Gelände zu verlassen. Doch wie sollte ich auch, ich wusste ja nicht, was außerhalb des Heims lag.

»Na, du Ausreißer«, sprach mich der ältere, dickere Polizist an. »Ich glaube, dann nehmen wir dich mal mit aufs Revier, sonst holst du dir hier noch den Tod.«

Ohne zu zögern, kletterte ich ins Auto, denn der Mann klang nett. Ich war mir sicher, dass er mir keine Tracht Prügel verpassen würde.

Auf dem Revier fragten mich die beiden Polizisten: »Junge, wo kommst du denn her?«

Wie bei dem Ehepaar gab ich keine Antwort.

Ich wurde nochmals gefragt, doch ich blieb weiterhin stumm.

»Na, da bleibt uns nichts anderes übrig, als dich in eine Zelle zu stecken. Da kannst du dich dann ordentlich ausschlafen, und morgen sehen wir weiter.«

»Aber nicht abschließen!« Die Worte stieß ich ohne zu überlegen heraus, ein leiser Schrei, dennoch unüberhörbar.

»Ah, er kann doch sprechen«, sagte der jüngere Polizist, der rote Wangen und einen Schnurrbart hatte und nun grinste. »Keine Bange, die Zellentür lassen wir offen. Nur Verbrecher sperren wir ein, aber du bist ja keiner.«

Beruhigt schlief ich ein, und am nächsten Morgen wurde ich von dem Älteren geweckt, den Jüngeren sah ich nicht mehr, hatte wohl Dienstschluss.

»Jetzt frühstückst du erst einmal anständig«, sagte er.

Ich staunte Bauklötze, denn auf einem kleinen Tisch standen die schönsten Dinge: Brötchen, Marmelade, ein Ei und Milch. So etwas gab es auf unserer Station nie, schon gar nicht Brötchen und Eier.

»Hau rein«, forderte mich der Beamte auf.

Das ließ ich mir nicht zweimal sagen.

Als ich alles weggeputzt hatte, wurde sein Gesicht ernster. »Nun zum schwierigen Teil, ich muss dich leider wieder hoch zum Hesterberg bringen.« Die Anstalt lag auf einem Hügel, denn so flach Schleswig-Holstein sonst ist, eiszeitliche Ablagerungen und Gletscher haben im nördlichsten Bundesland eine Moränenlandschaft hinterlassen; in der Stadt Schleswig geht es oft ordentlich rauf und runter.

»Woher wissen Sie, dass ich aus Hesterberg bin?«, fragte ich. Ich fühlte, wie das Blut aus meinem Gesicht wich, ich war sicher so kreideweiß wie die Milch, die ich gerade getrunken hatte. »Ich habe Ihnen doch gar nichts gesagt.« Die letzten Worte flüsterte ich fast.

»Das war nicht schwer zu erraten«, lächelte der Polizist. »Wir haben uns deinen Pullover angeschaut, während du geschlafen hast. Auch deine Socken und Pantoffeln. Und in all den Sachen ist ein Etikett eingenäht, darauf steht ›Eigentum Landeskrankenhaus‹. Da wussten wir sofort Bescheid.«

Das Etikett hatte mich also verraten, und sicher war es ihnen auch ein wenig suspekt vorgekommen, wie ich da in Pantoffeln, Socken, Nachthemd und Pullover unterwegs war. Dem hatten sie auf den Grund gehen müssen, das war ihre Pflicht. Aber ich wollte nicht zurück ins Heim, nicht in diese Hölle.

»Warum bist du überhaupt weggelaufen?«, wollte nun der Beamte wissen. »Hat es dir dort nicht gefallen?«

Da ich Vertrauen zu ihm gefasst hatte, nickte ich. »Wir werden dort immer verprügelt, für die kleinsten Dinge. Deshalb bin ich abgehauen. Ich will dort nicht mehr hin. Bitte. Kann ich nicht hierbleiben?«

»Mmmh«, grummelte der Polizist und kratzte sich am Kinn. »Das geht leider nicht. Aber da werden wir mal nachfragen müssen. Jetzt bleibt mir nichts anderes übrig, als dich zurückzubringen. Wir haben schon mit der Anstalt telefoniert.«

Nein, nein, schrie ich innerlich auf, aber ich konnte nicht einfach aus der Wache rauslaufen, der nette Polizist und die anderen Kollegen im Raum würden mich sofort wieder einsammeln. Es war aussichtslos, wie so vieles in meinem Leben aussichtslos war.

Ich zog meinen Pullover an und stieg erneut in den Wagen, dieses Mal fuhr ihn einer der anderen Polizisten. Der ältere Polizist saß auf dem Beifahrersitz.

An der Station F wurde ich Frau Manzel übergeben, einer Pflegerin, die lang wie eine Bohnenstange war und ein verhärmt aussehendes Gesicht hatte, das ein Strohbüschel von aschblonden Haaren umgab.

»Hier ist der Junge«, sagte der ältere Polizist. »Doch sagen Sie mal, werden die Kinder hier geschlagen?«

»Natürlich nicht«, erwiderte die Pflegerin. »Aber das behaupten diese Kinder hier ja immer. Was glauben Sie denn, weshalb sie hier sind? Unsere Pfleglinge haben eine Menge Fantasie.«

Gekonnt hatte sie sich herausgeredet. Heute vermute ich, dass das eine Standardaussage war, die in solchen Fällen mit geringen Abweichungen vorgebracht wurde. Und sie funktionierte, denn der Beamte fragte nicht weiter, sondern verabschiedete sich und ließ mich mit Frau Manzel allein. Kindern wurde nicht geglaubt, und Kindern wie uns schon gar nicht. Vielleicht ahnte er auch das ein oder andere und stellte seine eigenen Vermutungen an, was aber nicht ausreichte, um in irgendeiner Weise etwas zu unternehmen.

Als der Mann verschwunden war, liefen mir wieder Tränen übers Gesicht. Ich wusste, dass meine Flucht nicht ohne Folgen bleiben würde. Frau Manzel übergab mich dann auch sofort an Herrn Asmuss, der mich auf die Station brachte und die obligatorische Zwangsjacke hervorholte. Derart handlungsunfähig gemacht, schlug er auf mich ein. Wieder flog ich durch den Raum, Herr Asmuss hatte eine eiserne Handschrift, Frau Manzel war dagegen noch zurückhaltend.

Nur zum Mittagessen wurde mir die Zwangsjacke ausgezogen, das Abendbrot wurde mir gestrichen. Ich dachte schon, dass das Schlimmste vorbei sei, doch dem war nicht so. Nachdem die Nachtwachen ihren Dienst angetreten hatten, hieß es auf einmal: »Günter Wulf, komm sofort hier hoch.« Mit »hier« war die Station F4 gemeint.

Frau Kollberg, eine der beiden Frauen, die Nachtdienst hatten, zerrte mich aus meinem Bett und schubste mich Richtung Flur, begleitet wurde sie von Frau Bartels, zwei Frauen um die fünfzig, die eine etwas größer als die andere. Es musste gegen 22 Uhr sein, weil sie zu dieser Zeit immer ihre letzte Runde auf unserer Station machten. Sie stießen mich im oberen Stockwerk in einen kleinen, leeren Raum, dann sagte Frau Kollberg: »Günter Wulf, komm mal her zu mir. Jetzt wirst du erfahren, warum es sich nicht lohnt, aufmüpfig zu sein.«

Sie zog mich aus, dann wurde ich von beiden Frauen so auf dem Stuhl mit den Armen um die Rückenlehne festgebunden, dass mein Rücken frei lag. Die Beine zurrten sie an den Stuhlbeinen fest. So war ich völlig bewegungsunfähig. Anschließend holte sich jede der Frauen einen Leinenwickel aus dem Schrank, tauchte diesen in Wasser und machte dann einen Doppelknoten hinein. Dabei erzählten sie mir haargenau, was gleich auf mich zukommen würde: »Nass sind die Leinenwickel schön schwer, und der dicke Doppelknoten tut so richtig weh, wenn er auf dich niedersaust. Du wirst es gleich zu spüren bekommen.«

Vor lauter Angst nässte ich mich ein. Daraufhin wurde ich als »widerliches Schwein« und »widerwärtiges Dreckstück« beschimpft, begleitet von einigen Ohrfeigen. Dann kamen sie mit den nassen und verknoteten Windeln auf mich zu, meine Zähne schlugen wild aufeinander, ich wimmerte vor Angst. »Nun sollst du dafür büßen, dass du gestern während unserer Nachtwache abgehauen bist«, wütete

Frau Kollberg, während sie mit der Windel ausholte und den Knoten auf meinen Rücken niederschlug. Als Nächstes folgte Frau Bartels. Sie hatte ihre blond gefärbten Haare streng nach hinten gebunden. Ihre Stimme fand ich scheußlich, sie hatte so einen scharfen Ton: »Das ist die Strafe, die du verdienst. Wir werden es dir abgewöhnen, damit du niemals wieder auf den Gedanken kommst, von hier wegzulaufen.« Ihre kalte, nasse Windel ging auf meinen Rücken nieder. Ich zuckte zusammen. Der Rohrstock von Direktor Holthusen war dagegen harmlos.

Abwechselnd schlugen sie auf meinen Rücken ein, bis ich fast das Bewusstsein verlor. Die Schmerzen waren grauenvoll, es waren höllische Qualen, und es fühlte sich an, als würde mein Rücken völlig auseinandergerissen, wie ein klaffender Krater. Solche Bestialitäten kannte ich bisher nur von den Halbstarken, die sich an uns Kleineren vergingen. Aber offenbar waren auch die Frauen in der Lage, so mit Kindern umzugehen. Es war purer Sadismus, mit dem sie sich an mir austobten. Wegen dieser dominanten Pflegerinnen schrecke ich noch heute vor solchen herrischen Frauen zurück, weil sie mich daran erinnern, mit welcher unglaublichen Brutalität sie mich behandelten. Einfach nur entsetzlich.

Dabei hatte schon Obermedizinalrat Dr. Hetzer am 10. September 1956 dem Oberpflegepersonal der Anstalt Hesterberg folgende Anweisung schriftlich gegeben: »Ich bitte, dem gesamten Pflegepersonal die allgemeine Dienstvorschrift erneut zur Einsicht vorzulegen und die Kenntnisnahme durch Unterschrift bestätigen zu lassen. Dabei ist mit Nachdruck darauf hinzuweisen, daß Schlagen und Beschimpfen von Pfleglingen selbstverständlich verboten ist und bei Zuwiderhandlungen jeder Einzelne in vollem Umfange persönlich verantwortlich ist.« Man hatte damals »erneut« darauf verwiesen, es musste also schon vorher Vorfälle gegeben haben. Und jetzt war es 1970, vierzehn Jahre waren seitdem vergangen, und offensichtlich hatte man das System Gewalt vonseiten des Pflegepersonals nicht eindämmen können, vielleicht war es sogar noch schlimmer.

»Und glaub ja nicht, dass du heute damit durch bist«, sagte nun Frau Kollberg. Ihre grauen Haare waren ohne jeglichen Glanz, sie trug sie ganz kurz, die Ohren frei. Fast ein Männerhaarschnitt. »Drei Wochen lang werden wir diese Prozedur wiederholen, Nacht für Nacht wirst du auf diesem Stuhl schlafen, das wird ein Spaß. Bis du es endlich begriffen hast, dass du nicht einfach das Gebäude verlassen darfst.«

Den Rest der Nacht ließen sie mich nackt und geschunden auf dem Stuhl sitzen, Stunde um Stunde. Alles tat weh, aber immer wieder nickte ich ein, nicht einmal schreien konnte ich vor Schmerzen. Manchmal wachte ich auf, weil ich nach Luft schnappen musste, es war, als wenn ich nicht mehr atmen könnte.

Am folgenden Morgen, bevor ihr Dienst zu Ende ging, kehrten die beiden Pflegerinnen zurück. Sie lösten die Stricke, hoben mich vom Stuhl hoch. Schnell wuschen sie mich und zogen mir etwas an. Später im Spiegel sah ich, dass mein Rücken furchtbar geschwollen und blutunterlaufen war. Und das sollte noch lange so bleiben.

Bevor sie fertig waren, schärften sie mir ein: »Und wehe, du erzählst jemandem davon. Dann kannst du was erleben. Dagegen war das von gestern Abend noch harmlos!«

Zum ersten Mal dachte ich etwas, was mich selbst erschreckte: Wenn sich eine Gelegenheit bietet, dann werde ich euch töten. Und dabei blieb es nicht. Auch alle anderen, die mich misshandelten und vergewaltigten, wollte ich umbringen, sie sollten dafür büßen, dass sie so etwas Grausames begingen.

Im Laufe der Jahre machte sich jedoch der Gedanke in mir breit, dass Rachegefühle blind machen und ein schlechter Ratgeber sind. Denn würde ich tatsächlich Rache üben, so wurde mir bewusst, wäre ich nicht besser als meine Peiniger. Nein, so tief wollte ich nicht sinken und mich mit ihnen auf die gleiche Stufe stellen. Gab es nicht eine Art ewiges Gesetz, das besagte, dass wir genau das ernten, was wir gesät haben – seien es Taten oder Worte? Rache, das war etwas, was nur die Menschen umtrieb, die selbst Schandtaten verübten.

An diesem Morgen hörte ich durch eine Unterhaltung des Personals, das Frühschicht hatte, dass Burkhardt tot sei, erstickt durch verstopfte Zugänge seiner Beatmungsmaschine. Nun wusste ich, warum er sich so aufgebäumt hatte, es war sein Todeskampf gewesen. Ich hatte ihn mit eigenen Augen gesehen. Furchtbar fing ich an zu weinen. Wieso hatte ihm keiner geholfen? Wieso hatte man das zugelassen? Wieso hatte sich niemand um ihn gekümmert? Wir dürsteten doch alle nach Liebe, warum hatte man ihm keine geschenkt? Burkhardt war doch noch so klein gewesen. Hätte man ihn in der Krankenstation behandelt, wäre er dann am Leben geblieben? Die Sonne würde nicht mehr für ihn scheinen, aber ich hoffte, dass er irgendwo hinkommen würde, wo er sicher und geborgen war. Noch immer verfolgt mich sein Todeskampf im Traum.

»Heute gehst du nicht zur Schule!« Herr Asmuss gab die Ansage, Widerrede zwecklos.

Ich wusste, was das bedeutete: Ich sah so schlimm aus, dass man mich nicht in den Klassenraum gehen lassen wollte. Lehrer wie Herr Kobelt könnten Fragen stellen, wenn sie die vielen Hämatome und Verletzungsspuren sahen. Besser, wenn sie es nicht taten. Ihnen wurde nur mitgeteilt, dass ich auf der Station bleiben würde, mehr nicht. Die Lehrer konnten nichts dagegen machen, konnten nicht protestieren, sie durften sich ja nicht in die Angelegenheiten der Psychiatrie einmischen. Das war ihnen eindeutig zu verstehen gegeben worden.

Es waren viele Tage, an denen ich in der Schule fehlte.

# 11

## Brutalität mit System

Nachts wurde ich auf der F4 geschändet, tagsüber auf der F1, Bestien hier wie dort, Gewaltakte hier wie dort. Die Halbstarken fingen nun an, Kämpfe nicht nur unter uns auszurufen, sondern wir wurden nun gezwungen, gegen sie selbst anzutreten. Was für ein Ungleichgewicht. Das war ihnen klar, und genau deshalb hatten sie sich das ausgedacht. Ihr Einfall war niederträchtig, teuflisches Grinsen breitete sich auf ihren Gesichtern aus.

»Günter, am Sonnabend werden wir es miteinander treiben«, bestimmte der Rotschopf, während er mit der Zunge schnalzte. »Das wird ein Heidenspaß.«

Werner sollte seine schwachen Fäuste gegen einen anderen aus der Truppe einsetzen.

»Stellt euch darauf ein, ihr werdet was erleben.«

Das Ergebnis war absehbar, wir hatten keine Chance gegen diese Kraftprotze. Am Ende des ungleichen Kampfes lagen Werner und ich blutend am Boden, k. o. geschlagen. Die Halbstarken machten sich nur lustig darüber, dass wir vor Schmerzen wimmerten, die Gesichter tränennass, die Hosen nass vor Urin, weil wir vor Angst nichts halten konnten. Es gab nicht eine einzige vertraute Person, die uns beistand, die uns in die Arme nahm. Misshandlungen zu ertragen und niemanden zu haben, der einen verteidigte, der versuchte, das zu unterbinden – es war nur eine logische Folge, dass wir Kinder daran kaputtgingen, dass unsere Seelen litten.

Es war ein schlimmes Jahr, dieses Jahr 1970, und ich wünschte mir zu der Zeit immer öfter, nie mehr aufzuwachen.

Einmal hatten Werner und ich uns geweigert, an diesen grausamen Wettkämpfen teilzunehmen. Wir wussten, dass sie uns dann in den Waschraum schleifen, die Badewanne mit Wasser füllen, sie uns unter Wasser drücken würden. Doch auch bei dieser gemeinen Prozedur hatten sie sich nun etwas neues Perfides einfallen lassen, um ihre Lust zu steigern: Bevor sie uns in die gefüllte Wanne warfen, steckten sie uns in Zwangsjacken, sodass wir nicht mehr mit den Armen rudern konnten. Uns mit den Armen gegen das Untertauchen zu wehren, gab uns das Gefühl, nicht völlig ausgeliefert zu sein. Doch in einer Zwangsjacke war unsere Ohnmacht perfekt, und unsere Peiniger konnten sich noch stärker fühlen. Für sie verhieß unsere Hilflosigkeit grenzenlose Macht, sie gierten danach, uns zu demütigen. Sie feuerten sich gegenseitig an, wurden lauter und lauter, während wir Jüngeren am Ende nur dachten: Na gut, dann überleben wir das hier nicht, dann hat es jedenfalls ein Ende.

Als sie meinten, es sei genug, und Werner sich nicht mehr regte, warfen sie ihn achtlos auf die Fliesen. Meinen Freund hatten sie so malträtiert, dass er bewusstlos war und einige Minuten, ohne sich zu rühren, auf den weißen Kacheln lag.

Jan wurde unruhig, stupste immer wieder mit dem Fuß gegen den leblosen Körper. Ganz bleich war Werners Gesicht, als wäre er schon nicht mehr bei uns. Ich musste an

Niels denken, nein, das durfte nicht nochmals geschehen. Warum war nur niemand vom Personal da, warum kam keiner, um zu helfen?

Dieses Mal hatten sie mich nicht in die mit kaltem Wasser gefüllte Badewanne getaucht, sondern sie hatten sich für mich eine andere Boshaftigkeit ausgedacht. Rotschopf Jan und seine Kumpane packten mich mit ihren Armen und schleuderten mich gegen den Heizkörper im Waschraum. Mit aufgeschlagenem Kopf ließen sie mich neben dem vermeintlich toten Werner liegen. Auch mir wurde schwarz vor Augen. Irgendwann kam ich wieder zu mir, mein erster Blick galt meinem Freund. Zu meiner unendlichen Erleichterung kam Werner wieder zu sich. Er erbrach das verschluckte Wasser, und es schien, dass er sich von Minute zu Minute erholte.

»Was für ein Glück«, rief ich freudig. »Du lebst! Du bist nicht tot!«

»Was ist denn besser?«, japste Werner. »Würde ich nicht mehr leben, dann wäre das hier endgültig vorbei. Dann hätte ich meinen Frieden.«

»So darfst du nicht denken.« Das sagte ich, obwohl ich selbst so oft Ähnliches dachte. »Eines Tages sind der Rotschopf und die anderen nicht mehr da. Sie müssten doch jetzt schon bei den Erwachsenen sein, ich verstehe gar nicht, warum die noch hier sind.«

»Das kann ich dir sagen«, schnaufte Werner. »Diesen Kerlen ist nichts heilig. Wenn die sich so auf der Erwachsenenstation gebärden, kann das nicht so leicht vertuscht werden. Bei uns Jüngeren ist das egal, wir sind ja nur Kinder, die von ihren Eltern vergessen wurden. Bei den Erwachsenen sieht das ein bisschen anders aus, da wird sicher stärker kontrolliert.« Werner hustete, es kam noch mehr Wasser aus seiner Lunge. Nach einer kleinen Pause fuhr er fort: »Schau dich an, dein Kopf blutet. Hier kann man leichter sagen, wir hätten uns untereinander verprügelt. Wir können uns ja sowieso nicht benehmen, wir werden doch ständig als Spinner abgestempelt. Bei Erwachsenen geht das nicht so leicht.«

»Mmh, das leuchtet ein«, sagte ich.

»Dabei hätte es auch anders ausgehen können. Für uns beide.« Werner redete sich, nachdem er wieder gut Luft bekam, in Rage. »Von mir wollen wir jetzt gar nicht sprechen, aber du hättest durch den Stoß nicht gleich tot sein müssen, es hätte aber sein können, dass du nicht mehr sprechen kannst und nur noch sabberst. Dann wäre es hier tatsächlich der richtige Ort für dich.«

»Glaubst du denn, dass das nicht der richtige Ort für mich ist?«, wollte ich nun von Werner wissen. Wir beide saßen inzwischen auf dem Kachelboden gegen die Wanne gelehnt, ich hielt mir meinen Kopf, er tat ziemlich weh.

»Auch wenn man uns für bekloppt hält, wir sind es nicht. Einige andere auch nicht.«

»Und warum sind wir dann hier?«

»Weil es nirgendwo sonst einen Platz für uns gibt. Deshalb.«

»Aber fällt das denn niemandem auf?«

Werner stieß ein hämisches Lachen aus, seine nassen dunklen Locken begannen sich langsam zu kräuseln. »Wem denn? Wir sind denen doch egal.«

Wenn wir allen egal sind, überlegte ich, müssen wir dann für immer hierbleiben? Würde es nie aufhören, dass man uns missbrauchte? Bevor ich mit Werner diesen Gedanken teilen konnte, flog die Tür zum Waschraum auf, und Jan und einer von seinen Gefolgsleuten kamen hereingestürmt. Werner ließen sie in Ruhe, doch sie hatten es auf mich abgesehen. Sie hatten hinter der Tür gelauscht und alles mitbekommen, nachdem sie dem Waschraum den Rücken zugekehrt hatten. Und sie hatten entschieden, dass ich noch nicht genug abgekriegt hätte. Meine Strafe war ihnen, im Gegensatz zu der von Werner, nicht ausreichend vorgekommen. Die beiden Täter schlugen ohne Vorwarnung auf mich ein, bis ich bewusstlos zusammenbrach. Ich hörte noch, wie Werner um Hilfe rief.

Am Abend – das Abendessen war schon vorüber – erwachte ich im Bett, um den Kopf einen Verband gewickelt.

»Was ist hier vorgefallen?«, fragte Frau Petersen, eine weitere Tagespflegerin, die weniger harsch war als Frau Manzel und sich auch mehr um ihre Pfleglinge kümmerte. »Wobei hast du dir so den Kopf verletzt?«

Ich konnte ihr nicht die Wahrheit sagen, auch wenn ich es gern getan hätte. Ich musste lügen. Nur wenn ich log, schützte ich mein Leben.

»Ich … ich bin ausgerutscht«, stotterte ich. »Und dabei bin ich gegen den Heizkörper gefallen.« Da steckte zumindest ein Körnchen Wahrheit drin.

»Das mag ja stimmen«, sagte Frau Petersen, ihre braunen Augen blickten missbilligend drein. »Aber das erklärt noch lange nicht die blauen Flecken auf deinem ganzen Körper. Das sieht eher aus, als hätte dich jemand geschlagen.«

Auch dafür hatte ich eine Begründung parat, jene, die für solche Fragen reserviert war. Darauf konnten sich die Bestien verlassen, niemand tanzte da aus der Reihe. »Werner und ich haben uns geprügelt.«

»So heftig?« Die Pflegerin schüttelte verwundert den Kopf. »Ich dachte immer, ihr versteht euch ganz gut …«

Sie hatte richtig beobachtet, aber das durfte ich ihr nicht bestätigen.

Sie ließ nicht locker. »Der Werner ist zwar älter und auch stärker als du, aber er bekommt Medikamente, die ihn ruhigstellen – wie kann er da eine solche Kraft entwickeln? Günter, kannst du mir das erklären?«

Gekonnt hätte ich schon, und am liebsten hätte ich es auch getan, aber noch war meine Todessehnsucht nicht so groß, dass ich den Rotschopf und seine Gang verraten hätte, geschweige denn die Pflegerinnen.

»Gut«, sagte Frau Petersen streng. »Du willst es mir nicht sagen, also belassen wir es dabei.«

Mit diesen Worten trat die Pflegerin an das Bett von Werner.

»Willst du mir vielleicht verraten, was dazu geführt hat, dass du den Günter so vermöbelt hast? Ich finde an deinem Körper nämlich keine grünen und blauen Flecken. Hier stinkt was zum Himmel.« Frau Petersen, eine hochgewachsene, schmale Frau mit einem ungewöhnlich üppigen Busen, stemmte ihre Hände in die schmale Taille.

»Es ist so, wie der Günter gesagt hat.« Werner flüsterte die Worte.

»Aha, hier herrscht Einigkeit, dagegen ist kein Kraut gewachsen. Dann mal gute Nacht, die ihr aber wohl kaum haben werdet.«

Sie stiefelte aus dem Raum, der Busen wogte. Wir waren die Einzigen, die schon im Bett lagen, die anderen guckten noch irgendeinen Film oder eine Serie im Fernsehen.

»Warum hast du nichts gesagt?«, fragte ich Werner.

»Das weißt du ganz genau«, erwiderte er. »Wir beide wissen doch, was uns blüht, wenn wir mit der Wahrheit rausrücken. Dann gibt es kein Halten mehr. Und deswegen schweigt jeder. Auch die anderen, die so von den Tieren behandelt werden.« Werner nannte die Halbstarken immer nur »Tiere«.

Die anderen, das waren Rüdiger, Claus-Rainer, Bernd, Ralf, Hinnerk, Thomas, Jens-Uwe und Falk. Auch sie hatten unter den gleichen Schändungen, Vergewaltigungen und Misshandlungen zu leiden wie Werner und ich. Wir waren charakterlich alle sehr verschieden, verstanden uns aber dennoch gut. Wir waren eine kleine Schicksalsgemeinschaft und halfen uns gegenseitig, wo wir nur konnten.

Rüdiger hatte rote Haare wie Jan, aber sein ganzes Gesicht war von Sommersprossen überzogen. Wir versuchten uns in der Schule gegenseitig zu übertrumpfen – leider aber nur für kurze Zeit, denn meine Unterrichtsbesuche wurden immer unregelmäßiger. Falk war sehr sportlich, und wenn wir draußen doch mal Fußball spielen durften, dann foulte er mit Vorliebe und stellte mir ein Bein. Bernd, der um einiges größer war als ich und dessen helles, fast schon wächsernes Gesicht von dichten schwarzen Wuschellocken umrahmt war, hatte einen Fimmel mit Autonummern. Entdeckte er auf dem Gelände ein Auto, versuchte er, das Kennzeichen herauszufinden, und schrieb es sich sorgfältig auf; seine Liste wurde von Jahr zu Jahr länger. Oft vertrieben wir uns die Zeit damit, dass wir uns überlegten, wem das Auto gehören könnte. Von einigen fanden wir es heraus, doch von anderen nicht. Vor dem Haus A, in dem auch Büros und einige Stationsärzte untergebracht waren, stand ständig ein Opel Kadett, A-Modell, doch wir erfuhren nie, wer ihn fuhr.

Und auf der anderen Seite gab es die Bestien. Auch sie waren verschieden, einen von diesen Typen fand ich besonders eigenartig. Er hieß Paul, war meist eher ruhig, konnte aber in manchen Momenten explodieren, wenn das auch selten vorkam. Zu mir war er nie bösartig, aber bei anderen Jungen war er nicht zimperlich, da hielt er mit Jan mit. Jan, der Anführer, war der schlimmste von allen. Er vergewaltigte uns »normale« Jungen, er vergewaltigte aber auch die, die geistig schwer behindert waren. Vor ihm war niemand sicher. Ich nahm an, dass er selbst kaum zur Schule gegangen war, fast keine Bildung hatte, jedenfalls ging er morgens nicht zum Unterricht. Sein engster Gefährte war Sönke, ein richtiger Muskelprotz mit schiefen Zähnen. Er stand nicht so sehr auf Gewalt, aber er schreckte vor keiner Vergewaltigung zurück. Jan war derjenige, der jede Form von Brutalität mochte und der es auch schaffte, noch ein, zwei andere in seinen Bann zu ziehen, auch wenn ich das Gefühl hatte, dass sie nur mitmachten, weil sie mitmachen mussten. Sie wollten nicht als Memmen dastehen.

Bevor ich einschlief, dachte ich noch daran, wie froh ich war, dass Werner lebte. Es tat gut, mit ihm reden zu können. Und noch heute bin ich dankbar dafür, dass keiner von uns Jungen aus der F1 in dieser Zeit ums Leben kam. Im Nachhinein kann das nur als unglaubliches Wunder bezeichnet werden.

Am nächsten Morgen konnte ich natürlich nicht zur Schule gehen, das wurde langsam zur Normalität. Stattdessen musste ich wieder hinauf in die Station F4, um auch an diesem Tag verdreckte Wäsche vorzureinigen. Durch den Schulbesuch war wenigstens meine Arbeit in der Großküche und damit meine furchtbaren Stunden im Keller beendet worden.

In einem der Räume lag ein Junge, er hieß Winfried, war neun Jahre alt, und die Haut seiner ganzen rechten Körperseite war vernarbt. Man hatte mir erzählt, dass in seinem Elternhaus einmal ein Feuer ausgebrochen war, und Winfried war in den Flammen gefangen gewesen. Die Feuerwehr schaffte es, ihn da rauszuholen und – mit schwersten Verbrennungen – ins Krankenhaus zu bringen. Und diesem Jungen, der auch geistig sehr eingeschränkt war, rutschte immer wieder der Mastdarm, ein Teil des Enddarms, heraus, der dann jedes Mal mit einem Handtuch reingedrückt werden musste.

»Günter, das wird zukünftig deine Arbeit sein«, sagte mir Frau Stasiuk, die eine Tagespflegerin auf der F4 war. »Ich zeig dir, wie es geht, und danach kannst du es alleine machen.«

»Aber …«

»Nichts aber.« Ich wurde sofort unterbrochen.

Es war unangenehm, das zu tun, fast noch unangenehmer, als die eingekotete Wäsche zu säubern. Aber ich versuchte nicht hinzuschauen, sondern mich auf Winfrieds Gesicht zu konzentrieren. Durch das schreckliche Erlebnis und die Verbrennungen hatte er seine Sprache verloren und konnte nicht mehr sagen, wenn ihm etwas wehtat. Aber seine Mimik verriet viel, und die versuchte ich zu verstehen. Wenn ihm etwas Schmerzen bereitete, zuckte er mit dem Gesicht und kniff dabei die Augen zusammen. Ich mochte ihn sehr, er war ein lieber Kerl. Und ich verstand nicht, wieso sich das Pflegepersonal nicht mit ihm abgeben wollte. Nahm man sich Zeit, konnte man viel von ihm erfahren, konnte in seiner Seele lesen. Und seine Augen verfolgten alles, was um ihn herum geschah. Aber es passierte nicht viel, weil sich niemand länger mit ihm beschäftigte.

All diese schwerbehinderten Kinder waren den überforderten Pflegerinnen und Pflegern ausgeliefert. Es war ein Elend, was ich auf dieser Station zu sehen bekam, und wenn ich noch Tränen übrig gehabt hätte, ich hätte nur noch weinen können. Wieder dachte ich: Was haben wir nur verbrochen, dass wir so behandelt werden?

Nachdem ich mich um Winfried gekümmert hatte und ihn im Anschluss umarmt hatte, war die Wäsche dran, meine Hauptaufgabe auf dieser Station. Ich musste es sorgfältig machen, denn Frau Stasiuk, eine dralle Frau mit ständig genervtem Blick, überprüfte die Laken, die Bettbezüge, die Leibwäsche, jedes einzelne Stück. Fand sie irgendwo noch Reste von Kot oder Erbrochenem, gab es Ohrfeigen und heftige Schelte. Nur selten erledigte ich die Aufgabe zu ihrer Zufriedenheit, immer gab es etwas zu meckern, immer gab es einen Grund, mir eine runterzuhauen. Wieso schlugen die Menschen so gern? Es war mir ein Rätsel. Was gab ihnen das? Spürten sie so sich selbst? Bei den Halbstarken war es für mich offensichtlicher, denn wir, die Opfer, sollten ihrem Willen unterworfen werden. Und sie wollten sich unserer Körper bemächtigen, um sie für eigene Zwecke zu benutzen. Da ging es um Befriedigung und Lust.

Beim Pflegepersonal stand die Hierarchie, im Gegensatz zu den Halbstarken, von vornherein fest: Wir Jungs mussten tun, was es von uns verlangte. Angst konnten sie kaum vor uns haben, jedenfalls nicht vor den jüngeren Patienten. Es musste ihnen um etwas anderes gehen. Aber um was?

Und warum waren auch die Pflegerinnen, die Frauen, so aggressiv? Dabei hieß es immer, dass Mädchen sich nicht schlagen sollten, nur Jungen dürften es, die müssten sich wehren. In diesem Heim aber waren Frauen angestellt, die fast genauso gewalttätig waren wie ihre männlichen Kollegen, wenn nicht in einigen Fällen sogar noch mehr. Hatten sie so viel Wut im Bauch, weil sie die Zustände in der Anstalt so unerträglich fanden? Waren sie frustriert und überfordert, weil sie sich um viel zu viele Kinder sorgen mussten? Half man dann in solchen Situationen, obwohl man es sollte, nicht mehr? Und suchte man dann für das schlechte Gewissen ein Ventil? Begann man sogar, den Wehrlosen bewusst Schaden zuzufügen? Gewalt wurde dann zum Selbstzweck, wurde um ihrer selbst willen ausgeübt.

Tag für Tag hatten sie uns vor sich, die geistig und körperlich Behinderten, die Aggressiven, die Vorlauten, die Schwierigen – entfachte das diesen Zorn? Wut konnte immense Energien freisetzen – das hatte ich schon mehrmals erlebt. Und im schlimmsten Fall konnte das sogar tödlich enden, das hatte ich inzwischen bezeugt. Und wer keine Wut verspürte, sah einfach weg.

Wurde Gewalt gar als Erfolg gewertet? Ich musste an die beiden Frauen denken, Frau Bartels und Frau Kollberg, die mich wochenlang nachts auf der F4 mit den nassen, doppelt verknoteten Windeln geschlagen hatten. Jedes Mal, wenn ich an dem Raum vorbeimusste, zwang ich mich, nicht hineinzublicken. Ich hatte den Drang, zu überprüfen, ob man noch etwas von diesen schrecklichen Nächten sehen konnte, zugleich aber wollte ich dieses Zimmer nie wieder betreten. Also huschte ich möglichst schnell an ihm vorüber, um es hinter mir zu lassen. Aber glaubten Frau Kollberg und Frau Bartels nun, dass ich nie wieder auf die Idee kommen würde, einen weiteren Fluchtversuch zu starten? Werteten sie das möglicherweise als Erfolg? Waren sie der Meinung, mit ihrem strafenden Tun etwas zu erreichen? Dass ich aufgeben würde? Und weil sie keine andere Strategie kannten, keine Alternative, machten sie das, was vielleicht bei anderen Kindern schon immer gewirkt hatte und sie deshalb als erfolgreiche Strategie verbuchen konnten?

Sollten sie so denken, so würde ihre Rechnung bei mir nicht aufgehen. Das hatte ich mir geschworen. So schnell gab ich nicht auf. Nach und nach ließ ich Bettlaken mitgehen, insgesamt vier Stück. Diese Laken wollte ich zusammenknoten, um bei passender Gelegenheit einen zweiten Fluchtversuch zu unternehmen. Das Kippfenster im Waschraum auf unserer Station war inzwischen versiegelt und verschraubt, aber hier oben auf der F4 wurde hin und wieder ein Fenster offen gelassen, im Glauben, dass die schwerbehinderten Kinder niemals das Wagnis unternehmen würden, hinauszuklettern. Hier wollte ich mich abseilen.

# 12

## Eine Nacht neben einem Toten

Erneut erkrankte ich an der Ruhr, schon zum dritten Mal. Inzwischen war das furchtbare Jahr 1970 vorbei, und nun hieß es, der alte Direktor würde abgelöst werden, ein neuer würde kommen, einer aus dem Saarland, mit seiner ganzen Familie. Ein Saarländer wollte es wagen, sich in Schleswig-Holstein niederzulassen? Ich konnte mir das kaum vorstellen. Aber als die Nachricht die Runde machte, wollte das Flüstern nicht aufhören. Viele Patienten hatten die Hoffnung, dass sich durch den neuen Direktor etwas ändern würde, aber auch das Pflegepersonal schien die Ankündigung mit Interesse aufzunehmen. Ich konnte allerdings nicht einschätzen, ob sie erleichtert waren oder sich fürchteten. Vermutlich beides.

Noch im vergangenen Oktober, genauer am 1. Oktober 1970, hatte es eine große festliche Veranstaltung zum hundertfünfzigjährigen Bestehen des Landeskrankenhauses gegeben, finanziert von der Pharmaindustrie. Viele Festreden wurden gehalten, man hatte an diesem Tag aber auch den Direktorenwechsel verkündet. Jahre später fand ich im Landesarchiv die Rede des alten Direktors anlässlich des Jubiläums, eine wahre Lobeshymne auf die Anstalt, in der es hieß, dass sich alles immer wunderbarer entwickeln würde. Nach der Lektüre war ich schockiert über diese pure Schönfärberei. Ungeheuerlich, eine bodenlose Frechheit und Gemeinheit. Wie konnte man nur so etwas behaupten? Er musste von den Misshandlungen gewusst haben, hatte sich darum aber nicht geschert, hatte sein Büro und sein Zuhause auch nicht bei uns auf dem Gelände gehabt (wie es der zukünftige Direktor halten sollte), sondern auf dem Stadtfeld, wo er sich auch meistens aufhielt. Dabei herrschten in der Klinik unhaltbare Zustände, aber davon war in der Rede nichts zu hören. Und doch war es genau das, was ich erlebt hatte.

In der Rede hieß es nur: »Dank vor allem dem Land Schleswig-Holstein, der Landesregierung und dem Parlament, aber besonders Ihnen, sehr verehrter Herr Minister Dr. Schlegelberger, für Ihre ständige tatkräftige, verständnisvolle Hilfe und Unterstützung. Ich möchte an dieser Stelle, weil ich nicht alle nennen kann aus der großen Zahl der Helfer und Freunde, einen besonderen Dank aussprechen an die pharmazeutische Industrie für ihre seit Jahren bestehende enge, vertrauensvolle Zusammenarbeit. Ohne die finanzielle Unterstützung bedeutender Firmen des In- und Auslandes wäre die Durchführung der Hundertfünfzig-Jahr-Feier in diesem Rahmen nicht möglich gewesen.«

Dieser Aussage kommt im Hinblick auf die erst kürzlich bekannt gewordenen Medikamentenversuche im Landeskrankenhaus ein besonderes Gewicht zu.

Es hatte Besuchskommissionen gegeben, eingesetzt durch die Landesregierung in Kiel, regelmäßig aber auch erst ab 1966. Die Verantwortung für das Landeskrankenhaus Hesterberg lag beim Innenministerium. Doch die Kommissionen hatten sich immer vorher angekündigt, und dann konnte man uns Kinder auf einmal ganz nett behandeln, damit wir genauso mit der Rute wedelten wie ein Hund. Und wir Heimkinder wedelten mit der Rute. So sind wir. Wir wollen geliebt werden. Aber die Besuchskommissionen hatten sich nie intensiver mit uns befasst. Die hatten nur ausgesuchte Häuser besichtigt (nie das Haus F) und anschließend, längst wieder in Kiel, ihre Berichte abgefasst: Das Essen wurde als gut befunden, und man wies auf bauliche, therapeutische und personelle Mängel hin. Vermutlich gab es aber damals schon Hinweise auf Misshandlungen, doch von Kindesmissbrauch ist in diesen Berichten keine Rede.

Meiner Meinung nach sind sie durch die Bank geschönt. Die Fürsorge- und Aufsichtspflicht hat nicht funktioniert, das ganze System hat versagt. Es wurde nie nachgefragt, ob die Einweisung berechtigt oder ob ein Patient wirklich behindert war, es hat keinen gekümmert. Einmal hinter verschlossenen Türen, fragte kein Mensch mehr nach uns. Ich wurde bei der Aufnahme untersucht, und das war's dann auch.

Die Stationsärzte hatten es immer so gehalten, dass das Pflegepersonal über uns irgendwelche Berichte schrieb. Diese hatte der Arzt nur bei Bedarf angefordert. Ging aus ihnen hervor, dass der Patient ruhig und unauffällig war, schaute uns kein Arzt mehr an. Manchmal wurden die Berichte auch gefälscht, weil die Pfleger einen ruhigen Dienst versehen wollten. Auffälligkeiten hätten für Nachfragen gesorgt. Lieber teilten sie den Ärzten mit, was sie für nötig hielten – meist mehr Medikamente.

Wie bei meiner letzten Ruhr-Diagnose war die Krankenstation überfüllt, wie beim letzten Mal kam ich auf die Station F4.

»Das ist unser Quarantänezimmer«, sagte Frau Stasiuk, als sie mich in einen Raum führte.

»Aber hier ist kein Bett frei«, stellte ich sofort fest. Ich zählte zehn Betten, aber jedes war von einem kranken Jungen belegt, in manchen konnte ich sogar zwei ausmachen. Tatsächlich gab es nur ein einziges Bett, in dem ein Junge allein lag.

»Du kriegst auch kein Einzelbett«, erklärte die Pflegerin. »Du musst zu dem Jungen da.« Sie zeigte auf das Bett, in dem der einzelne Patient lag.

Quarantäne mit zwei Kranken in einem Bett, das war mehr als katastrophal. Waren die hygienischen Bedingungen ohnehin schon katastrophal, so hatten sie jetzt einen Tiefpunkt erlangt. Was war daran Quarantäne? Gar nichts. Hier wurde Quarantäne nur vorgetäuscht, damit man nach außen hin behaupten konnte, man wäre dazu in der Lage, solche Vorschriften einzuhalten. Die hohe Ansteckungsgefahr der Ruhr wurde so jedoch nur gefördert. Wie sollten wir auf diese Weise gesund werden? Natürlich musste ich meine Bedenken loswerden.

»Aber wenn der auch die Ruhr hat, dann ...«

Frau Stasiuk unterbrach mich unwirsch: »Der hat nicht die Ruhr, stell dich nicht so an. Der hat was an der Lunge.«

Voller Unbehagen kroch ich in das Bett. Dass der Junge lungenkrank war, war nicht zu überhören. Ein schreckliches Röcheln und Zischen drang es aus seinem Mund, es ging mir durch Mark und Bein. Ich konnte sein Gesicht nicht sehen, weil er mir seinen Rücken zugewandt hatte. Aber mir reichte es schon, wie sein schmächtiger Körper bei jedem Atemzug bebte. Außerdem strahlte er eine große Hitze aus, er musste hohes Fieber haben.

Immer wieder rannte ich zur Toilette, den Jungs in den anderen Betten erging es nicht anders. Der Durchfall hatte uns fest im Griff. Einzig der röchelnde Junge stand kein einziges Mal auf, veränderte auch nicht seine Position. Als ich aus dem Waschraum zurückkehrte, sah ich, dass er seine Augen geschlossen hatte. Schlief er, oder dämmerte er nur vor sich hin? Es war mir nicht geheuer, mit ihm ein Bett zu teilen, zumal ich durch die Vergewaltigungen körperliche Nähe nur begrenzt ertrug. Das hier war mir eindeutig zu viel Nähe. Noch dazu von jemandem, den ich nicht kannte.

Gebannt lauschte ich seinem Atem, vielleicht, so dachte ich, könnten wir wenigstens ein wenig miteinander reden. Die anderen Jungs in den doppelt belegten Betten erzählten von ihren Stationen oder schliefen, wenn sie erschöpft von der Toilette zurückkehrten. Ich konnte nicht schlafen. So müde ich auch war, es war mir nicht möglich, das Zischen zu verdrängen. Aber nicht nur die Geräusche machten mir Angst. Ich musste auch an Frau Kollberg und Frau Bartels denken, denn sie hatten auf dieser Station Nachtdienst. Würden sie mich wieder schlagen? Oder würden sie mich in Ruhe lassen, weil ich krank war? Irgendwie konnte ich mir nicht vorstellen, dass sie gnädig gestimmt waren, nur weil ich die Ruhr hatte.

Kurz bevor die beiden Frauen ihren Dienst antraten und ihre einzige und letzte Runde im Quarantänezimmer machten, verkündeten sie laut über den Gang: »Während unseres Dienstes wollen wir keinen Mucks von euch hören. Fällt nur ein Wort, dann ist jeder von euch dran.

Dann kriegt ihr eine Tracht Prügel, die sich gewaschen hat.« Schlagartig wurde es still, einzig das Röcheln und Zischen erfüllte den Raum. Es war klar, dass wir auch nicht auf die Toilette durften. Lieber machten wir ins Bett.

Starr lag ich in meiner Betthälfte und schaffte es immer noch nicht, den Atem des Jungen neben mir zu ignorieren. Doch plötzlich, nicht lange nachdem die zwei Pflegerinnen das Zimmer verlassen hatten, hörte das Röcheln auf. Nun war es, bis auf die Schlafgeräusche der anderen Patienten, vollkommen ruhig. Ich hatte noch gehört, wie mein Bettnachbar ausgeatmet hatte, aber er atmete nicht mehr ein. Ich stupste ihn ein paarmal vorsichtig an, damit er ein Lebenszeichen von sich gab. Aber nichts. Kein schweres Atmen, kein Zischen. Sein Rücken bebte nicht, keine einzige Regung. Er musste tot sein. Tot wie Niels und der kleine Burkhardt, tot wie das ermordete kleine Mädchen.

Was sollte ich tun? Ich konnte doch nicht die ganze Nacht neben einer Leiche liegen? Aber die beiden Drachen hatten ja verboten, dass wir auch nur einen einzigen Ton von uns gaben. Es war also nicht möglich, sie zu rufen. Sollte ich zu ihnen gehen? Aber Hilfe zu holen hatte ich schon einmal versucht, als ich den Pflegern von dem großen blonden Jungen erzählen wollte, der das Mädchen gewürgt hatte. Das hatte mir nur Prügel eingebracht. Ich musste also hier liegen bleiben. In meiner Not und in meiner unbeschreiblichen Angst fing ich wieder an zu weinen, leise, fast lautlos, rannen mir die Tränen die Wangen hinab.

Ich rückte, so weit ich konnte, von dem Leichnam weg; zur Hälfte hing ich aus dem Bett. Für mich war das der wahre Horror, mit Nachwirkungen bis heute. Ich war noch ein Kind, zwölf Jahre alt, und die Stunden bis zum nächsten

Morgen blieb ich in dieser Stellung liegen, bewegte mich nicht einen Millimeter. Ich stand unter Anspannung, spürte, wie sich mein gesamter Körper mit einer Gänsehaut überzog. Ich wollte nur weg, konnte aber nicht. War gefangen in diesem entsetzlichen Bett. Konnte ich menschliche Nähe schon vorher nur bedingt ertragen, war es mir seit diesem Erlebnis gar nicht mehr möglich, sie zuzulassen. Vor partnerschaftlichen Beziehungen schreckte ich immer zurück, wenn der Punkt kam, zusammen ein Bett zu teilen. Aus solchen Situationen floh ich dann jedes Mal.

Als endlich die Frühschicht ihren Dienst begann, kam Frau Teichert ins Zimmer, eine resolute Pflegerin, die ich aber nie ein Kind hatte ohrfeigen sehen. Sie ging von Bett zu Bett, um zu sehen, wie es um die Patienten stand. Als sie bei mir angekommen war, schlug sie die Hände zusammen.

»Was ist denn hier los?«, stieß sie aus und tastete hektisch nach dem Puls des Jungen. »Hier liegt ja ein Toter. Wieso hat denn niemand etwas bemerkt? Hast du die ganze Nacht neben ihm gelegen?« Die letzten Worte richtete sie direkt an mich.

Ich brachte nur ein Nicken zustande.

»Das ist ein Unding!« Die Pflegerin war außer sich. »Die Nachtwache soll die kranken Kinder kontrollieren. Wie kann denn niemand bemerkt haben, dass der Junge aufgehört hat zu atmen?« Sie konnte es gar nicht fassen und schlug Alarm. »Der Junge muss sofort abgeholt werden, er ist schon ganz kalt.«

Ich weiß nicht, ob es irgendeinen Zusammenhang mit der Arbeit in der Anstalt gab, aber Frau Stasiuk soll sich später das Leben genommen haben. Sie soll in die Schlei gegangen und sich darin ertränkt haben.

Ich blieb weiter auf der F4, doch an dem Tag, an dem der lungenkranke Junge abgeholt wurde, musste ich wieder arbeiten und schmutzige Bettwäsche vorwaschen. Es interessierte niemanden, dass ich noch sehr schwach war, auf meine Dienste wollte man nicht verzichten. Frau Teichert hätte bestimmt Einspruch erhoben, aber ihre Frühschicht war da schon beendet.

»Ich habe die ganze Nacht nicht geschlafen, und ich habe die Ruhr«, brachte ich leise hervor.

Doch meine Einwände wurden von den Tagespflegerinnen weggewischt. »Du spielst uns das nur vor, du bist gar nicht wirklich krank. Du willst dich nur vor der Arbeit drücken.« Es war das Pflegepersonal, das sich vor der Arbeit drückte.

Als Dr. Paulsen kam, um nach den Patienten im Quarantänezimmer zu schauen, jammerte Frau Stasiuk: »Der Günter ist so unruhig, kann man denn nichts dagegen tun?«

Dr. Paulsen reagierte wie gewünscht: »Na, dann kriegt er wieder mehr Valium. Dann erhöhen wir die Dosis.«

Nein, ich wollte kein Valium. Ich musste raus aus dieser Anstalt, und dazu brauchte ich einen klaren Kopf. »Hau ab«, ermutigte ich mich immer wieder selbst, während ich die Wäsche bearbeitete. »Du musst abhauen, bevor sie dir das Valium verabreichen. Du willst weg, und zwar noch heute Nacht.«

Gegen 23 Uhr startete ich meinen zweiten Ausbruch, der recht spektakulär und äußerst gefährlich war. Ich holte meine vier versteckten Bettlaken hervor (ich hatte sie in einem Teil des Steinbottichs gebunkert). Ein Fenster stand leider nicht offen, sie waren alle verriegelt, ich hatte nur die Möglichkeit, mich durchs Kippfenster zu zwängen. Ich verknotete die vier Bettlaken und befestigte sie am Fensterbügel. Vorsichtig zog ich an meinem »Seil«, probierte aus, ob die Bettlaken hielten, ob die Knoten sich nicht lösten. Nichts riss, also konnte ich mich abseilen. Ich jubelte still, fand meinen Plan großartig. Bald würde ich in Freiheit sein. Dieses Mal, so hatte ich mir geschworen, würden mich keine Polizisten aufgreifen, dieses Mal würde ich mich nicht so dämlich anstellen. Siegessicher quetschte ich mich durch die Luke.

Es waren tatsächlich keine Polizisten, die mich von meiner weiteren Flucht abhielten, als ich mich an den Bettlaken abseilte. Es waren die Nachtwachen, Frau Kollberg und Frau Bartels, die schon im Hinterhof auf mich warteten. Wenn sie auch nicht die Kinder behüteten, die ihrer Obhut anvertraut waren, so achteten sie doch auf jedes außergewöhnliche Geräusch. Irgendwie musste ich trotz aller Vorsicht Lärm gemacht haben. Wahrscheinlich war ich beim Hinunterklettern mit meinen Füßen gegen die Fensterscheibe gestoßen.

»Komm sofort da runter!«, herrschte mich Frau Kollberg an.

Kurz bevor ich auf dem Boden Fuß fassen konnte, löste sich der Knoten am Fensterbügel, und ich fiel hin.

»Du hast es gewagt, wieder abzuhauen?« Frau Bartels' schreckliche Stimme mit dem scharfen Unterton ließ mich zusammenzucken. »Du hättest dir dabei das Genick brechen können, und wir wären dafür zur Verantwortung gezogen worden. Was denkst du dir eigentlich?« Hätte ich mir lieber nur das Genick gebrochen, dachte ich, ich hatte dieses Leben satt.

Frau Kollberg schrie noch etwas Unverständliches, und

unter Verabreichung von etlichen Ohrfeigen brachten sie mich wieder nach oben.

»Wir haben dich gewarnt, dass du beim zweiten Versuch nicht so harmlos davonkommst. Jetzt wirst du gleich sehen, was du davon hast, Bürschchen.« Das war wieder Frau Bartels. Ich hatte ihre Autorität untergraben, indem ihre Drohung bei mir keine Wirkung gezeigt hatte, das konnte nicht ohne drastische Strafe bleiben.

Sie zerrten mich hinter sich her, und ich wusste, wohin es ging: in den kleinen Raum mit dem Stuhl und dem Schrank. Es war auch der Raum, in dem der kleine Burkhardt erstickt war. Es lief so ab wie beim ersten Mal. Sie zogen mich nackt aus und banden mich an dem Holzstuhl fest, sodass mein nackter Rücken ihnen schutzlos ausgeliefert war. Wieder schlugen sie mich mit nassen, doppelt verknoteten Windeln. Sie rasteten vollkommen aus. Ohne Unterlass, wie besessen, prügelten sie auf mich ein, ihr Zorn war unermesslich, sie traktierten mich wie Wahnsinnige, als ginge es darum, einen absurden Wettbewerb zu gewinnen.

Stechende Schmerzen zogen durch meine Wirbelsäule bis in den Kopf hinein. Ich konnte nicht schreien, mein ganzer Körper war in Aufruhr. Irgendwann schwanden mir die Sinne. Ich kippte nach vorne weg, direkt auf den Linoleumfußboden. Schlug auf ihn auf. Und plötzlich tat sich eine schwarze Wand vor mir auf. Nacht umfing mich.

Als ich wieder zu Bewusstsein kam, stellte ich fest, dass die beiden Frauen sich beruhigt hatten, nicht mehr auf mich einschlugen. Sie strichen sich mit ihren Händen den Schweiß von der Stirn, atmeten schwer.

»Was machen wir mit ihm?«, fragte Frau Kollberg.

»Den lassen wir hier liegen«, bestimmte Frau Bartels schroff. »Der soll merken, was er uns angetan hat.«

»Genau«, fügte Frau Kollberg nicht minder rüde hinzu: »Jetzt wirst du nicht drei Wochen hier jede Nacht auf dem Stuhl sitzen wie beim letzten Mal, jetzt verdoppeln wir die Zeit. Hast du verstanden? Sechs Wochen! Wir werden dir schon deine Unarten austreiben. Das soll dir eine Lehre sein.«

Ich stöhnte. Sechs Wochen. Eine unvorstellbar lange Zeit. Ich konnte mich nicht bewegen, aber ich sah, als ich auf dem Boden lag, wie Blut aus meiner Nase lief. Bestimmt war sie gebrochen, zumindest angeschlagen. Meine Arme waren noch immer um die Rückenlehne des Stuhls festgezurrt, ich konnte nur froh sein, dass sie gekrümmt war, sonst hätte ich mir bei dem Sturz womöglich die Arme gebrochen. Den Frauen wäre das egal gewesen – das war ja das Furchtbare, dass denen alles gleichgültig war.

Plötzlich spürte ich noch einen heftigen Schlag in mein Gesicht, es blitzte kurz auf, dann verschwanden die Stimmen – und es war absolut finster.

Erst am nächsten Morgen wurde ich aufgehoben, losgebunden und gewaschen, rechtzeitig bevor die Frühschicht auftauchte. Keine Spuren wollte man in dem Raum hinterlassen. Meine Arme schmerzten unter dem von der Rückenlehne ausgeübten Druck und den Fesseln. Mein Gesicht tat heftig weh, besonders die Nase, und im Spiegel im Waschraum konnte ich sehen, dass ich völlig blutverschmiert war. Die beiden Frauen hatten mich ordentlich zugerichtet. Leicht hätte ich einen Kiefer- und Schädelbruch erleiden können, nicht nur eine demolierte Nase.

Als meine Peinigerinnen mir ein Handtuch zum Abtrocknen gaben, erklärten sie mir in Worten, die ich schon mehrmals gehört hatte und nicht zum letzten Mal hören sollte:

»Wenn du weiterhin versuchst, dich aus dem Staub zu machen, wenn wir auch nur den geringsten Hinweis haben, dass du wieder abhauen willst, dann wirst du das dein Lebtag nicht vergessen, das garantieren wir dir.«

Ich zweifelte nicht an ihrer Drohung. Diese Frauen waren verroht. Für sie war ich nichts weiter als ein Tier in Massenhaltung, mit dem man nach eigenem Gutdünken umspringen konnte. Menschliche Empfindungen – die waren ihnen fremd. Jedenfalls mir gegenüber.

Warum waren diese Frauen so? Erneut stieg die Frage in mir auf, erneut machten sich bekannte Rachegedanken in mir breit. Ich wollte, dass sie genauso litten wie ich. Erst später fand ich noch weitere Erklärungen für ihr seelenloses Verhalten: Womöglich waren sie selbst lieblos aufgewachsen, waren, wie ich schon im Pflegeheim Vorwerk beobachtet hatte, alleinlebend, hatten keine Partnerschaft und keine Kinder, niemand, der ihnen im Privatleben Einhalt gebot. Und in ihrem Beruf erst recht nicht. Wer in solch einer Anstalt arbeitete, der entmenschlichte ganz schnell. Es gab zu wenig Pflegekräfte, zu wenig ausgebildetes Personal. Zum Teil waren hier berufsfremde Leute beschäftigt gewesen; von einem wusste ich, dass er ein gelernter Maurer war, ein anderer hatte sich als Tischler versucht und war gescheitert. Wer keinen Job gefunden hatte, aus welchen Gründen auch immer, der wurde vom Land Schleswig-Holstein als Pflegekraft eingestellt. Sollten die doch die verwahrten Kinder des Bundeslandes betreuen – und das Landeskrankenhaus Hesterberg war letztlich nichts anderes als eine Verwahranstalt. Doch wir wurden nicht betreut, wir wurden gehalten wie Vieh.

In den nächsten anderthalb Monaten musste ich Nacht für Nacht auf dem Stuhl sitzen und schlafen. Flucht – diesen Gedanken hatte ich tatsächlich nicht mehr. Ich musste eine andere Lösung finden. Vielleicht würde sich etwas durch den neuen Direktor verbessern. Denn sollte ich noch einmal ausbrechen und von den beiden Frauen abgefangen werden – ich war mir sicher, dass das mein Todesurteil sein würde. Sie würden mich totprügeln und das als Unfall hinstellen.

Und dann gab es noch die Bestien, die sich über uns hermachten. Inzwischen hatte ich begriffen, dass sie sich immer bestimmte Kinder für ihre brutalen Schändungen aussuchten, Kinder, an denen sie sich vergehen konnten, ohne dass sie mit Widerstand zu rechnen hatten. Es waren die Wehr- und Hilflosen. Die Täter erkannten ihre Opfer auf den ersten Blick.

Würde sich je etwas ändern?

# 13

## Der große Marsch zum neuen Direktor

Und dann war er da, der neue klinische Direktor. Bislang hatte ich Prof. Hermann Meyerhoff nur aus der Ferne gesehen, ein großer, mächtiger Mann mit zurückweichendem Haaransatz, kaum vierzig Jahre alt, der sich seinem Auftreten nach sicher durchsetzen konnte. Aber wie konnte er von dem erfahren, was sich in den einzelnen Häusern abspielte? Das Pflegepersonal würde zusammenhalten wie Pech und Schwefel, das würde niemals zugeben, dass es sich an den Patienten vergriff, denn das wäre ja völlig gegen die eigenen Interessen. Er musste anders an die Informationen herankommen – wir mussten das selbst in die Hand nehmen, wir, die malträtierten Opfer.

Werner, Rüdiger, Bernd, Ralf, Thomas und ich überlegten gemeinsam, wie wir es anstellen könnten, über unsere misslichen Geschicke zu berichten. Wir waren es nicht gewohnt, Fremden von uns selbst zu erzählen, und erst recht hatte nie einer von uns unmittelbaren Kontakt mit dem Direktor der Einrichtung gehabt. Der alte Direktor hatte sich so gut wie nie in den Häusern blicken lassen, so wie auch sonst kaum Kontrollen von Jugendämtern oder anderen staatlichen Organen durchgeführt wurden, um zu überprüfen, ob alles ordnungsgemäß ablief. Schon gar nicht hatten die verantwortlichen Frauen und Männer mit uns Patienten gesprochen. Aus diesem Grund hatte die Verrohung in den Häusern auch dermaßen zunehmen können, zumindest in Haus F. Und ließ sich der alte Direktor doch mal blicken, hätte es keines von uns Kindern je gewagt, ihn anzusprechen. Das war uns auch untersagt worden – natürlich von den Pflegerinnen und Pflegern. Doch gab es nicht eine Möglichkeit, dass der Neue dennoch von unseren Misshandlungen erfuhr?

Es war noch in den Wochen, in denen ich von Frau Kollberg und Frau Bartels wütende Schläge auf meinen Rücken bekam. Alles war grün und blau, und in einer dieser schrecklichen Nächte reichte es mir. Als ich fixiert auf meinem Stuhl dasaß und vor Schmerzen nicht schlafen konnte, überlegte ich mir, was ich tun konnte. Was *wir* tun konnten – ich war davon überzeugt, dass wir nur gemeinsam etwas erreichen würden. Mir fiel auch etwas ein, und am nächsten Tag machte ich den Jungs einen Vorschlag:

»Wir können alle zusammen zum Pförtner gehen und ihm sagen, dass jeder von uns hier grundlos und heftig vermöbelt wird. Der Prof. Meyerhoff hat sein Büro im Verwaltungsgebäude neben dem Pförtner, darin wohnt er auch vorübergehend mit seiner Familie. Erst wenn die Villa frisch renoviert ist, will er dort einziehen. Darum ist die Wahrscheinlichkeit groß, dass der neue Direktor uns mitbekommt.«

»Und wenn er nicht da ist?«, gab Rüdiger zu bedenken. »Er kann doch gerade auf dem Gelände unterwegs sein. Oder auf dem Stadtfeld. Dann wäre alles umsonst.«

»Sieh nicht gleich so furchtbar schwarz«, verteidigte ich

meinen Einfall, den ich für genial hielt. »Vielleicht fragt der Direktor ja mal nach, ob denn in seiner Abwesenheit etwas Außergewöhnliches vorgefallen ist. Oder der Pförtner berichtet ihm von alleine, dass da sechs Jungen aufgekreuzt sind.«

»Ist es aber nicht zu gefährlich?« Thomas, spindeldürr, mit einem Muttermal unter dem rechten Auge, stellte diese Frage. »Wir sind eine halbe Fußballmannschaft, das fällt doch auf, wenn wir einfach zum Pförtner spazieren.«

»Genau«, mischte sich Bernd ein. »Und dann werden wir wieder zur Besinnung gebracht.« Das war unsere Umschreibung für die Zwangsjacken. »Und das nicht nur für einen Tag, davon können wir ausgehen.«

»Ihnen könnte aber noch Schlimmeres als die Zwangsjacke einfallen«, seufzte Ralf, ein Junge, der dadurch auffiel, dass er unglaubliche O-Beine hatte.

»Wir müssen das gemeinsam machen«, versuchte ich meine Schicksalsbrüder trotz aller berechtigten Einwürfe zu motivieren. »Sonst wird sich nie etwas ändern. Wir finden schon einen günstigen Zeitpunkt. Vielleicht direkt nach der Schule, da fallen wir weniger auf. Was haben wir zu verlieren?«

Wir stimmten ab, es gab kein Nein, auch keine Enthaltung, alle wollten an unserem großen Marsch zum Pförtner teilnehmen. Prügel oder andere Strafen gab es so oder so, meist ohne den geringsten Anlass, darum war es sowieso egal, ob sie noch ein weiteres Mal dazukam. Letztlich war uns der ganze Hesterberg verhasst, es konnte kaum schlimmer werden – höchstens besser.

Es war ein eher verregneter Sommertag, als wir geschlossen zum Pförtner liefen. Keiner hielt uns auf unserem

Weg auf. Ich wertete das als gutes Zeichen. Mutig schritten wir Richtung Verwaltungsgebäude.

Der Pförtner betrachtete uns erstaunt, als wir vor ihm standen, es kam nicht oft vor, dass sich Patienten zu ihm verirrten, schon gar nicht im Sechserpack.

»Was wollt ihr denn hier?«, fragte er. »Ihr könnt das Gelände nicht verlassen. Außerdem seid ihr pudelnass.«

»Wir wollen nicht mehr geschlagen werden«, antworteten wir unisono.

Der Mann hatte einen kräftigen Schnurrbart, über den er sich nun verdutzt strich. Er war so verdattert, dass er nicht wusste, was er darauf antworten sollte.

»Ich verstehe nicht ganz«, meinte er schließlich. »Was habt ihr da gerade gesagt? Was ist bei euch los?«

»Wir wollen nicht mehr geschlagen werden«, wiederholte ich.

In diesem Moment ging nebenan eine Tür auf, und gleich darauf stand der neue Direktor im Türrahmen, den er fast ausfüllte.

»Wer schlägt euch?«, fragte er in einem Ton, der viel Ruhe ausstrahlte, nichts von der in der Klinik üblichen Aggressivität in sich trug, keine Drohung beinhaltete. Das waren wir gar nicht gewohnt, und automatisch schreckten wir zurück. Vielleicht auch vor seiner gewaltigen Statur – schon aus der Ferne hatte er uns beeindruckt, aber aus der Nähe noch um einiges mehr. Er war eine richtige Erscheinung, anders konnte man es nicht nennen. Eine natürliche Respektsperson.

Da wir so verschüchtert waren, dass keiner von uns in der Lage war, ihm zu antworten, fuhr Prof. Meyerhoff fort.

»Wie heißt du?« Die Frage war an mich gerichtet.

»Günter Wulf«, antwortete ich zaghaft.

»Komm mal mit rein in mein Zimmer.« Dabei berührte er meinen Rücken, um mich in sein Büro zu lenken. Ich zuckte zusammen.

»Hast du da was?«

»Ja«, sagte ich und nickte. »Das tut sehr weh.«

»Na, dann wollen wir uns das mal angucken.«

Augenblicklich bekam ich Angst. Irrationale Angst, es konnte ja sein, dass er mich dort noch mehr schlug. Ich sah sofort Direktor Holthusens Rohrstock vor mir und den Hocker, auf dem er sich niederließ, wenn er ausholte. Was würde mich in diesem Raum erwarten? Ich bebte vor Furcht.

»Du brauchst keine Angst zu haben«, beruhigte mich Direktor Meyerhoff, als wir allein in seinem Zimmer waren. »Ich tue dir nichts. Da kannst du ganz sicher sein. Aber nun mach mal deinen Oberkörper frei.«

Das tat ich dann auch, und als ich ihm meinen geschundenen Rücken zudrehte, hörte ich, wie er tief Luft holte.

»Wer hat das gemacht?«, fragte er. Es war nicht zu überhören, dass er schockiert war. Er, der vorher so ruhig geklungen hatte, schien gleich wie eine entzündete Lunte zu explodieren.

Ich brachte es nicht über die Lippen, von den beiden Biestern, von Frau Kollberg und Frau Bartels, zu berichten, stattdessen fing ich an zu weinen.

»Es ist alles gut«, beruhigte mich Prof. Meyerhoff. »Dir passiert nichts. Ganz bestimmt.«

»Doch«, widersprach ich leise. »Dann, wenn Sie nicht da sind.« Ich kannte das System auf dem Hesterberg, seit drei Jahren litt ich unter ihm, ich wusste, wie es hier ablief.

»Aha.« Der neue Direktor dehnte das Wort. Mehr musste er auch nicht sagen, er schien verstanden zu haben, was Sache war. Ich konnte es aus diesem »Aha« heraushören.

»Ich denke, du solltest dich jetzt anziehen und zu den anderen Jungen gehen. Aber ich werde mich darum kümmern, das verspreche ich dir.«

Werner, Ralf, Thomas, Bernd und Rüdiger hatten auf mich gewartet, sie standen draußen vor dem Haus.

»Und, was hat er mit dir gemacht?«, fragte Rüdiger, als er mein nass geweintes Gesicht sah. »Hat er dich auch geschlagen?«

Ich schüttelte den Kopf.

»Los, erzähl schon«, drängelte Werner. »Wir sind ganz gespannt und wollen wissen, was da drinnen los war.«

»Geschlagen hat er mich ganz und gar nicht«, begann ich stockend, noch immer irritiert von dem eben Erlebten. »Ich musste mein Hemd ausziehen, dann hat er sich meinen Rücken angesehen. Schließlich wollte er wissen, wer das getan hat. Weil ich mich nicht traute, die beiden Pflegerinnen zu nennen, fing ich an zu weinen. Und dann sagte der Direktor ›Aha‹.«

»Aha?«, fragte Rüdiger.

»Ja, aha. Ich hatte das Gefühl, dass er Bescheid wusste. Vielleicht nicht genau, aber es kam mir vor, als würde er etwas ahnen. So haben wir doch erreicht, was wir wollten.«

»Hoffentlich.« Bernd war noch nicht überzeugt, dass unser mutiger Marsch ein Erfolg war. »Wir müssen abwarten, ob sich was in unserem Haus ändert. Ob er sich die Pfleger vornimmt.«

»So ein richtiges Donnerwetter, das würde mir gefallen.« Thomas griente.

An diesem Tag musste ich noch einmal zum Direktor. Dr. Meyerhoff war aber nicht allein, er hatte auch meinen Stationsarzt Dr. Paulsen zu sich ins Büro zitiert.

»Günter, mach bitte noch mal deinen Oberkörper frei«, forderte mich der Direktor auf, als mich seine Sekretärin ins Büro geführt hatte, eine sehr nette, freundliche Dame, wie ich fand.

Ein zweites Mal zog ich mein Hemd aus.

»Sehen Sie das?«, fragte der Direktor, augenblicklich aufgebracht. »Natürlich sehen Sie das, das ist nicht zu übersehen. Aber können Sie sich das erklären?«

»Das ist schrecklich«, sagte Dr. Paulsen, nachdem er eingehend meinen Rücken untersucht hatte. »Ich weiß nicht, wer ihm das zugefügt hat. Ich habe dafür keine Erklärung.«

»Nein? Wirklich nicht?«

»Ich habe nichts davon gewusst. Günter hatte im März die Ruhr, aber das ist schon eine Weile her. Seitdem habe ich ihn nicht mehr behandelt, er war nicht mehr krank. Es gab so viele andere Patienten, um die ich mich kümmern musste.«

Ich glaubte Dr. Paulsen, durch die vielen Ruhr-Fälle und die schwerbehinderten Kinder war er genug beschäftigt. Ich glaubte ihm, was mich betraf. Aber ich konnte mir nicht vorstellen, dass er gar nichts von den vielen Misshandlungen – man könnte fast schon von Folter sprechen – unter uns Kindern mitbekommen hatte. Bei seiner Arbeit musste ihm doch dieses oder jenes aufgefallen sein. Bestimmt hatte man ihm auch einiges zugetragen …

»Gut«, sagte Prof. Meyerhoff. »Belassen wir es dabei. Aber sollten Sie in Zukunft etwas Auffälliges bemerken, dann bitte ich Sie, es mir sofort zu melden.«

Dr. Paulsen versicherte, dies tun zu wollen, er wolle bewusster darauf achten, sich seine Patienten genauer anschauen. So etwas wie mein Rücken, das dürfe nicht mehr vorkommen, das müsse ein Nachspiel haben.

»Richtig. So etwas dulde ich hier nicht.«

Dann wandte sich der Direktor an mich, nachdem ich mir abermals mein Hemd angezogen hatte.

»Günter, magst du mir jetzt sagen, wer dich so zugerichtet hat?«

»Das kann ich nicht.« Mit diesen Worten lief ich aus dem Büro. Ich hatte zu viel Angst vor den beiden Frauen, als dass ich ihre Namen preisgeben wollte.

Das Donnerwetter blieb nicht aus. Prof. Meyerhoff kam und schaute sich unser Haus F an, auch die Station F1. Als er sah, dass die Halbstarken mit uns Zwölf-, Dreizehnjährigen zusammen untergebracht waren, folgte das erste Poltern gegenüber dem Personal:

»Die Erwachsenen haben hier nichts bei den Kindern und Jugendlichen zu suchen. Sie müssen getrennt untergebracht werden. Setzen Sie alle Hebel in Bewegung, dass sie in absehbarer Zeit verlegt werden.« Das ordnete er an, obwohl er zu diesem Zeitpunkt noch nichts von den Vergewaltigungen wusste.

Zähneknirschend wurden die Anweisungen ausgeführt, doch war der Direktor nicht anwesend, war oft zu hören, dass die Pflegerinnen und Pfleger die Neuerungen nicht nachvollziehen konnten oder wollten. »Aber was soll das denn bringen? Die leben doch schon seit Jahren zusammen, ganz friedlich und harmonisch.«

So eine Lüge, dachte ich. Es hatte nur keiner gewagt –

oder keinen gekümmert –, diejenigen in die Erwachsenenpsychiatrie zu verlegen, die uns in Serie missbraucht und vergewaltigt, sich uns gegenüber geradezu mörderisch verhalten hatten. Der neue Direktor erfasste dagegen sofort, welche Menschen man mit uns Kleinen zusammengetan hatte. Er brauchte nichts zu sagen, seine Blicke sprachen Bände. Die Bestien schauten ihn vernichtend an. Sie hatten ihren Spaß an den sadistischen Ritualen gehabt, nun sollte ihnen dieser genommen werden. Das kam gar nicht gut an. Aber sie konnten sich noch soweit beherrschen, dass sie dem Direktor nicht an die Gurgel gingen, obwohl sie das bestimmt am liebsten getan hätten. Man durfte ihnen nicht ungestraft ihr lieb gewonnenes Spielzeug wegnehmen. Sie ahnten, dass sie bei den anderen Erwachsenen, mit denen man sie zusammenlegen würde, einen schwereren Stand haben würden. An ihnen konnten sie sich nicht so leicht befriedigen, vielleicht bereiteten die ihnen aber auch keine Lust. Doch das sollte nicht meine Sorge sein. Ich war nur froh, dass ihr Treiben bei uns endlich ein Ende haben sollte. Und tatsächlich mussten der Rotschopf Jan und sein engster Freund, also die beiden ganz gefährlichen Typen, sofort in die Erwachsenenpsychiatrie auf dem Stadtfeld übersiedeln.

# 14

## Musiktherapie – was soll denn das sein?

Wenige Tage später, am 26. August 1971, rief der Direktor seine nette Sekretärin zum Diktat. Er ließ ein Rundschreiben an alle Häuser und Stationen aufsetzen, »zur Kenntnisnahme und zum Verbleib« an den »Herrn Landesverwaltungsrat«. Darin hieß es:

*In der Dienstanweisung (jene vom Innenminister des Landes Schleswig-Holstein am 10. März 1963 herausgegebene für das Krankenpflegepersonal der Landeskrankenhäuser in Schleswig-Holstein) ist unter Punkt 5 – Verhalten zum Kranken – u. a. angeführt: »Bei Kranken, die sich den Anordnungen widersetzen, muss zunächst beruhigend eingegriffen werden. Erst wenn Kranke sich oder andere gefährden sowie bei Sachbeschädigungen darf Zwang zur Abwendung einer gegenwärtigen Gefahr angewendet werden. Diese Maßnahme sowie Fälle unmittelbarer Notwehr sind dem Vorgesetzten unverzüglich schriftlich – wenn möglich mit Zeugenangaben – zu melden. Maßnahmen zur Ruhigstellung besonders erregter Kranker dürfen nur vom Arzt angeordnet werden. Das gleiche gilt für zeitlich begrenzte Isolierungen.*

*Drohungen oder Tätlichkeiten gegenüber Kranken, unsittliche Redewendungen sowie Mißbrauch des Eigentums der*

*Kranken sind zu unterlassen und können die fristlose Entlassung und strafrechtliche Maßnahmen zur Folge haben.«*

*Aus dieser Anweisung geht hervor, daß das Schlagen – Beschimpfungen und unangebrachter seelischer Zwang sind in ähnlicher Weise anzusehen – unserer Patienten grundsätzlich verboten ist und insbesondere nicht als sogenanntes Erziehungsmittel eingesetzt werden darf.*

Es war für jeden nicht zu überlesen, dass Prof. Meyerhoff Misshandlungen von Pfleglingen schärfstens verurteilte und in einem solchen Fall strafrechtliche Maßnahmen gegen den oder die Täter einleiten würde. Sollte sich jemand an Patienten vergreifen, dieses Recht behielt er sich vor, könnte das eine fristlose Entlassung zur Folge haben. Pfleger, die das machten, waren für ihn Täter.

In dem Rundschreiben kritisierte er auch den Alkoholkonsum im Dienst. Anscheinend musste er einen solchen festgestellt haben, denn er betonte, dass dieser zu unterbleiben habe, da das »einen ungünstigen Eindruck auf die uns anvertrauten Patienten macht und das Krankenhaus ins Gerede bringt«. Ich selbst hatte das auch mitbekommen, manche vom Pflegepersonal hatten eine richtige Fahne. In Haus H war es ganz schlimm, die Pflegerinnen und Pfleger hatten sich im angetrunkenen Zustand immer wieder über Patienten lustig gemacht. Häufig war auch ich in meiner Anfangszeit auf dem Hesterberg ihr Opfer gewesen. So sollte ich Tiere imitieren, wiehern wie ein Pferd oder muhen wie eine Kuh. Darüber konnten sie sich maßlos amüsieren. Als ich wieder zur Schule gehen durfte, erzählte ich das irgendwann meinem Lehrer Herrn Kobelt. Unter dem alten Direktor konnte er nichts ausrichten, aber als Prof. Meyerhoff seinen Posten antrat, beschwerte er sich bei ihm über dieses ungebührliche Tun des Pflegpersonals. Es wunderte mich nicht, als ich später während meiner Recherchen eine Kopie des Rundschreibens in den Händen hielt, das Alkohol und das durch seinen Konsum geförderte Verhalten extra verbot. Besonders abends wurde viel getrunken, wenn das Pflegepersonal aus dienstlichen Gründen im Hause unter dem Dach seine Stuben beziehen musste. Die Pflegerinnen und Pfleger konnten mit behinderten Menschen überhaupt nicht richtig umgehen und zeigten sich oft hilflos. Das einzige Fluchtmittel war Alkohol.

Langsam wurde unsere Lage aber tatsächlich besser, und die Situation entspannte sich. Aber auch wirklich nur langsam. Der neue Direktor hatte an allen Fronten zu kämpfen. Immerhin waren bald alle erwachsenen Patienten verlegt, damit war der Weg zu einer eigenständigen Kinder- und Jugendpsychiatrie geebnet. Den meisten Gegenwind erntete er, als er versuchte, die Einstellung des Personals zu ändern. Ein einziges Rundschreiben reichte natürlich nicht aus, um ihr Denken und Handeln in Bewegung zu setzen. Sie widersetzten sich, wo sie nur konnten, sahen partout nicht ein, dass sie Unrecht begangen hatten. »Was, das soll schrecklich, das soll furchtbar gewesen sein, was wir getan haben? Nein, das war richtig gewesen.« Immer wieder berief sich Prof. Meyerhoff auf sein Recht, verantwortungslose Pflegerinnen und Pfleger fristlos zu entlassen oder zu versetzen, sodass das Personal nach und nach ausgetauscht wurde und alte Strukturen aufgelöst werden konnten.

Noch einmal wurde ich zum Direktor gerufen, doch ich wusste nicht, warum.

»Setz dich, Junge«, begann er behutsam. »Mir ist einiges zu Ohren gekommen.«

Ich wusste nicht, was er meinte. Worauf spielte er an?

»Dass mit deinem Rücken ist noch nicht alles, stimmt's?«

Ich zitterte. Was würde nun folgen? Was hatte er gehört?

»Weißt du, Günter, ich habe von einem Leidensgenossen von dir erfahren, was mit dir gemacht wurde, dass die älteren Patienten dich geknebelt und geschändet haben, dass du danach immer wieder geblutet hast.«

Das Zittern ging in ein Beben über. Schluchzend konnte ich nur fragen: »Wer hat Ihnen das erzählt?«

»Das spielt keine Rolle«, winkte Prof. Meyerhoff ab. Ich weiß übrigens bis heute nicht, wer derjenige war, der ihm das erzählt hatte. »Aber es ist die Wahrheit, nicht wahr?«

Ich nickte.

»Kannst du mir ein wenig mehr über diese Vorfälle berichten? Mir ist klar, dass das schwer für dich sein muss. Aber damit solche Dinge hier nicht mehr geschehen, wäre es gut, wenn du mir sagen könntest, wie alles abgelaufen ist.«

Nachdem ich mich etwas beruhigt hatte, war es mir möglich, mich zu öffnen. Ich schilderte dem Direktor mein ganzes Martyrium der letzten drei Jahre. Er hörte zu, ohne mich zu unterbrechen, nickte mir nur aufmunternd zu, wenn ich ins Stocken geriet, nicht weitererzählen wollte, weil es zu schmerzhaft war, zu entwürdigend. Aber in keiner Minute hatte ich das Gefühl, dass Prof. Meyerhoff etwas für unwahr hielt oder er mich gar verurteilte, auch wenn sein Gesicht immer ernster wurde.

Als ich mir alles von der Seele geredet hatte – es hatte sicher über eine Stunde gedauert –, fasste mich der Direktor an der Schulter an und meinte: »Auch die anderen Erwachsenen werden bald nicht mehr auf der Station sein.«

Einer der Pfleger hatte mitbekommen, dass viele Kinder meines Alters zu sexuellen Handlungen gezwungen worden waren, und einmal wollte er von mir wissen, ob es mir gefallen hätte. Schnell wandte ich mich von ihm ab, distanzierte mich auch weiterhin von ihm. Das blieb ihm nicht verborgen. Es war ihm unangenehm, dass er mir eine solche Frage gestellt hatte, und er hatte Angst, dass ich dem Direktor davon erzählen könnte. Doch das tat ich nicht, denn ich hatte Angst, dass er mich dann misshandeln könnte. Noch griff das System, noch längst fühlten wir uns nicht frei.

1972 begann dann – mit altem und neuem Personal – eine umfangreiche Umgestaltung des ganzen Lebens auf dem Hesterberg. Mit Frau Bartels und Frau Kollberg kam ich nicht mehr in Kontakt, weil Prof. Meyerhoff, der ärztliche Direktor, verboten hatte, mich auf der F4 arbeiten zu lassen. Es tauchten Psychologen, Psychotherapeuten, Physiotherapeuten sowie Sozialpädagogen auf – und endlich begann man damit, uns zu unterstützen. Unterschiedliche therapeutische Maßnahmen wurden angewandt, alles Dinge, die wir gar nicht kannten und die uns erst fremd waren, wie Musiktherapie, Maltherapie und so weiter. Weiterhin wurden Projektgruppen gegründet, so gab es etwa eine Bastelgruppe oder eine, in der wir unsere handwerklichen Fähigkeiten unter Beweis stellen konnten. Plötzlich hatten wir Koch-, Schwimm- und überhaupt Sportunterricht.

Für zwei Tage in der Woche war die Schwimmhalle in

der Friedrich-Ebert-Straße nur für das Landeskrankenhaus Schleswig, also die Abteilung Kinder- und Jugendpsychiatrie Hesterberg, die Erwachsenenpsychiatrie Stadtfeld und den Paulihof, eine Einrichtung für Schwererziehbare, reserviert. Doch vor den Älteren vom Paulihof hatten wir große Furcht, weil sie einfach unberechenbar waren. Sie zerrten uns plötzlich in die Umkleidekabinen und vergingen sich an uns, das bekannte Vorgehen. Natürlich hieß es wieder: »Und wehe, ihr erzählt es den Pflegern oder Ärzten. Dann suchen wir euch auf dem Hesterberg und schlagen euch tot!« Diese jungen Erwachsenen waren wirklich sehr gefährlich, viele von ihnen landeten später in einer Strafvollzugsanstalt. Das war der einzige wirklich schwarze Fleck, den es noch unter dem neuen Direktor gab.

Durch den Sportunterricht nahmen wir sogar an den Jugendsportwettkämpfen teil – und schnitten gar nicht so schlecht ab. Auch ließ Prof. Meyerhoff eine Minigolfanlage bauen, um die Geschicklichkeit seiner Patienten zu testen. Immer wieder ließ er mich und andere spielen, um uns und unsere Fertigkeiten zu überprüfen. Er unterhielt sich auch mit uns, um zu sehen, wie geistig rege wir waren und wie es um unsere Bildungsfähigkeit bestellt war.

Auf seine Weisung hin wurde die Medikation vieler Patienten runtergefahren oder sogar ganz eingestellt, und so wurde der Schulbesuch nicht nur wieder regelmäßiger, sondern wir konnten den Unterricht auch viel besser verfolgen. Erst jetzt merkte Herr Kobelt, was für ein Potenzial in uns steckte. Mehrmals rief er aus: »Wie konnte man nur so blind sein und diese Kinder nicht fördern? Die wollen was lernen, und nicht einmal das haben die hier auf die Reihe gekriegt. Ihr braucht Nachhilfeunterricht.« Mehrmals nickte er mit dem Kopf. Und er sorgte schließlich auch dafür, dass wir welchen erhielten.

In einem Gespräch mit dem Direktor befürwortete mein Lehrer Kobelt die Einrichtung einer Klasse für »besonders bildbare Patienten«, die er dann selbst leiten wollte. Im Einvernehmen mit Schuldirektor Fink wurde dieser Vorschlag angenommen, und wir »Kobelt-Schüler« wurden für den Hauptschulabschluss vorbereitet. Nun konnte mein Lehrer das realisieren, was er sich schon vor einem Jahr vorgenommen hatte.

Für die Anstalt war das eine kleine Sensation, denn wenn man bedachte, dass hier ja vorwiegend »Idioten« untergebracht waren, von denen man allgemein angenommen hatte, dass sie mit ihrem Leben ohnehin nichts würden anfangen können, so war das wirklich außergewöhnlich. Zumal die Idioten-Behauptung auch als Begründung herhielt, um die Unterbringung von jungen und erwachsenen Menschen in solchen psychiatrischen Heimen, ja um die Existenz solcher staatlichen oder kirchlichen Einrichtungen zu rechtfertigen. Nicht zu vergessen: Es ließ sich damit viel Geld verdienen. Was später aus uns wurde, spielte angesichts dieser Tatsache keine Rolle.

Weder die obersten Jugendaufsichtsbehörden noch die ihnen unterstellten Vormundschaftsgerichte hatten sich – wie bei den anderen Aspekten unseres Heimlebens – jemals ein Bild über unseren Bildungsstand beziehungsweise unsere Bildungsfähigkeit gemacht. Sie urteilten nach Aktenlage und vernachlässigten ihre Fürsorge- und Aufsichtspflicht auch in dieser Hinsicht sträflichst.

Nun musste selbst das Pflegepersonal bei den neuen schulischen Anstrengungen mithelfen, jedenfalls bei den

Hausaufgaben. Frau Stasiuk, die Pflegerin mit dem üppigen Busen, bemühte sich redlich um uns, soweit es ihr unter den gegebenen Verhältnissen möglich war. Unter ihrer Aufsicht mussten wir fortan immer unsere Schulaufgaben erledigen, vier, fünf Jungen hatte sie zu betreuen. Sie war sehr streng, es durfte ja kein Fehler bei den Aufgaben unterlaufen. Passierte es doch, rutschte ihr schon mal die Hand aus, auch wenn das inzwischen verpönt war. Sie übte mit uns Diktat und unterschiedliche Rechenaufgaben, sogar in den Sommerferien. Sie entwickelte einen gewissen Ehrgeiz, was uns betraf, denn Prof. Meyerhoff hatte ihr zu verstehen gegeben: »Fördern Sie diese Kinder, so gut Sie es können, sie gehören überhaupt nicht hierher!«

Damit wir uns auch anderweitig weiterbildeten, erhielt Lehrer Kobelt auch die Erlaubnis, mit uns kleinere Ausflüge zu machen. So unternahmen wir einmal eine Fahrt nach Gettorf, zum Tierpark, der erst 1968 eröffnet worden war. Die Tiere waren nach ihrer Herkunft geordnet, im Afrika-Bereich gab es zwar keine Löwen, schon gar keinen schielenden wie in *Daktari*, dafür aber tolle Zebras, und in der Australien-Anlage hüpften Kängurus umher. Ganz viele Affen konnte ich sehen, und die Ziegen und Schafe durfte man sogar streicheln. Schmerzlich vermisste ich die Pferde und die alte Sau mit ihren Ferkeln auf dem Bauernhof in Lübeck – noch immer waren mir die Tiere vertrauter als die Menschen.

Der neue Direktor hatte erkannt, dass Patienten wie ich nicht krank waren, sondern einfach nur »übrig geblieben«. Ihm war daran gelegen, »die harten Brutalitäten der Psychiatrie zu beseitigen«, wie er es 1993 in einem Interview äußerte, und das hatte er auf dem Hesterberg Anfang der Siebzigerjahre gezielt umgesetzt.

1971 war auch vom Deutschen Bundestag eine Expertenkommission mit der Aufgabe einer »Psychiatrie-Reform« eingesetzt worden, sie untersuchte die Lage in den psychiatrischen Großkrankenhäusern. Diese Kommission beklagte katastrophale Zustände: Viele psychisch Kranke und Behinderte würden unter elenden, zum Teil menschenunwürdigen Bedingungen leben. Knapp 60 Prozent der Patienten würden dort mehr als zwei Jahre ihres Lebens fristen. Fast 40 Prozent seien in Schlafsälen mit mehr als elf Betten untergebracht – für ihre persönlichen Habseligkeiten stünde ihnen oftmals nur eine Schachtel unter dem Bett zur Verfügung. Die hygienischen Verhältnisse seien unzumutbar, die Personaldecke dünn, Möglichkeiten zur Nachsorge kaum vorhanden. Unsere Lebensrealität wurde so offiziell bestätigt, jedenfalls in einigen Punkten.

Die Expertenkommission legte dann im Oktober 1975 Leitlinien zur Reform der Psychiatrie vor, die sogenannte Psychiatrie-Enquete, in der es etwa darum ging, Langzeitpatienten zu enthospitalisieren, die Selbst- und Bürgerhilfe in Gang zu setzen. Bei uns auf dem Hesterberg war schon 1971 damit begonnen worden. Die Verkrustungen brachen auf, die gesamte Atmosphäre wurde heller und lichter. Man konnte wieder durchatmen.

Im August 1972 gab es für mich zunächst aber noch einen Tiefpunkt. Ich konnte nicht mehr schlucken, das hatte mit meinen Mandeln zu tun. Dr. Paulsen meinte, sie müssten raus, doch das ging nur im Rahmen einer OP, und dazu brauchte man eine Überweisung in ein Krankenhaus – und eine Einwilligung des Jugendamts Neumünster. Das gab aber kein grünes Licht, erst als sich Prof. Meyerhoff einschaltete, weil Dr. Paulsen ihm geschildert hatte, dass er selbst nicht weiterkomme. Der Direktor rief beim Jugendamt an und fragte meinen Vormund, was denn diese Verzögerung solle, das sei ein akuter Fall, der Junge könne kaum noch richtig schlucken. Augenblicklich wurde die Ampel von Rot auf Grün gestellt. Ging doch. Dass es so ablief, hat mir später Herr Köhn erzählt, mein direkter Vormund.

So kam ich am 22. August ins Krankenhaus in Schleswig und wurde am nächsten Tag von Dr. Stolze operiert. Der hatte sich wohl ein wenig verschnitten, denn mir wurden hinterher durch Hals und Nase Schläuche geschoben, offensichtlich, damit es zu bluten aufhörte. Damit ich mir nicht die Schläuche in der Nacht rausriss, hatten sie mich mit Ledermanschetten ans Bett festgeschnallt. Das war ein Fehler. Keiner durfte mich mehr festbinden, schon gar nicht auf irgendeiner Station. Anfangs war ich noch zu benommen, um das zu registrieren, doch als ich wach wurde, zerrte ich an den Dingern herum, bis ich mich vorsichtig herauswinden konnte. Geschafft! Nachdem ich auch den zweiten Arm aus der Lederschnalle befreit hatte, rollte ich mich zur Seite und schlief endlich beruhigt ein. Ohne Fesseln.

Am nächsten Morgen sah Dr. Stolze nach mir.

»Was ist denn das? Wie bist du denn aus diesen Dingern herausgekommen?«, fragte er, als er sah, was mir gelungen war.

»Einfach so«, krächzte ich, da ich kaum reden konnte. Mein Nachthemd war voller Blut.

# 15

## »Hey, da kommen die Spastis vom LKH!«

Es kamen auf einmal häufiger Eltern zu Besuch, wenn es auch immer noch nicht wirklich viele waren. Es gab aber Väter und Mütter, die deutlich zu verstehen gaben, dass sie ihr behindertes Kind nur so schnell wie möglich loswerden wollten. Einmal tauchte ein junges Paar auf dem Hesterberg auf, das ein kleines Mädchen bei sich hatte. Die Eltern wollten es bei Frau Petersen in unserem Haus F abgeben.

»Da sind Sie bei uns verkehrt«, erklärte die. »Wir haben hier keine Mädchen, nur Jungs.«

»Ach so«, sagte der Vater. »Und wo müssen wir dann hingehen?«

Frau Petersen reagierte nicht auf die Frage, sondern stellte ihrerseits eine: »Warum wollen Sie Ihre Tochter überhaupt abgeben? Sie kann laufen, sie ist nicht schwerbehindert.«

»Wir wollen sie nicht haben.«

Ich konnte nicht fassen, was der Vater da sagte. Wie konnte man so über das eigene Kind reden? Ich stand am offenen Fenster und beobachtete diese Szene. Wie war so etwas nur möglich? Aber die Eltern schämten sich, ein behindertes Kind zur Welt gebracht zu haben. Doch weit entfernt von jeglichem Inklusionsgedanken, entsprach ein solches Kind nicht der Norm.

Frau Petersen schaute die Eltern ebenfalls völlig entgeistert an. »Ich denke, Sie suchen für Ihr Anliegen am besten das Verwaltungsgebäude auf.«

Sie schüttelt nur noch den Kopf und schlug ihnen die zweiflügelige Tür vor der Nase zu.

Eine ähnliche Situation bekam ich bald darauf mit dem neuen Direktor mit. Wieder wollten Eltern ihr Kind loswerden.

»Wir wollen unseren Sohn nicht«, sagte der Vater.

»Weil er ihren Ansrüchen nicht genügt, wollen Sie ihren Sohn einfach loswerden?« Er wurde sehr deutlich, so etwas mochte er überhaupt nicht.

»Aber Herr Direktor …«

»Wie kann man nur so über das eigene Kind reden? Wenn Sie bei mir angestellt wären, würde ich Ihnen sofort kündigen.«

Prof. Meyerhoffs Engagement war unglaublich. So suchte er sich auch einige Pfleger heraus und trug ihnen auf: »Nehmen Sie mal den und den Patienten zu sich mit nach Hause. Sehen Sie mal, wie er sich benimmt.«

Herr Asmuss, der mich so manches Mal heftig malträtiert hatte, besonders damals, als ich von dem erwürgten Mädchen erzählt hatte und er mir nicht glauben wollte, wurde dazu bestimmt, mich zu sich nach Hause zu nehmen. Oje, dachte ich, was wird er dann mit mir machen? Wird er mich wieder so heftig schlagen? Immerhin gab es bei ihm zu Hause keine Beobachter. Aber ich vertraute dem Direktor, er wusste doch, was er anordnete – oder?

»Hallo, du bist bestimmt der Günter!«, begrüßte mich

Frau Asmuss, als ich mit ihrem Mann ihr kleines Haus am Stadtrand von Schleswig betrat, eine herzliche und herzensgute Matrone mit viel Haarspray in der Frisur. Betonhart schien die zu sein, niemals sah ich, dass sich auch nur eine ihrer schwarzen Haarsträhnen bewegte. Sie stellte mir auch ihren Sohn Torben vor, der gerade Besuch von einem Schulfreund hatte. Zusammen spielten wir dann Fußball.

Da war ich also auf einmal in einer »normalen« Familie. Und die Berührungsängste waren groß. Erst einmal beobachtete ich alles – und bestimmt wurde auch ich beobachtet. Die Skepsis herrschte sicher auf beiden Seiten. Ich war anfangs verschlossen, weil ich erst einmal feststellen musste, ob ich wirklich ein »Sonderling« war oder nicht doch irgendwie wie alle anderen. Und Ähnliches wird sich auch Familie Asmuss gefragt haben.

Frau Asmuss schaffte es jedoch rasch, das Eis zu brechen. Sie lachte viel, drückte mich an sich und ermunterte mich, mit den Jungs nach draußen zu gehen. Später zeigte mir Torben noch sein Zimmer. So konnte man also auch aufwachsen! In einem eigenen Zimmer voller Spielsachen und mit einem Schrank mit Unmengen von Anziehsachen. Und mit einem Vater und einer Mutter.

Herr Asmuss ging, wie ich bald bemerkte, mit seinem eigenen Kind ganz anders um als mit uns Anstaltskindern. Was machte es doch für einen Unterschied, wenn man als minderwertiger Mensch angesehen wurde. Der Stempel prägte das Denken und damit das Verhalten. Doch dann war auf einmal auch der Pfleger mir gegenüber wie ausgewechselt, sodass ich mich unwillkürlich fragte, wer der Mann war, der mich mit nach Hause genommen hatte.

Irgendwann rief uns Frau Asmuss zum Mittagessen, und

sie schaufelte mir eine ordentliche Portion auf den Teller. Nein, stellte ich dann fest, während ich Torben und seinen Schulfreund heimlich ansah, es gibt keinen Unterschied zwischen uns elternlosen Heimkindern und den Kindern, die in einem behüteten Zuhause aufwachsen. Nein, wir Heimkinder sind keine Schwerverbrecher, auch wenn man uns manchmal wie solche behandelt. Wir sind gleich. Am späten Nachmittag musste ich mich von der Familie verabschieden, was mir sehr schwerfiel. Es war ein so unglaublich schöner Tag gewesen.

Danach nahm mich Herr Asmuss hin und wieder mit zu seiner Familie, ohne dass es »von oben« angeordnet war. Es war ihm anzumerken, dass er sich mit der Zeit veränderte, dass er mit uns Hesterberg-Kindern auf einmal ganz anders umging. Er wurde viel zugänglicher, zeigte deutlich mehr Verständnis für uns, half uns, wenn es Probleme gab, und seine Stimme verlor ihren harschen Ton. Einmal sagte er zu mir: »Du bist gar nicht anders als Torben. Und du bist auch gar nicht anders als ich.« Herr Asmuss war über seine Aussage genauso verwundert wie ich. Aber als er anfing, uns besser zu behandeln, fing ich an, mich auf unserer Station sogar wohlzufühlen.

Noch eine andere Pflegerin nahm mich zu sich nach Hause. Marlies Broden war sogar bereit, mich ein ganzes Wochenende zu sich zu nehmen. Prof. Meyerhoff hatte sie dazu ermutigt. Sie war eine zierliche Frau, Ende zwanzig, bislang hatte sie sich sehr still im Hintergrund gehalten, hatte sich gegen die rabiaten Pflegerinnen und Pfleger nicht wirklich durchsetzen können. Als sie mich abholte, sagte sie, dass sie bald heiraten wolle und wir nun zu ihren künftigen Schwiegereltern fahren würden. Diese wohnten in einem schönen Landhaus, das »Waldesruh« hieß. Dort erlebte ich ein Wochenende in einer wunderbaren Familie, die ich nie vergessen sollte. Zum Vater des zukünftigen Schwiegervaters, einem älteren Herren, durfte ich Opa sagen, zu den Schwiegereltern einfach nur Herr und Frau Winkler. Wir waren draußen in der Natur, ohne jeglichen Lärm, zahlreiche Bäume, Laub- und Nadelbäume, wuchsen dem Himmel entgegen. Es war herrlich.

Das Haus selbst war rustikal eingerichtet, die Farben der Möbel und Stoffe der umgebenden Natur angepasst. Kurz: Hier fühlte ich mich heimisch. Doch als der Sonntagabend kam und damit der Abschied nahte, konnte ich meine Tränen nicht verbergen. Alle nahmen mich in den Arm und versprachen, dass ich irgendwann wiederkommen dürfe. Doch daraus wurde nichts, durch die bevorstehende Hochzeit von Frau Broden hatte sie viel zu tun, und nach ihrer Heirat hörte sie auf, als Pflegerin zu arbeiten. Noch heute denke ich wehmütig an dieses Wochenende zurück. Der Grund: Ich liebe die Natur, vor allem den Wald. Und die Stille. Und die findet man nur in der Einsamkeit.

Längst war nicht alles perfekt, aber alles war auf einem guten Weg. Im August 1971 bekamen wir »Ausgang«, wir durften runter in die Stadt. Aber wir trauten uns noch nicht. Wir wussten, dass wir eine völlig fremde Welt betreten würden, und fühlten uns noch nicht gewappnet, noch nicht gewachsen, diesen Schritt zu machen.

Erst im Jahr darauf wagten wir ihn. Irgendwann sagte Rüdiger: »Los, wir sind doch keine Memmen, lasst uns die Stadt angucken. Wir sind zusammen zum Pförtner gelatscht, dann können wir auch an ihm vorbeigehen. Ich will unbedingt die Einkaufsstraße anschauen. Wer kommt mit?«

Alle wollten. Uns war etwas mulmig zumute, wir wussten nicht, was uns erwartete. Und das, was wir dann erlebten, war ziemlich leidvoll. Argwöhnisch wurden wir beäugt, die Leute tuschelten hinter unserem Rücken.

»Was ist an uns, das uns so anders macht?«, fragte ich. »Was ist denn an uns so Besonderes?«

»Weiß ich auch nicht«, murmelte Bernd kleinlaut.

Doch wir wurden nicht nur beobachtet, es wurde nicht nur getuschelt, nach kurzer Zeit wurden wir auch laut beschimpft:

»Guckt mal, die Deppen dort!«

»Hey, da kommen die Spastis vom LKH!«

Es war für uns unverständlich, wieso die Menschen so ablehnend auf uns reagierten. Das Pflegepersonal war früher gar nicht viel schlimmer gewesen als die Menschen hier draußen auf der Straße.

»Jetzt weiß ich, woran die uns erkennen …«, erklärte nun Ralf, aber Thomas unterbrach ihn.

»… an der Kleidung. Wir tragen Anstaltskleidung!«

»Kommt, gehen wir wieder zurück«, sagte ich. »Ich hab für heute genug.«

Keiner erhob dagegen einen Einwand.

Doch wir ließen uns davon nicht abschrecken, es erneut zu versuchen. Die Einkaufsstraße ließen wir links liegen, aber es lockte das Kino, wir bekamen sogar Taschengeld ausgehändigt, damit wir ins Capitol gehen oder ein Eis kaufen konnten.

»Ich will mir einen Film anschauen«, sagte ich an einem Samstagnachmittag zu Werner. »Willst du mit? Es läuft

*Kampf um Rom*, das interessiert mich, den möchte ich mir anschauen.« Das Plakat hatte es mir angetan, ein behelmter Krieger mit erhobenem Schwert in der Hand, alles in Weiß und Blutrot getaucht.

Werner war sofort dabei. Zusammen lösten wir eine Eintrittskarte. Die Nachmittagsvorstellung war ziemlich voll, es gab kaum noch freie Plätze. Bevor das Licht ausging, hieß es aber schon: »Ey, haut ab, ihr Spastis.« Wir wollten das ignorieren, gleich fing der Film an, dann würden sie sicher schon Ruhe geben. Wir täuschten uns aber, es wurde noch schlimmer. Wir waren spannender als der *Kampf um Rom*. Die, die direkt hinter uns saßen, spuckten uns an, schlugen uns auf den Hinterkopf, ohne Unterlass begleitet von den Worten: »Spastis, haut endlich ab.« Uns blieb keine Wahl, wir mussten das Kino verlassen. Wieder hatte uns unsere Anstaltskleidung verraten, da hatte man gleich gewusst, woher wir kamen.

Bedrückt kehrten wir auf den Hesterberg zurück. Wieso behandelten die Stadtbewohner, wie wir die Menschen von Schleswig nannten, uns so? Warum grenzten sie uns aus? Das war genauso unerträglich wie die früheren Beschimpfungen im Heim.

Ich gab dennoch nicht auf, den Film anzuschauen. Kurze Zeit später lief er in dem zweiten Kino der Stadt, im Metro, und dieses Mal wollte ich die Vorstellung allein besuchen. Werner hatte ich nicht zum Mitkommen überreden können, er hatte die Nase gestrichen voll von den Stadtbewohnern. Doch wieder wurde ich gehänselt, wieder verließ ich den Saal vorab. Ich ging dann aber nicht zurück ins Haus F, sondern in den Neuwerkgarten hinter dem Schloss Gottorf, einen in Terrassen angelegten Garten. Dort setzte ich mich auf eine Bank und weinte unzählige Tränen. Schon das zweite Mal hatte ich den Film nicht sehen können, dabei interessierte er mich brennend, und ich konnte mir nicht vorstellen, es noch einmal zu versuchen. Nicht noch einmal wollte ich mich diesen Demütigungen aussetzen. Werner hatte sich richtig entschieden, als er nicht mitgehen wollte. Sind wir nichts weiter als wertlose Kreaturen, fragte ich mich, die man so behandeln kann? Sind die anderen, die Stadtbewohner, tatsächlich etwas Besseres als wir vom Hesterberg? Die Fragen ließen mich nicht ruhen. Ich konnte mir nicht vorstellen, jemals selbst Menschen so zu behandeln. Ich wusste ja, wie sich das anfühlte, und anscheinend wussten die anderen das nicht. Für mich war das die einzige Erklärung.

Als meine Tränen versiegt waren, suchte ich nach einer Alternative. Wenn ich schon nicht ins Kino konnte, war es vielleicht im Schloss Gottorf anders, vielleicht konnte ich da ja ungestört meiner Faszination für Geschichte nachgehen? Ich hatte beobachtet, dass nur wenige Menschen in die einstige mittelalterliche Wasserburg gingen, aus der durch viele Umbauten inzwischen ein Barockschloss geworden war. So entschied ich, es am nächsten Sonntag zu besichtigen. Mit der Zeit wurde dieser Ort für mich zum wichtigsten Bezugspunkt außerhalb der Psychiatrie, jeden Sonntag wandelte ich durch die fast menschenleeren Paraderäume, betrachtete die Möbel und die Gemälde, darunter Porträts von den Gottorfer Herzögen, den späteren dänischen Statthaltern, las aber auch an einer Tafel, dass die Residenz nach dem Zweiten Weltkrieg – in der Schule hatte ich inzwischen mehr über ihn erfahren – als vorübergehendes Auffanglager genutzt worden war. Hunderte von Flüchtlingen hatte man hier beherbergt. So schlecht konnten die Menschen in Schleswig nicht sein. Oder hatte man sie nur widerwillig aufgenommen?

Niemand von den wenigen Besuchern beachtete mich, einzig einer der Aufseher, ein älterer Herr in einem dunklen Anzug, der leicht glänzte und abgewetzt war, hatte mich im Blick.

»Aber nichts anfassen«, warnte er mich bei jedem Besuch.

Empört schaute ich ihn an, nachdem es mir irgendwann zu viel wurde: »Ich bin doch so oft hier – haben Sie jemals gesehen, dass ich hier etwas angefasst habe? Warum sagen Sie mir das immer?«

»Na ja, ich meine ja nur.«

»Ich auch nur.«

Das war aber schnell vergessen, denn es gab viele Etagen, die ich durchlief, und immer wieder wurde im Museum Neues ausgestellt – das Leben konnte so interessant sein!

Dass wir von den Stadtbewohnern schließlich doch noch Anerkennung erfuhren, hatten wir uns selbst zu verdanken. Als eingeübte halbe Fußballmannschaft gingen wir ein weiteres Mal zu unserem Direktor und klagten unser Leid: »Die Stadtbewohner behandeln uns, als wären wir Abschaum. Sie beschimpfen uns, sie spucken uns an, schubsen uns.«

»So, so«, erwiderte Prof. Meyerhoff. »Es ist gut, dass ihr mir das gesagt habt.«

Auch diese Aktion hatte Wirkung, denn nach und nach veränderte sich das Verhalten der Stadtbürger. Ich weiß nicht, wie Prof. Meyerhoff es angestellt hatte, dass sich ein neues Bewusstsein uns gegenüber entwickelte, sicher haben aber auch in dieser Zeit die vielen Presseberichte über die Zustände in psychiatrischen Einrichtungen dazu beigetragen, dass ein anderes Denken einsetzte.

Es ist immer noch eine wichtige Frage, heute genauso wie damals: Wie funktioniert soziales Lernen? Wie geht man mit jemandem angemessen und respektvoll um? Woran liegt es, dass eine Gesellschaft immer mehr verroht? Wann wird das Ich wichtiger als das Wir? Was ist da los, wenn Hemmschwellen immer weiter sinken? Warum werden Menschen in belastenden Situationen, in Konfliktfällen schnell aggressiv, wird ihre Sprache aggressiv? Wieso suchen sie sich bei zunehmenden Frustrationen Sündenböcke? Warum wird Freiheit so verstanden, dass man sich nicht einschränken lassen will und nur das eigene Ich Vorrang hat? Wodurch kann ein solcher Prozess wieder rückgängig gemacht werden?

Später habe ich öfter überlegt, wie eigentlich ich gelernt habe, andere nicht zu unterdrücken. Opfer, das ich war – wie leicht hätte ich zum Täter werden können, hätte verbale und körperliche Gewalt anwenden können. Ich hätte mir auch jemanden aus der Gruppe herausgreifen können, einen Patienten, der schwächer war als ich, um denjenigen zu schikanieren, zu drangsalieren, abzuwerten, zu erniedrigen – nicht nur für einen Augenblick, sondern über einen langen Zeitraum hinweg. Gerade weil ich diesen Leidensdruck selbst erlebt hatte, hätte ich meinen Frust an einen, der noch ängstlicher, noch unsicherer, noch weniger selbstbewusst war als ich, weitergeben können. Das habe ich aber nicht getan. Irgendwie fehlte mir wohl ein ausgeprägtes Machtbedürfnis, ich wollte andere nie beherrschen und mir dadurch einen bestimmten Status in einer Gemeinschaft erobern. Ich wollte nie hervorstechen und mittels Unterdrückung und Provokation »beliebt« sein.

Ich denke, dass ich viel durch Beobachten gelernt habe. Wie nehme ich was wahr? Was kommt mir angenehm vor, was nicht? Selbst oder vielleicht gerade in einer brutalen Umgebung gibt es kleinste Erlebnisse, die ein angenehmes Gefühl bereiten. Das Hocken vor dem Ohrensessel, in dem der alte Mann mit der schwarzen Brille saß, die Zuwendungen durch Lehrer, meine Zuflucht bei den Tieren. All diese Momente habe ich sehr intensiv erlebt, sie waren meine Leuchttürme. Leuchttürme können Wind und Wellen trotzen. Sie stürzen nicht ein, wenn ein Orkan über sie hinwegfegt. Ihre Lichter geben Orientierung und helfen beim Navigieren, sodass kein Schiff auf Grund läuft. Auf einen Leuchtturm ist Verlass, und er strahlt Vertrauen aus, sodass man neue Routen ausprobieren kann, ohne dass es selbst in unbekannten Gewässern gefährlich wird. Und genauso hatte ich es erlebt, ich konnte mich auf meine inneren Leuchttürme verlassen. Vielleicht entwickelte ich daraus mein eigenes soziales Verhalten.

Eins habe ich aus vielen leidvollen Erfahrungen gelernt: Menschen, die keine Liebe erfahren, die können gar nicht in der Lage sein, Liebe weiterzugeben. Wie sollen die das denn machen? Die wissen doch gar nicht, wie es ist, mit Liebe umzugehen. Außer sie haben auch ihre kleinen Leuchttürme verinnerlicht und sie zu größeren Leuchttürmen umgebaut.

Doch es gibt ein großes Problem, wenn man einmal Opfer war. Man kann wieder und wieder Opfer werden, davor ist man dann nicht gefeit. Das sollte ich in meinem weiteren Leben noch mehrmals erfahren. Oder man wird eben zum Täter. Davor hatte ich große Angst gehabt. Nicht von ungefähr hatte ich Rachegedanken gehabt. Einmal las ich ein Buch von einem Straftäter (ich kann mich weder an seinen Namen noch an den Buchtitel erinnern). Der Autor hatte sich vom Opfer in einen Täter verwandelt, die ganze Opfer-Täter-Hierarchie umgekehrt, wobei er sich aber selbst in der Opferrolle suhlte, um seine Straftaten zu begründen. Erst im Gefängnis wurde ihm klar, wie sehr er sich für sein Verhalten schämen musste.

Seine Erkenntnis prägte sich mir ein. Ich dachte: Das ist gut, was dieser Mensch da in seinem Buch geschrieben hat. Der hat Gewalt ausgeübt, und wenn ich meine Erfahrungen mit Gewalt beantworte, muss ich mich fragen, was ich damit in Gang setze. Während Täter entscheiden, ob sie in einer bestimmten Situation zuschlagen oder nicht, werden Opfer in ihre Position gedrängt. Auch ich konnte nicht einfach fortgehen, ich konnte nicht frei handeln. Aber wenn ich als Opfer bewusst entscheide, später nicht selbst zuzuschlagen, bin ich nicht länger Opfer. Und auch kein Täter.

# 16

## Vorbereitung auf die »Freiheit«

Inzwischen war ich vierzehn, noch immer schulpflichtig, und ich war bereit, an freien Tagen oder in den Ferien 1973 in den Werkstätten bei den Malern mitzuhelfen. Das war unglaublich interessant. Dort waren Thorsten Schreiber und Gerrit Bachmann die Herren, ein eingespieltes, gemütliches Team. Herr Schreiber war schmalgesichtig, Mitte vierzig, hatte glatte dunkle Haare und rauchte gern Pfeife. Sein Kollege war älter, sicher schon über fünfzig, und hatte im Gegensatz zu ihm ganz helle, fransige Haare.

»Na, mein Jung, willst du uns ein bisschen unter die Arme greifen?«, empfing mich Herr Bachmann.

Voller Eifer nickte ich.

»Gut, dann habe ich eine Aufgabe für dich, und die ist ganz wichtig: Du musst Vorstreichfarbe anrühren. Ich zeige dir, wie das geht. Das ist aber eine langwierige Sache, das darf nicht klumpen. Versuch es mal!«

Offenbar hatte es gleich beim ersten Mal geklappt, es gab in der Vorstreichfarbe nicht einen einzigen Klumpen, und so wurde ich ordentlich gelobt. In die Grundierung kamen noch Pigmente rein und ein weiteres Mittel, damit sie schnell trocknete. Mir brachte es Spaß, unter diesen beiden sehr fürsorglichen Männern zu arbeiten, und ich bekam sogar Geld dafür. Es war nicht viel, 3,80 D-Mark die Woche, aber es war besser als gar nichts. Und es war mein erster Lohn!

Von morgens bis abends blieb ich in der Malerwerkstatt. Am wenigsten hatten wir in der Anlage zu tun, meistens mussten Aufträge in Privathäusern erledigt werden.

Thorsten Schreiber und Gerrit Bachmann erzählten auch dem Direktor, wie ich mich machte. »Der Junge muss hier raus«, sagten sie. »Der gehört nicht in die Anstalt.«

Dieser Meinung war offensichtlich auch Prof. Meyerhoff, denn er bemühte sich fortan um einen Heimplatz außerhalb der Psychiatrie. Schließlich hatte er eine Einrichtung an der Hand, sie lag nicht gerade in der Nähe von Schleswig – aber was spielte das für eine Rolle, wenn ich ein neues Leben beginnen konnte? Ich hatte ja auch keine Angehörigen in der Nähe, auf die man Rücksicht nehmen musste. Doch wenige Tage später erfolgte eine Absage.

»Wieso wollen Sie den Jungen plötzlich nicht mehr?«, fragte Prof. Meyerhoff, während ich neben dem Telefon wartete. »Sie hatten mir doch gesagt, dass Sie einen freien Platz hätten.«

»Tut uns leid«, erwiderte der Anrufer, »aber wir wollen keine Kinder aus der Anstalt haben.«

»Können Sie mir mal erklären, worin sich unsere Kinder zu anderen Heimkindern unterscheiden? Die Jungs hier, die man einfach abgeschoben hat und die nicht geistig behindert sind, haben sich völlig normal entwickelt, und ganz besonders ist das bei Günter der Fall.«

»Wir wollen ihn dennoch nicht.«

»Na, dann überlegen Sie sich mal, nach welchen Maßstäben Sie Ihre Mitmenschen beurteilen. Es ist erschreckend. Guten Tag!.«

Wütend knallte er den Hörer auf die Gabel, dann sagte er zu mir: »So schnell geben wir nicht auf, wir finden ein Heim für dich. Du wirst hier nicht ewig bleiben.«

Im Jahr darauf meldete sich Ursula Hagedorn. Sie war die Leiterin des Kinderheims Lindauhöh in Lindaunis am Nißberg an der Schlei. Sie erklärte sich bereit, mich aufzunehmen.

Prof. Meyerhoff teile mir die Nachricht mit: »Am 19. Juli bringt dich jemand ins Kinderheim Lindauhöh. Der nächste Schritt in Richtung Freiheit.«

Ich musste schlucken. Einerseits freute ich mich, doch andererseits meldeten sich Ängste. Auf dem Hesterberg kannte ich alles, jeden Winkel unserer Station. Ich wurde nicht mehr missbraucht, nicht mehr geschlagen, jeden Morgen ging ich gern in die Malerwerkstatt. Ich hatte überlebt, anders als die Mäuse, die vor der Ankunft des neuen Direktors durch unsere Schlafsäle geflitzt waren. Die hygienischen Verbesserungen hatten sie vertrieben, Ruhr und Gelbsucht gehörten der Vergangenheit an. Und in dem neuen Heim würde alles fremd sein. Ich war dann der Neuling, vielleicht wieder der Kleinste und Schwächste, den man herumstoßen konnte.

»Du musst keine Angst haben«, ermutigte mich der Direktor, als könnte er meine Gedanken lesen. »Frau Hagedorn führt das Heim sehr gut, ich habe es mir selbst einmal angesehen und mich von ihrer Leitung überzeugt. Ich schicke nirgends Pfleglinge von uns hin, wo es ihnen dann schlecht geht. Du wirst es da besser haben, und du hast in Lindauhöh ganz andere Ausgangsbedingungen.«

Nun war ich beruhigt, denn ich wollte ja wirklich nicht mein ganzes Leben im Heim verbringen. Ich wollte einen Beruf erlernen, vielleicht selbst einmal eine Familie gründen. Vor allem hatte ich den Plan, meine Mutter und meinen Vater kennenzulernen, um ihnen meine vielen Fragen stellen zu können. Und dazu musste ich diese Mauern verlassen.

Schließlich war der Tag da. Am 19. Juli 1974 wurde mein Koffer vom Dachboden heruntergeholt. Es war ein wehmütiges Wiedersehen nach fast sechs Jahren. In diesem Augenblick erinnerte ich mich daran, wie alles begonnen hatte. Tränen liefen mir die Wangen herunter. Ich dachte an meinen Mimi-Bären, an meine Holzeisenbahn, an all die Dinge, die ich verloren hatte. Es war sehr schmerzlich.

Als ich mich ein wenig gefangen hatte, machte ich mich ans Packen, nicht mehr als ein paar Kleidungsstücke hatte ich in den alten Lebenskoffer hineinzulegen. Ein letztes Mal ging ich zur Pforte, wo ein Wagen stehen sollte, um mich an die Schlei zu bringen. Es regnete aus Kübeln, und ein Pfleger begleitete mich mit einem Schirm, er trug auch meinen Koffer. Vorher wollte ich mich aber noch von Prof. Meyerhoff in seinem Büro verabschieden, das musste sein.

»Herr Professor«, sagte ich und streckte ihm meine Hand entgegen. »Haben Sie vielen Dank.«

»Wofür denn?«, fragte er mit hochgezogenen Augenbrauen.

»Für all das, was Sie für uns getan haben. Sie haben diese ganze Quälerei beendet.«

Er musste schlucken. Vielleicht sah er gerade vor sich, wie verwahrlost das Heim bei seiner Ankunft gewesen war, was er nach und nach alles erfahren, was er nach Einsicht in Patientenakten vermutet hat.

»Mach's gut, Günter«, sagte er und drückte fest meine

Hand. »Ich werde immer mal wieder bei Frau Hagedorn nachfragen, wie es dir geht. Und wenn es dir dort nicht gefällt, kannst du immer noch zurückkommen. Noch heute weiß ich nicht, warum man dich überhaupt in die Psychiatrie eingewiesen, wer das veranlasst hat. Das war ein Verbrechen, das man dir angetan hat. Ja, ein Verbrechen.«

Diesen Augenblick habe ich nie vergessen.

Lindauhöh lag auf einem Hügel, sah aus wie eine größere Villa mit vielen schönen Fenstern, eingerahmt von Bäumen, sodass man das Haus nicht gleich von der Straße aus erkennen konnte. Man musste zweimal hinsehen. Im Erdgeschoss waren die Aufenthaltsräume, die Schlafräume im Obergeschoss, die Küche befand sich im Keller. Dem Heim gegenüber befand sich ein kleineres Haus, in dem das Personal untergebracht war.

Frau Hagedorn war das, was man damals wohl eine emanzipierte Dame nannte, energisch, mit einem ungeordneten Lockenkopf und von fülliger Gestalt. Sie nahm mich in Empfang und zeigte mir mein Bett in einem hellen, großen Zimmer im ersten Stock, das ich mir mit drei Jungs teilen sollte. In einem anderen Schlafraum waren sieben Jungs untergebracht.

»Wenn du Lust hast, kommst du später nach unten, dann lernst du alle hier kennen.«

Drei Gruppen gab es in Lindauhöh. In der ersten Gruppe befanden sich die Kleinsten (von vier bis acht Jahren), in die mittlere Gruppe kamen diejenigen, die zwischen neun und dreizehn waren, und die Gruppe der Großen umfasste die Vierzehn- bis Achtzehnjährigen. Dieser gehörte dann auch ich an. Es wurde nicht nach Geschlechtern getrennt, so sollten wir das Gefühl bekommen, einer großen Familie anzugehören. Bislang waren Mädchen für mich eine fremde Spezies gewesen, aber ich fand es toll, als erste zaghafte Freundschaften entstanden. Jungen und Mädchen lernten sich kennen … Na ja, der Rest lässt sich denken. Unsere Heimleiterin war nicht immer glücklich über ein allzu intensives Kennenlernen, sie hatte Furcht, dass die Anzahl der Heimbewohner höher werden könnte.

Öfter saßen wir in geselliger Runde beisammen, und einmal sagte sie in einer solchen: »Ein Kind in die Welt zu setzen, ist eine hohe Bürde. Ihr seid dafür noch zu jung.« Sie gab uns aber auch zu allen möglichen Problemen Ratschläge. Einmal erklärte sie: »Ich weiß, dass viele von euch keine Eltern haben, so will ich wenigstens versuchen, euch eine Ersatzmutter zu sein. Ich hoffe, dass es mir gelingt. Ich will mich bemühen. Und für euch wäre es gut, wenn ihr versucht, Friede und Ordnung im Haus zu halten.«

Sie bemühte sich wirklich. Da sie aber einige Pubertierende zu erziehen hatte, die gern mal über die Strenge schlugen, musste ihnen hin und wieder Einhalt geboten werden. Mit ihnen hatte sie viel zu tun, es waren so richtige Bagaluten unter den Großen, Radaumachen stand bei ihnen ganz oben auf der Tagesordnung. Sie waren nicht brutal, schon gar nicht mit System. Aber derbe Späße dachten sie sich ständig aus.

Und so gab es auch hin und wieder eine Ohrfeige. Frau Hagedorn meinte dann: »Ich muss euch auf die richtige Bahn bringen, anders scheint es bei euch nicht zu gehen.« Nie war sie aber ungerecht oder bösartig, wie ich das im Landeskrankenhaus in Schleswig erfahren hatte. Sie brachte uns auch Manieren bei, wollte, dass wir uns richtig benahmen, damit wir uns in der Öffentlichkeit nicht blamierten oder sonst wie unangenehm auffielen. Pünktlichkeit, Fleiß (insbesondere bei der Gartenarbeit), Sauberkeit und Wahrhaftigkeit standen bei ihr an erster Stelle.

Prof. Meyerhoff hielt, was ich aber erst im Nachhinein erfuhr, tatsächlich telefonischen Kontakt mit der Heimleiterin. Dabei erkundigte er sich, wie ich mich machte, wie es mit mir weiterging. Einmal berichtete ihm Frau Hagedorn: »Der Günter scheint ein großes Problem zu haben. Jedes Mal, wenn er im Aufenthaltsraum ist und die anderen ihn umringen, läuft er fort. Er kann das nicht ertragen. Das muss doch einen Grund haben! Was ist da passiert?«

»Der Junge hat eine massive Klaustrophobie.« Dann berichtete er ihr, was mir hinter verschlossenen Heimtüren alles angetan worden war. »Die absolute Ohnmacht. Die absolute Hilflosigkeit. Es wird viel von Verzweiflung gesprochen, aber die wenigsten wissen, was sie wirklich ausmacht. Günter hat sie erfahren und wird sie wohl kaum je wieder vergessen können.«

Frau Hagedorn wusste nun, dass es nicht leicht sein würde, mich auf die Welt da draußen vorzubereiten. Ich hatte nicht nur von meiner Geburt an nichts anderes als Heime kennengelernt, ich hatte durch die Gewalterfahrungen auch Traumata erlitten, die einen Start in die »Freiheit« erschweren konnten. Immer wieder versuchte sie mit mir zu reden in den knapp drei Jahren, die ich bei ihr blieb, bis zum 17. März 1977. Sie warnte mich auch, dass es für andere ein Leichtes werden könnte, mich zu beeinflussen, sie könnten mich schamlos ausnutzen, wenn sie merkten, dass ich ein Heimkind war und unerfahren darin, mich zu wehren.

Ich hörte ihr zu, verstand aber nicht, was sie meinte. Ich hatte keine Vorstellung von meiner Naivität, von meiner Unwissenheit, was zwischenmenschliche Beziehungen anging, hatte keine Ahnung von meiner Wehrlosigkeit. Meine Hilflosigkeit hatte ich mit den Heimerlebnissen verbunden, und wenn ich nicht mehr im Heim war, so hoffte ich, würde die Welt so aussehen, wie ich sie etwa im Landhaus »Waldesruh« oder bei der Familie Asmuss erlebt hatte. Und das erste Hineinschnuppern ins Berufsleben hatte ich auch als positiv erfahren, die beiden Maler, die mich unterstützt hatten, waren freundliche Menschen gewesen. Das Verhalten der Stadtbürger hatte ich erfolgreich verdrängt. Dass gewisse Menschen dazu neigten, andere auszunutzen, wenn sie merkten, dass da ein geeignetes Opfer war, das musste mir erst noch widerfahren. Alle Theorie bleibt grau, wenn die Praxis fehlt.

»Weißt du, was Freiheit bedeutet?«, fragte mich Frau Hagedorn.

Ich zuckte mit den Schultern.

»Freiheit, so gut es klingt«, fuhr sie fort. »ist immer nur möglich im Rahmen gewisser Grenzen. In einer freien Gesellschaft darf man anderen beispielsweise keinen Schaden zufügen. Man muss sich anpassen und eingliedern, das ist ganz wichtig.«

Na wunderbar, dachte ich im Stillen, das ist schon immer mein Problem gewesen, sogar im Kinderheim Vorwerk. Da war es ja nur um Anpassung und Unterordnung gegangen. Ich ahnte auf einmal, dass ich mit dieser Freiheit nicht so einfach klarkommen würde. Und Ähnliches ahnte auch die Heimleiterin.

Schließlich war es so weit, ich sollte lernen, auf eigenen Füßen zu stehen. Ich war siebzehn, Zeit, das Heim zu verlassen.

»Günter«, erklärte mir Frau Hagedorn, »du kannst nicht gleich mit einer Lehre beginnen, du musst ein Überbrückungsjahr machen.«

»Was ist ein Überbrückungsjahr?«, fragte ich.

»Wie soll ich das erklären?« Die Heimleiterin kniff die Augen zusammen und schien nachzudenken. »Weißt du, das Jugendamt ist davon überzeugt, dass du aufgrund deiner Heimentwicklung langsam an dein späteres Leben herangeführt werden sollst. Deshalb ist es der Meinung, dass du erst einmal Einblick in deinen späteren Beruf erhältst.«

Ich hatte gleich zwei Fragen: »Wie wird denn meine Heimentwicklung eingeschätzt? Und was soll denn überhaupt mein späterer Beruf sein?«

Frau Hagedorn seufzte. »Zu deiner ersten Frage: Warum auch immer, aber man hält dich für einen Spätentwickler …«

»Einen Spätentwickler?«, unterbrach ich. »Ich hab doch inzwischen die Sonderschule mit Abschluss geschafft, ich hab eine Menge aufgeholt, in ganz kurzer Zeit!«

»Das stimmt, Günter, aber das Jugendamt hat manchmal eine andere Sichtweise als du und ich. Und gegen das Jugendamt komme ich nicht an. Wenn es ein Überbrückungsjahr beschließt, haben wir keine Chance, wir haben das zu akzeptieren.«

»Und was ist mit meinem späteren Beruf?«, erinnerte ich die Heimleiterin an meine zweite Frage.

»Tja«, sagte Frau Hagedorn bedächtig. »Da du im Landeskrankenhaus ja schon eine gewisse Zeit bei den Malern ausgeholfen hast, hat das Jugendamt entschieden: Der Günter wird Maler.«

»Aber den Beruf habe ich mir nicht ausgesucht«, wandte ich ein. »Da hat man einfach über mich bestimmt.«

»Das ist richtig. Doch könntest du mir einen Gegenvorschlag machen?«

»Ich könnte doch im Tierpark oder im Wald arbeiten.«

Das aber lehnte das Jugendamt ab.

»Kann ich dann zurück zu Herrn Bachmann und Herrn Schreiber und dort mein Überbrückungsjahr machen?«, fragte ich nach der Ablehnung. »Die konnten gut mit mir umgehen, bei denen habe ich mich wohlgefühlt.«

Die Heimleiterin schüttelte ihre dunkelbraunen Locken, die sie nie zähmen konnte, so sehr sie sich auch bemühte. Immer hatte ihre Frisur etwas Widerspenstiges an sich, als würde sie unter Strom stehen. »Das geht nicht, du sollst ja gerade deine Vergangenheit hinter dir lassen. Man hat für dich einen Meister in Kappeln gefunden, nicht weit von Lindauhöh. Er wird dich morgen abholen.«

»Und wo werde ich wohnen?« Erschrocken blickte ich meine »Ersatzmutter« an. Bislang hatte ich mir nie Gedanken darüber machen müssen, wo mein Zuhause war, wo ich abends einschlief: in einem Heim.

»Bei deinem Meister. In dem Überbrückungsjahr hast du Kost und Logis frei, danach bekommst du ein Lehrlingsgehalt.«

Was sollte ich dazu sagen, sofort fühlte ich mich in den Fängen dieses Meisters, den ich noch gar nicht kannte. Ich war ihm vollständig ausgeliefert, so wie ich Frau Bartels und Frau Kollberg ausgeliefert gewesen war. Oder sah ich viel zu schwarz?

»Du hast dort Familienanschluss«, erklärte Frau Hagedorn, sie ahnte wohl, was mir im Kopf herumgeisterte.

»Einmal musst du diesen Schritt gehen, du musst erwachsen werden. Ich kann nicht immer für dich da sein.«

»Das ist mir klar«, erwiderte ich. »Und wann werde ich abgeholt?« »Morgen. Morgen ist der 1. August, und mit diesem Tag wirst du als Malerhelfer bei dem Malermeister Frank Hillebrand wohnen.«

Irgendwie gefiel mir das gar nicht, und irgendwie gefiel mir auch nicht, dass Frau Hagedorn alle Entscheidungen des Jugendamts mittrug. Ich fühlte mich im Stich gelassen, wusste zugleich aber auch, dass sie keine Schuld traf. Ich hatte gesehen, dass andere Mädchen und Jungen in ähnlicher Weise Lindauhöh hatten verlassen müssen. Ich fühlte mich einfach nur, als hätte man mich aus dem Nest geworfen.

»Ich möchte mich noch von meiner Heimleiterin verabschieden«, sagte ich am nächsten Tag zu Herrn Hillebrand, als er mich zusammen mit seiner Frau in seinem Firmenwagen abholte.

»Das bringt nichts«, erklärte der Malermeister, ein Mann, der eine rauchige Stimme hatte, bestimmt von zu viel Zigaretten und Bier. Sein strammer Bauch ließ vermuten, dass er auch kein Kostverächter war. »Steig mal lieber gleich ins Auto, das andere regeln wir.«

Sicher, so dachte ich im Nachhinein, hatte er diesen Ratschlag vom Jugendamt erhalten, damit wollte man wohl bezwecken, dass meine Brücke zu Frau Hagedorn abbrach, dass sie sich nicht mehr in meine Angelegenheiten einmischte. Der Einzige, dem ich zur Verfügung zu stehen hatte, das war mein Meister.

# 17

## Zusammenbruch im Straßengraben

»Du hast zu tun, was ich dir sage, und wenn dir das nicht passt, kannst du gehen.« Mein Meister half mir keineswegs bei meiner »Überbrückung« in die Freiheit, sondern stellte nur Forderungen. Er wusste genau, dass ich nirgendwohin gehen konnte, und ich wusste genau, dass er mich glattweg auf die Straße gesetzt hätte. Schamlos beutete er mich aus.

Es war an einem Sonnabendnachmittag, als er das auch geradeheraus so sagte. Es herrschte bestes Sommerwetter, perfekt zum Baden, und ich musste mich um seinen Garten kümmern. Fast ein Jahr war ich schon in Kappeln, nie hatte ich auch nur ein einziges Wochenende frei, immer musste ich Herrn Hillebrand zur Verfügung stehen, sogar während meiner Urlaubszeit, das alles spielte für ihn keine Rolle. Da ich kein Geld hatte und auch keine Freunde, konnte ich nicht einfach verschwinden. Ich wohnte mit ihm unter einem Dach, blieb meist zu Hause, und so hatte er permanent Zugriff auf mich. Ständig gab es neue Aufgaben, hier eine Notverglasung, dort musste unbedingt am Sonntag ein Zaun bei einem Kunden gestrichen werden.

Einmal sagte ein Nachbar mitleidig: »Günter, du hast ja nichts, hier sind ein paar Pfandflaschen, die kannst du abgeben. So hast du wenigstens die eine oder andere Mark.«

Frau Hillebrand, sehr schlank, sehr geschminkt und sehr überheblich, hatte mitbekommen, wie ich die Flaschen wegbringen wollte.

»Die hast du geklaut«, schrie sie mich an.

»Das stimmt nicht«, verteidigte ich mich aufgebracht. »Die Flaschen habe ich vom Nachbarn geschenkt bekommen, damit ich das Pfandgeld behalten kann. Damit ich was für mich habe.«

»Du lügst, du bist ein schlechter Mensch.«

Dann verpasste sie mir eine Ohrfeige mit harter Hand.

Da rastete ich aus. »Mich schlägt keiner mehr«, schrie ich. Am liebsten hätte ich zurückgeschlagen, tat es aber nicht. Noch nie hatte ich einen Menschen bewusst und mit Absicht geschlagen, und selbst jetzt konnte ich es nicht, trotz aller erneut erlittenen Demütigungen. Ich brüllte sie nochmals an. Es reichte, ich musste einen Schlusspunkt setzen, ihr deutlich meine Meinung sagen. Ich war nicht ihr Sklave und auch nicht der ihres Mannes. Wie man mit einem jungen Menschen umging, der so viel Mist erlebt hatte wie ich – davon hatten die Hillebrands nicht den geringsten Schimmer. Hätte Frau Hillebrand auf dem Hesterberg als Erzieherin gearbeitet, sie wäre wie Frau Kollberg und Frau Bartels von Direktor Meyerhoff entlassen worden.

Der Meister war in der Zwischenzeit herbeigelaufen, und nachdem seine Frau ihm den Vorfall mit großen, dramatischen Gesten erzählt hatte – natürlich in ihrer Version –, verwies mich Herr Hillebrand auf mein Zimmer. Kaum war ich drin, schloss seine Frau die Tür hinter mir ab, obwohl sie von meiner Klaustrophobie wusste. Meine Heimleiterin hatte es den Hillebrands gesagt, als sie mich vom Heim abgeholt hatten.

Das Einsperren war schlimmer als die Ohrfeige, das ging gar nicht, das durfte man mir nicht antun. Panik ergriff mich, die Klaustrophobie hatte mich voll im Griff. Keine Minute konnte ich länger in diesem abgeschlossenen Raum bleiben.

Das Fenster! Schon zweimal hatte ich einen Fluchtversuch über ein Fenster gestartet, dies sollte nun mein dritter sein. Die Luft war rein, nirgends konnte ich die Hillebrands entdecken. Und dieses Mal wurde ich auch nicht erwischt, niemand fing mich ab. Ich lief und lief, ich war nicht zu stoppen. Es ging Richtung Süden, wohin? Es war mir egal, nur fort von diesem schrecklichen Mann und seiner nicht minder schrecklichen Frau. Fort aus Schleswig-Holstein – vielleicht war es in einem anderen Bundesland ja besser.

Ich ernährte mich von Beeren und Blättern, trank Wasser aus Bächen. Und als ich völlig ausgehungert war, sah ich nur eine einzige Chance, um zu überleben: Containern war damals noch nicht bekannt, also musste ich irgendwo einbrechen. Im Bremer Stadtteil Neue Vahr fand ich einen Ort, bei dem ich einsteigen wollte: eine etwas abgelegene Bäckerei.

Ein dunkles Kapitel begann, dennoch hatte ich kein schlechtes Gewissen. Denn alles, was ich mitnahm – einige Brote, vom Tag übrig gebliebene Käse- und Wurstbrötchenhälften und mehrere Getränkeflaschen –, notierte ich sorgfältig auf einen Zettel. Darunter schrieb ich: »Ich bitte um Verzeihung, aber ich habe nichts zu futtern. Ich kann nicht anders, wenn Sie mich anzeigen wollen, dann tun Sie es, das ist Ihr gutes Recht.« Ich hatte meine Anschrift hinterlegt, aber es kam nie eine Reaktion. Erstaunlicherweise hatte man das so hingenommen.

Nachdem ich mich gestärkt hatte, marschierte ich weiter Richtung Osnabrück. Kurz vor der Stadt brach ich jedoch zusammen, ich sank einfach zu Boden, am Rande einer Straße. Irgendwann klopfte mir jemand auf die Schulter. »Hallo, ist alles in Ordnung?« Ich konnte nicht antworten, so kraftlos war ich. Ich sah, dass ich in einer Pfütze lag, es musste über Nacht geregnet haben, ich hatte es nicht bemerkt.

»Wir nehmen Sie mal mit.« Es war ein Polizist, der mich angesprochen hatte, eine Streife hatte mich entdeckt.

»Wohin?«, fragte ich schwach.

»Nach Osnabrück. Aufs Revier.«

Es war mir völlig egal, was mit mir geschah, ich konnte nicht mehr. Vierzehn Tage war ich unterwegs gewesen, jetzt hatten mich meine Kräfte verlassen. Willenlos ließ ich mich von ihm aufrichten.

»Woher kommen Sie denn?«, wurde ich noch gefragt.

»Aus Kappeln«, antwortete ich.

»Na, da haben Sie ja einiges hinter sich, wenn Sie es von der Schlei aus bis nach Osnabrück geschafft haben.«

»Wissen Sie eigentlich, dass Sie gesucht werden?«, fragte mich der Beamte – er hatte sich als Onno Steckel vorgestellt –, nachdem wir auf dem Revier eingetroffen waren und er sich einige Papiere angeschaut hatte.

»Ich werde gesucht?« Ich konnte mir nicht vorstellen, von wem. Langsam kehrte ich in die Welt zurück, die Polizisten hatten mir von ihren Mittagsbroten abgegeben und mir Kaffee eingeschenkt.

»Ja, Ihr Meister hat eine Vermisstenanzeige aufgegeben.«

Als ich aus meinem Zimmer geflüchtet war, hatte er sofort die Polizei verständigt – aus Angst vor dem Jugendamt. Die Polizei hatte sich wiederum mit meiner ehemaligen Heimleiterin Frau Hagedorn in Verbindung gesetzt, es hätte ja sein können, dass ich zurück nach Lindauhöh gegangen war. Als sie erklärte, dass sie auch nicht wüsste, wo ich sei, leitete die Polizei eine Ringfahndung ein, und sie selbst griff zum Telefon und wählte die Nummer von Frank Hillebrand.

»Sagen Sie mal, was ist da bei Ihnen eigentlich los? Der Günter soll weg sein?«, fragte sie ihn, als sich mein Meister meldete.

Er schilderte ihr, was ich getan hatte, auch dass ich seiner Frau eine Ohrfeige gegeben hatte – das war die Version von Frau Hillebrand.

Frau Hagedorn sagte, nachdem sie sich alles angehört hatte: »Herr Hillebrand, Sie sind selbst schuld. Seien Sie froh, dass er Ihnen nicht mit einem Knüppel den Schädel zertrümmert hat. Wie können Sie das nur machen, ihn schlagen und einsperren?« Anschließend erzählte sie ein wenig von mir, damit er mich besser verstand.

Als ich dann wieder bei ihm in Kappeln war, hat er mich in Ruhe gelassen, aber keine Reue gezeigt. Dass er mich in Frieden ließ, hatte mit seinen Gesellen zu tun, denn sie drohten ihm: »Wenn du den Günter noch einmal schlecht behandelst, bekommst du es mit uns zu tun.« Und da er seine Gesellen brauchte, ließ er die Finger von mir.

In Kappeln geriet ich dann aber auf die schiefe Bahn. An den Wochenenden ging es los mit Alkohol. Alkohol kam mir zu dieser Zeit wie eine Lösung vor, denn anders kam ich mit meinem Leben wohl nicht klar. Im Landeskrankenhaus hatte es zum Schluss Therapeuten und Sozialpädagogen gegeben, die sich mit einem befassten, und in Lindauhöh Frau Hagedorn und ihre Mitarbeiter. Jetzt, in der »Freiheit«, war ich allein auf mich gestellt. Ich hatte keine Hilfe, keine Begleitung, wusste nicht, an wen ich mich wenden, wen ich um Rat fragen konnte. Manchmal versuchte ich, meine einstige Heimleiterin anzurufen, aber immer erwischte ich den falschen Moment. Einmal war die Not so groß, dass ich mich sogar telefonisch beim Jugendamt meldete, doch dort sagte man mir: »Günter, Lehrjahre sind keine Herrenjahre.« Das hatte ich auch schon gemerkt, aber bei mir ging es um etwas anderes: Ich musste mit mir selbst zurechtkommen, aber dafür fühlte sich niemand zuständig, niemand verantwortlich.

So völlig orientierungslos, wie ich war, stieg ich eines Abends in ein Musikgeschäft ein. Das war mein zweiter Einbruch. Ich hatte mich von den Kumpels aus meiner Clique dazu verleiten lassen wie zum Austrinken eines Bierstiefels auf ex, insgesamt 1,5 Liter: »Günter, es darf nicht gluckern. Wenn du das kannst, musst du den Stiefel nicht bezahlen.« Natürlich konnte ich das, machte jeden Unsinn mit, um endlich von meinen neuen »Freunden« akzeptiert und aufgenommen zu werden.

Der Einbruch ging auch auf ihr Konto: »Bist du ein Mann oder bist du es nicht? Wenn du da nicht einsteigst, kannst du nicht zu uns gehören.« Genau das wollte ich aber. Und so beging ich den Bruch. Dabei ließ ich einige Musikinstrumente mitgehen, schon immer wollte ich eine schöne große Mundharmonika haben, und die hatte ich mir dann auch geholt. Sie kostete weit über 80 D-Mark, war von Hohner und beidseitig bespielbar. Doch irgendjemand hatte mitbekommen, was da im Musikgeschäft vor sich ging, und die Polizei verständigt. Als ich die sich nähernden Sirenen hörte, verkroch ich mich im Laden, wurde aber am Ende gefunden und festgenommen.

Als mein Meister davon erfuhr, reagierte er total sauer. »Du taugst überhaupt nichts. Du bist das letzte Miststück.«

»Und Sie sind der größte Ausbeuter!«, erwiderte ich. Nichts mehr wollte ich mir von diesem Mann gefallen lassen, zu oft hatte er mich schon beschimpft und beleidigt.

»Dich schmeiße ich raus, du unverschämter Bengel!«

Wieder mischten sich die Gesellen ein, rebellierten: »Frank, wenn du ihn rausschmeißt, gehen wir ebenfalls. Und zwar alle vier. Du bist selbst schuld, wie gehst du auch mit ihm um. Ständig kritisierst du ihn.«

Frank Hillebrand hatte meine Opfersituation erfasst, mich konnte er ausnutzen, die Gesellen nicht.

Schließlich kam der Gerichtstermin. Ich war geständig und bereit, für meinen Blödsinn zu bezahlen. Dann aber schockierte es mich, dass einer der Polizeibeamten, die mich aufgegriffen hatten, schlichtweg log. Er gab vor Gericht kund, ich hätte ihm gesagt, ich wolle es noch einmal tun, dies sei nicht mein letzter Einbruch gewesen. Der Richter fragte kritisch nach: »Von Ihnen, Herr Meiners, will ich noch einmal ganz genau hören, ob Günter Wulf das vermeintlich Gesagte tatsächlich von sich gegeben hat. Und jetzt stelle ich Sie unter Eid.« Da musste der Polizist tief durchatmen, eine Falschaussage unter Eid hätte für ihn ein Disziplinarverfahren zur Folge haben können.

Warum hat Herr Meiners die Unwahrheit gesagt? Er hatte mich vernommen und wissen wollen, wer mich zu der Tat angestiftet hat. Wenn ich etwas abgrundtief hasse, dann ist es Verrat. Das ist vermutlich meinem Heimleben geschuldet, nie hätte ich die Jungs benannt, die mich misshandelt hatten. Der Polizist hatte aber unbedingt von mir wissen wollen, wer die anderen waren, mit denen ich mich abgab. Auf einmal fiel es mir wie Schuppen von den Augen: Durch das Verhör hatte er eine Chance gesehen, meine Clique auffliegen zu lassen. Weil ich aber nichts verraten hatte, wollte er mir während der Verhandlung eins auswischen.

Nun stellte Herr Meiners den Hergang richtig dar. Wer weiß, wie hoch meine Strafe ausgefallen wäre, wenn er das nicht klargestellt hätte? Am Ende der Verhandlung wurde ich zu einer Geldbuße von 300 D-Mark verurteilt. Für mich sehr viel Geld. Der Richter begründete sein Urteil: »Herr Wulf, Sie sind neunzehn. Die Strafe soll ein Denkzettel sein, um Sie auf den richtigen Weg zu bringen. Ich hoffe, Sie nehmen das ernst.«

»Herr Vorsitzender«, sagte ich. »Vermutlich wird mich diese Strafe ein Leben lang verfolgen. Es ist mir sehr unangenehm, dass ich das getan habe. Ich werde nie wieder einbrechen.«

»Mehr wollte ich nicht hören.«

Damit war die Sache erledigt. Und das war auch wirklich so. Meine kriminelle Laufbahn war in diesem Augenblick beendet. Wenn ich heute über mein Leben nachdenke, taucht ständig die Frage auf: Was hätte aus mir werden können? Ich hätte komplett abdriften können. Der Tag vor Gericht war eine Art Weggabelung. Entweder die kriminelle Laufbahn oder ein möglichst anständiges Dasein.

Das machte ich auch meinen Saufkumpanen klar, denn es wurde notwendig, mich von ihnen zu distanzieren, wenn ich nicht gleich in den nächsten Schlamassel hineingeraten wollte: »Ich habe das Gefühl, ihr wollt mich zu etwas verführen, das ich gar nicht will. Ich bin vor Gericht gewesen und …«

»Aber jetzt gehörst du richtig dazu«, unterbrachen sie mich und klopften mir wohlwollend auf die Schulter.

»Ich will aber nicht zu euch gehören. Das tut mir nicht gut. Ich bin aufgewacht.«

»Was bist du denn für einer?« Nach meiner Verurteilung hatten sie nicht damit gerechnet, dass ich so reagieren würde. Einmal kriminell, immer kriminell, das war ihre Devise.

Damit ich aber nicht doch wieder mit der Gang herumhing und viel zu viel trank, brauchte ich eine andere Freizeitbeschäftigung. Die fand ich dann in Butterfahrten. Jedes Wochenende ging ich auf Tour, von Kappeln aus ins dänische Sønderborg, zwei Stunden hin, zwei Stunden zurück. Diese Tagesausflugsfahrten waren günstig – drei D-Mark inklusive Frühstück –, zudem konnte man, wenn das Schiff im Ausland war, also in Dänemark, zollfrei einkaufen. Dutyfree auf dem Meer.

Zuerst war ich nur Fahrgast, um am Wochenende von der Clique, aber auch von meinem Meister loszukommen (natürlich musste ich für ihn jedes Mal billig Schnaps und Zigaretten einkaufen, als er von meiner neuen Aktivität hörte), dann bot ich an, mitzuhelfen. Ich fand es klasse, zu kellnern, es brachte mir riesigen Spaß, andere zu bedienen. »Du hast ja das Kellner-Gen in dir«, wurde ich gelobt. »Wenn du willst, kannst du das öfter machen. Du kriegst freies Essen, und ein kleines Taschengeld gibt's obendrauf.« Nicht zu vergessen: kostenlose Drinks. Wodka-O-

Saft wurde mein Lieblingsgetränk, und das war nicht ohne. Oft genug war ich am Ende eines Tages, wenn wir noch im Hafen von Kappeln beieinandersaßen und die Gäste längst wieder zu Hause waren, nicht nur voll, sondern hochachtungsvoll – auf allen vieren krabbelte ich so manches Mal die Gangway runter.

Im Kreis dieser Kollegen erzählte ich zum ersten Mal Außenstehenden von mir und meinem Aufwachsen in Heimen, aber ich verriet nicht alles, ich traute mich nicht. Einer von ihnen, Willi, sagte daraufhin: »Ich glaub, du bist ein Spinner.«

Augenblicklich stand ich auf und ging an Deck. Die anderen hatten sofort begriffen, was los war. »Willi, wie kannst du nur so etwas sagen! Jemand, der herumspinnt, der reagiert nicht so.« Meine Kollegen hatten einige Menschenkenntnis. Mit einem von ihnen entstand eine richtige Freundschaft, wir kennen uns nun schon einundvierzig Jahre. Inzwischen kennt er meine ganze Lebensgeschichte.

Noch eine Begegnung aus dieser Zeit ist mir in Erinnerung geblieben. Wir bekamen eines Tages im Jahr 1978 den Auftrag, bei einem Kunden den Gartenzaun zu streichen und ein Zimmer zu tapezieren. Wir fuhren hin, und Dr. Paulsen, mein alter Stationsarzt, öffnete die Tür. Er freute sich tatsächlich über das Wiedersehen.

»Hallo Günter«, sagte er. »Es ist schön zu sehen, dass du eine Arbeit hast und anscheinend gut im Leben zurechtkommst.«

Darauf wollte ich nicht näher eingehen, und so sprachen wir über den Hesterberg und über den Tag meiner Ankunft. Er hatte mich ja zehn Jahre zuvor in Empfang genommen. Im Nachhinein gab er zu, dass er nur aufgrund der Berichte aus dem Kinderheim in Lübeck und der des Pflegepersonals vom Landeskrankenhaus Medikamente verschrieben hat. Als ich meinte, dass damit viel Unrecht geschehen war, bedauerte er es, uns Kinder nicht öfter untersucht zu haben. Er sagte dann noch, ich solle nicht so viel in der Vergangenheit wühlen, sondern den Fokus auf die Zukunft richten. Das machte mich stutzig. Erst bei meiner späteren Recherche wurde mir das wieder bewusst. Es war ihm unangenehm gewesen, als ich ihn darauf angesprochen hatte. Bei Prof. Meyerhoff hatte er damals Rede und Antwort stehen müssen, das konnte nicht spurlos an ihm vorbeigegangen sein.

# 18

## Der Traum von einer alten Frau mit Hütchen

Dann rief die Bundeswehr. Ich hatte meine Lehre beendet und damit auch gleich meinen Meister verlassen. Bei einem Menschen wie ihm wollte ich nicht Geselle sein, hinzu kam, dass er für mich nur saisonbedingt etwas zu tun gehabt hätte, in den Wintermonaten hätte ich mir eine andere Arbeit suchen müssen. Das war eine Situation, die mir zu unsicher erschien, und Unsicherheit hatte ich genug in meinem Leben gehabt. Als Nächstes arbeitete ich als Maler auf einer Hochseeyacht, ein griechischer Reeder hatte sie sich gekauft. Einst war es ein Schnellboot gewesen, ausgemustert von der Bundeswehr. Es gab so viel zu tun, dass es auch mit den Butterfahrten vorbei war.

Weil ich schließlich zum Bund musste und mir dieser Arbeitgeber eine Perspektive aufzeigte, traf ich die Entscheidung, mich für vier Jahre zu verpflichten. Die Grundausbildung begann im Oktober 1982. So richtig toll fand ich sie nicht, denn da fühlte ich mich wieder wie im Heim, eingeengt und von anderen bestimmt. Umgeben von Kameraden, die einen trotz gemeinschaftlicher Ziele dominieren wollten – und entsprechend legte ich Verhaltensweisen an den Tag, die deutlich machten, dass ich damit Schwierigkeiten hatte. Ich zog mich immer mehr in mein Schneckenhaus zurück. Jens Steinhart, mein Kompaniechef, bemerkte das.

Eines Tages sprach er mich an: »Kommen Sie mal mit in mein Büro.«

Ich folgte seiner Aufforderung.

»Waren Sie im Heim?«, fragte er mich ohne Umschweife, nachdem wir sein Büro betreten hatten.

»Ja«, antwortete ich knapp.

»Wie lange?«

»Achtzehn Jahre.«

»Mehr muss ich nicht wissen.«

Meinen Ausbildern gab Steinhart zu verstehen: »Achten Sie darauf, dass Wulf nicht in die Klemme gerät, nicht von irgendeinem Kameraden in die Ecke gedrückt wird.«

Mit dieser Ansage wurde es besser, und ich konnte die Grundausbildung so einigermaßen erfolgreich über die Bühne bringen. Anschließend, am 22. Dezember, kam ich in die Briesen-Kaserne zum Instandsetzungsbataillon 1/610 nach Flensburg. Geführt wurde meine Einheit von Karsten Becker. Der Major hatte eine gesunde Bierwampe, war kräftig gebaut und hatte zweimal eine Ausbildung als Einzelkämpfer absolviert. Sein Credo: »Wenn ein Vorgesetzter etwas nicht kann, hat er nicht das Recht, es anderen zu befehlen.« War ein Seil über einen Fluss gespannt, konnte er sich daran ohne Probleme entlanghangeln. Dieser Major war wirklich fit und machte vor, was zu tun war – trotz des Bierbauchs.

In der Stammeinheit geriet ich dann in wirkliche Bedrängnis. Ich war Gefreiter, und als Kraftfahrer vom Dienst (KvD) hatte ich den Offizier vom Wachdienst zu fahren. Um meinen Dienst auszuüben, hatte man mir eine Zelle zugewiesen und meinem Vorgesetzten folgenden Befehl mitgegeben: »Achten Sie auf den Gefreiten Wulf, schließen Sie nicht die Zelle ab.« Einer der Soldaten, ein Unteroffizier, hatte sich aber nicht an diese Anweisung gehalten, er wollte spaßeshalber mal sehen, wie ich reagiere, wenn er die Zelle zusperrt. Beinahe wäre ihm das zum Verhängnis geworden, denn als er merkte, wie ich fast durchdrehte, und er die Zellentür rasch wieder aufschloss, stieß ich ihn gegen die Wand und drückte ihm die Kehle zu. Ein anderer, der das alles beobachtet hatte, riss ihn dann schnell von mir weg, bevor es zu spät war. Schweißüberströmt stand ich da, mein Herz raste, es war im Panikmodus.

Als der sofort verständigte Wachoffizier mich sah und man ihm die Situation beschrieben hatte, sagte er: »Der Gefreite Wulf wird erst einmal aus dem Wachdienst entlassen. Und der Unteroffizier darf sich morgen beim Kommandeur melden.«

Ich war selbst erschrocken darüber, wie ich reagiert hatte. Als der Unteroffizier die Zellentür zugeschlossen hatte, fühlte ich mich bedroht und eingeengt. Ich bekam Atemschwierigkeiten, und diese schwere Klaustrophobie hatte mich voll im Griff. Im gleichen Moment, in dem er die Zelle wieder aufgemacht hatte, hatte ich mich auf ihn gestürzt, meinen Ellbogen gegen seine Kehle gedrückt. Keiner kam durch den Vorfall auf die Idee, dass ich vielleicht psychische Hilfe bräuchte. Ich weiß nur, dass der Unteroffizier vors Truppendienstgericht musste, und es entschied, dass er unehrenhaft entlassen werden sollte, unter Aberkennung seines militärischen Dienstgrades. Das war die Konsequenz. Der Kommandeur erklärte, dass das hätte ins Auge gehen können, denn bei Menschen mit schwerer Klaustrophobie könne eine solche Aktion tödlich enden. Er sagte aber auch, und das nicht zu Unrecht: »Wenn Menschen eine solche Angststörung haben, dann dürften sie eigentlich gar nicht zum Bund.«

Der Unteroffizier hatte meine Schwäche gemerkt – und diese bloßgestellt.

Ich kam nun in die ABC-Gaskammer, hier wurden Atemschutzmasken unter Arbeitsbedingungen überprüft. Es waren Übungen. Major Becker sagte: »Wulfi« – er nannte mich nur Wulfi, das war mein Spitzname bei der Bundeswehr – »versuche, das zu schaffen, versuche, unter der Atemmaske deine Aufgaben zu bewerkstelligen. Wenn es nicht klappt, wenn du merkst, dass die Panik kommt, hebe einfach die Hand. Sofort ist einer da. Denke daran, dass dein Tun hier für uns alle lebenswichtig sein kann, jedenfalls dann, wenn wir im Kriegsfall sind. Deshalb müssen wir auf dich zählen können.« Ich begriff sofort, wie ich zu reagieren hatte, versicherte ihm, dass er sich auf mich verlassen könne.

Einmal bat er mich zu sich. Als ich mich nach seiner Aufforderung auf den Stuhl vor seinem Schreibtisch gesetzt hatte, sagte er: »Wulfi, willst du mir nicht mal was von dir erzählen?«

»Ich weiß nicht«, eierte ich herum.

»Gut, wenn du nicht magst, ich will dich nicht zwingen. Aber ich brauche noch ein paar Unterlagen von dir.« Er sagte mir dann auch, um welche es ging.

»Die Unterlagen habe ich nicht, sie müssen bei meiner früheren Heimleiterin Frau Hagedorn in Lindauhöh sein.«

»Danke, ich werde mich mit ihr in Verbindung setzen.«

Das tat er dann auch. Sie erklärte dem Major bei der Gelegenheit: »Achten Sie bitte auf seine Klaustrophobie, die ist bei ihm sehr ausgeprägt.«

»Ja, das Problem hatten wir gerade gehabt.«

Er wollte noch mehr von ihr wissen, sie aber erklärte: »Ich weiß nicht, ob der Günter damit einverstanden ist, dass ich Ihnen von ihm erzähle. Ich müsste vorher selbst mit ihm sprechen.«

Major Becker meinte, das würde er unterstützen. Und so fuhr ich an einem freien Tag nach Lindauhöh. Frau Hagedorn hatte sich leicht verändert, sie hatte einiges an Gewicht zugelegt, dabei war sie schon damals nicht die schlankeste Person gewesen. Doch das tat ihrer Herzlichkeit keinen Abbruch. Es tat so gut, sich mit ihr zu unterhalten. Am Schluss fragte sie mich: »Herzele, wäre es nicht sinnvoll, wenn ich dem Major mal mehr über dich erzähle?« Ich war damit einverstanden.

Es folgte daraufhin noch ein weiteres Gespräch mit ihm, in dem es darum ging, wie er mich einzuschätzen hatte.

»Wulfi, sag ehrlich, bist du als Waffenträger geeignet oder nicht?«

Ich antwortete: »Ich gehe nicht mit der Waffe auf andere Leute los. Ich weiß, wozu die Waffe dient, sie dient grundsätzlich der Selbstverteidigung und der Verteidigung der eigenen Kameraden.«

Ihm berichtete ich auch, dass ich misshandelt, dass ich von anderen Patienten missbraucht und vergewaltigt worden war. Ich vertraute ihm alles an. Es war seltsam, die Bundeswehr hatte mehr Verständnis für meine Probleme als mein Ausbilder Herr Hillebrand.

Es lag mir noch etwas anderes auf dem Herzen. In den vergangenen Wochen hatte ich mehrmals von einer älteren

Dame mit Hut und Täschchen auf dem Schoß geträumt. In meinem Traum saß sie auf einer Bank in einer Bahnhofshalle und erzählte mir, sie sei meine Mutter. Jedes Mal war ich schweißgebadet erwacht. Ich konnte den Traum nur so deuten, dass es an der Zeit war, meine Mutter persönlich kennenzulernen. Und so fragte ich den Major: »Ich möchte meine Mutter besuchen, ich möchte sie endlich kennenlernen. Schon im Heim hatte ich diesen Wunsch. Würden Sie das befürworten? Würden Sie es erlauben, dass ich Kontakt zu ihr aufnehme? Sie wohnt in Bochum.« Rausbekommen hatte ich die Adresse meiner Mutter 1975 in Lindauhöh. Eine Erzieherin hatte vergessen, meine Akte wegzulegen. Dort schaute ich hinein und notierte mir die Anschrift.

Karsten Becker antwortete nicht gleich, schaute für eine Weile aus dem Fenster seines Büros, bevor er mich wieder anblickte, Skepsis in seinen Augen. »Ich würde es mir gut überlegen, Wulfi. Das ist keine leichte Entscheidung. Ich weiß nicht, ob dir das guttun wird.«

»Herr Major, das ist meine Mutter, sie hat mir das Leben geschenkt, und ich will wissen, warum sie mich weggegeben hat. Vielleicht bin ich ihr auch weggenommen worden. Das Jugendamt lehnt meinen Wunsch immer ab, aber wenn ich weiß, was passiert ist, dann finde ich vielleicht ein wenig Ruhe.«

»Das ist nachzuvollziehen. Also gut, fahr hin. Ich gebe dir grünes Licht.« Dann hielt mein Kompaniechef für einen Moment inne und fügte hinzu: »Wenn ich dir noch einen Rat geben darf: Vielleicht solltest du ihr erst einmal schreiben. Wer weiß, wie sie es aufnimmt, wenn du plötzlich vor ihrer Tür stehst.«

Ich beherzigte den Vorschlag meines Majors, es wäre tatsächlich zu überraschend gewesen, wenn ich einfach bei ihr geklingelt hätte, das wäre einem Überfall gleichgekommen. Einen solchen wollte ich ihr aber keineswegs zumuten. Meine Mutter schrieb zurück, in einer schwer leserlichen Handschrift: Ja, sie wüsste, dass sie einen Sohn hätte, der sei ihr weggenommen worden. Doch sie würde sich sehr freuen, wenn ich sie einmal besuchen würde. Das wollte ich nun machen.

Die Fahrkarte nach Bochum wurde von der Bundeswehr für Wehrpflichtige ausgestellt, und ich teilte meiner Mutter meine Ankunft mit. Sie schrieb zurück, dass sie mich am Bahnhof abholen würde, sie würde in der Bahnhofshalle auf mich warten.

Die Fahrt im Zug wollte nicht aufhören, sie dauerte unendlich. Ich dachte daran, was ich inzwischen von meinem Vormund erfahren hatte, nämlich dass es stimmte, dass nicht meine Mutter mich weggegeben, sondern dass man mich ihr abgenommen hatte. Angeblich weil sie nicht mit Kindern umgehen könne, deshalb hätten auch meine beiden Schwestern, Angelika und Renate, nicht bei ihr bleiben dürfen. Ich hatte also auch noch ältere Schwestern, eine richtige Familie. Und ich hatte davon nie etwas gewusst. Wo waren sie? Wo lebten sie? Wussten sie von mir? Und überhaupt: Was würde mich in Bochum erwarten?

Als der Zug im Bochumer Bahnhof einlief und ich dann endlich auf dem Bahnsteig stand, folgte ich den anderen Angekommenen mit mulmigem Gefühl in die Bahnhofshalle. Dort entdeckte ich schon bald auf einer Bank eine Frau, die genauso wie in meinem Traum aussah. Ich konnte es nicht fassen. War sie das? Die Haare standen mir zu Berge.

»Sind Sie meine Mutter?«, fragte ich schließlich die Frau, die allein auf der Bank saß. Irgendetwas hatte ich ja tun müssen, und weil auch sie mich musterte, hatte ich all meinen Mut zusammengenommen und sie angesprochen.

»Ja, meine Junge, ich bin deine Mutter.« Tränen liefen ihr übers Gesicht, während sie sich schwerfällig erhob. »Nie hätte ich gedacht, noch einmal mein eigenes Kind zu sehen.«

Es war beklemmend, ein ganz komisches Gefühl, ihr zum ersten Mal zu begegnen. Wie oft hatte ich mir vorgestellt, wie es wäre, eine Mutter zu haben, und nun stand sie auf einmal vor mir; sie hatte sich inzwischen von der Bank erhoben. Ich wusste nicht, wie ich mich ihr gegenüber verhalten sollte, deshalb fragte ich nochmals nach:

»Bist du wirklich meine Mutter? Ich habe dreimal hintereinander von einer Frau geträumt, die ich genau so angetroffen habe wie dich jetzt, die genau so ausgesehen hat. Vielleicht passiert das alles gar nicht wirklich?«

Meine Mutter lächelte. »Günter, du bist unsicher und hast Zweifel, aber sobald wir bei mir zu Hause sind, werde ich dir beweisen, dass ich deine Mutter bin. Schau mich nicht so an, als käme ich aus einer anderen Welt.«

Da stand ich nun der Frau gegenüber, die mich zur Welt gebracht hatte. Tränen liefen mir übers Gesicht, und im Stillen dachte ich: Nun hast auch du eine Mutter, du bist keine Vollwaise.

Auf dem Weg zu ihrer kleinen Wohnung erzählte sie mir, dass sie in einer Einrichtung der Diakonie als Küchenhilfe tätig sei, in einem Seniorenheim der Inneren Mission, und dort auch wohnen würde. Bei dem Wort »Diakonie« fiel mir das Heim in Lübeck ein.

»Wusstest du, dass ich im Kinderheim Vorwerk war?«,

fragte ich, immer noch durcheinander von den vielen Gefühlen, die mich in den letzten Minuten durchgeschüttelt hatten.

Meine Mutter nickte: »Ja, ich wusste davon, weil ich die Krankenversicherungsangelegenheiten für dich regeln musste.«

»Und man hat mich dir einfach weggenommen?«

Abermals nickte sie. »Als ich im Krankenhaus aufwachte und man mir sagte, du seist nicht da, versuchte man mich damit zu beruhigen, dass man dich zur Adoption freigeben würde. Es tröstete mich tatsächlich, denn meine Mutter, bei der ich wohnte, machte mir das Leben zur Hölle. Sie dachte wer weiß was über mich, denn ich hatte ja schon zwei Töchter unehelich zur Welt gebracht. Deine ältere Schwester Angelika habe ich 1950 geboren, da war ich neunzehn. Sie wurde adoptiert, ich habe aber nie wieder etwas von ihr gehört. Renate, deine andere Schwester, bekam ich sieben Jahre später, sie wurde von Pflegeeltern aufgenommen, die sie dann ebenfalls adoptierten. Von ihr hörte ich auch gar nichts mehr. Und 1959 gebar ich dann dich, meinen einzigen Sohn.«

Meine Mutter wirkte müde, ihre Schritte verlangsamten sich. Ich hatte nachgerechnet, eigentlich war sie erst zweiundfünfzig, aber sie sah viel älter aus, das Gesicht eingefallen, grau die Hautfarbe, sie schien auch nicht alles aufnehmen zu können.

»Du musst nichts sagen, wenn es für dich zu anstrengend ist«, versicherte ich ihr.

»Aber deshalb bist du doch hier, du hast Fragen. Und diese Fragen möchte ich dir gern beantworten.«

In der Wohnung kochte meine Mutter einen Kaffee, auf dem Wohnzimmertisch waren mehrere Papiere ausgebreitet.

»Ich habe dann erfahren, dass man dich in einem Säuglingsheim in Neumünster untergebracht hat«, fuhr meine Mutter fort, nachdem sie einen Schluck Kaffee getrunken hatte. »Ich suchte das Jugendamt auf und wollte in Erfahrung bringen, warum du mir weggenommen wurdest. Dort gab man mir zu verstehen, ich sei nicht in der Lage, Kinder zu erziehen, deshalb müsste das Kind, also du, Günter, in staatliche Obhut genommen werden. Man versprach mir abermals, dass man für dich eine passende Familie finden würde. Daraufhin bat ich das Jugendamt, dich gelegentlich besuchen zu dürfen. Das wurde mir auch ausdrücklich genehmigt. Doch als ich wieder nach Hause fuhr, wurdest du sofort in ein Auto gepackt und nach Pelzerhaken gebracht, ohne dass mir Bescheid gegeben wurde. Durch ein Schreiben der Amtsvormundschaft an meine Mutter – ich entdeckte es rein zufällig – erfuhr ich, dass man dich in ein anderes Säuglingsheim verlegt hatte. Doch in dem Brief gab es keinen Hinweis auf den Ort.«

Ein weiteres Mal trank meine Mutter einen Schluck Kaffee, danach sah sie mich aus traurigen Augen an: »Ich war völlig verzweifelt und wollte mit meiner Mutter, deiner Oma, nichts zu tun haben. Ich fand eine Arbeit, wo ich auch wohnen konnte. Erst 1966 erfuhr ich, dass man dich nach Vorwerk gebracht hatte. Der Direktor des Heims schrieb mir dann, dass du nur aus Schlechtigkeiten bestehen würdest. Daraufhin wandte ich mich erneut an das Jugendamt, um dich aus dem Kinderheim herauszuholen. Da konnte es dir nicht gut gehen, das spürte ich, ich wollte, dass du in ein anderes Heim kommst. Aber das lehnte das Amt ab. Ich schrie herum, aber das verbesserte die Situation auch nicht.«

Für meine Mutter war das alles ein Schock gewesen, sie hatte nie gewollt, dass ich in einem Heim landete. Man hatte ihr auch verschwiegen, dass ich mit neun Jahren in eine psychiatrische Klinik eingewiesen worden war. Sie hatte es nie gewusst und hatte auch keine Ahnung gehabt, wo ich abgeblieben war. Sie hatte keine Spur mehr von mir, wusste aber wohl auch nicht, was sie noch hätte tun können. Als sie dann damals hörte, dass sie selbst eingewiesen werden sollte, floh sie nach Bochum. Dort wurde sie von einem Mitarbeiter der Inneren Mission aufgefunden, wo man sie aufgenommen und als Küchenhilfe beschäftigt hat.

»Bist du als junge Frau temperamentvoll gewesen?«, fragte ich sie nun.

»Wieso willst du das wissen?« Irritiert schaute sie mich an.

»Ich war als Kind sehr lebhaft. Die Ärzte in den Heimen wollten mich immer ruhigstellen.« Mehr erzählte ich nicht, ich wollte ihr nichts von den Grausamkeiten sagen, nichts von den Medikamenten, nichts vom Missbrauch. Je länger ich mit meiner Mutter beisammen war, umso mehr hatte ich das Gefühl, dass sie das nicht gut verkraftete, sie machte einen etwas zurückgebliebenen Eindruck auf mich.

»Nein«, sagte sie. »Ich war eher viel zu ruhig. Das kannst du nicht von mir haben, vielleicht von deinem Vater.«

»Und wer ist mein Vater?« Die Worte sprach ich nur leise aus.

»Hier ist deine Geburtsurkunde.« Meine Mutter nahm von den Papieren das oberste Blatt, sozusagen der Beweis, den sie mir auf dem Weg zu ihrer Wohnung versprochen hatte, und hielt es mir hin.

Da las ich nun, Schwarz auf Weiß, dass ich, Günter

Wulf, einen Vater und eine Mutter hatte. Neben ihrem Namen stand der von meinem Vater: Günter Hans Joachim Goldenbow, geboren am 1. November 1934 in Kiel. Am 25. März 1959 hatte er mich vor dem Jugendamt Neumünster als von ihm gezeugt anerkannt.

»Ich habe nicht einmal ein Bild von ihm«, seufzte meine Mutter.

»Das ist schade«, erwiderte ich. »Ich hätte gern gewusst, wie er aussieht. Aber warum war er nicht da, als du mich geboren hast? Er hätte doch was unternehmen können.«

»Das konnte er nicht, er saß 1959 im Gefängnis.« Meine Mutter schaute ins Leere.

»Und was hat er verbrochen?« Unbedingt wollte ich das wissen.

Sie schwieg sich aus. Das tat sie auch bei den folgenden Besuchen. Auch als ich sie nach dem Mann fragte, von dem sie den Namen Schlüter angenommen hatte. Ich erfuhr nur, dass sie nach meiner Geburt nochmals geheiratet, sogar noch ein Kind bekommen hatte, Birgit, eine dritte Schwester. Doch wollte ich mehr wissen, schaute sie einen Punkt an der Wand an oder blickte aus dem Fenster. Dann stoppten unsere Gespräche, und ich konnte die Fragen, die mir noch auf der Seele brannten, nicht loswerden. Es hatte keinen Zweck, sie zu stellen, ich konnte davon ausgehen, dass sie sie nicht beantworten würde. Vielleicht aus Schmerz, vielleicht auch, weil sie keine wirkliche Erinnerung mehr daran hatte. Manchmal war das für mich schwer einzuschätzen.

Doch immer wieder fuhr ich zu ihr hin, es war, als müsste ich mich vergewissern, dass es tatsächlich der Wahrheit entsprach: Es gab diese Mutter, die man mir abspenstig hatte machen wollen. Es kam auch zu einem Treffen mit meiner Schwester Renate, aber es blieb bei diesem einen Mal. Wir waren zu verschieden, es gab keine Anknüpfungspunkte, um eine richtige Beziehung zueinander aufzubauen. Wir entschieden beide, dass wir es besser dabei belassen sollten, wie es vorher war – ein Wissen um den anderen, aber ohne Kontakt.

Solange ich noch bei der Bundeswehr war, konnte ich fast jedes Wochenende nach Bochum fahren, die Kosten für die Tickets übernahm der Bund. Heimreisen. Später hörten die Treffen aus Kostengründen auf, aber wir schrieben uns regelmäßig. Und noch immer tun wir das. Heute lebt sie, neunundachtzigjährig, in ihrer Wahlheimat in einem Alten- und Pflegeheim. Und ich bin froh, dass ich diesen Schritt, sie kennenzulernen, gewagt habe. Ich habe nun eine Mutter.

# 19

## Am Ende der Abwärtsspirale wartet endlich Hilfe

Nun wollte ich auch noch meinen Vater finden, meine andere Ursprungshälfte. Vor der Bundeswehr hatte ich immer gedacht: Mein Erzeuger mag er gewesen sein – mein Vater ist er nicht. Diese Einstellung hat sich durch die Treffen mit meiner Mutter geändert. Als sie bei einem meiner Besuche sagte: »Ich hab deinen Vater wirklich lieb gehabt, ich hätte ihn sogar geheiratet, aber da hat das Jugendamt sein Veto eingelegt«, stand für mich fest: Ich will diesen Mann treffen. Diese Leerstelle in meiner Geschichte, die wollte ich schließen. Doch ich begegnete ihm nie, was ich sehr bedauere.

Bei all meinen Recherchen erfuhr ich aber, dass meine Mutter schon viel früher entmündigt worden war, nicht erst nach meiner Geburt. Nämlich 1957, als sie meine Schwester Renate zur Welt brachte. Angestoßen wurde es durch meine eigene Großmutter!

Ich fuhr also nach Nortorf, dorthin, wo meine Großmutter und Mutter gelebt hatten, und forschte dort nach meiner Familie. Das Einwohnermeldeamt konnte mir den Verbleib meines Vaters nicht mitteilen, da es hierüber keine Akten gab. Daraufhin schrieb ich das Einwohnermeldeamt in Neumünster an und bat um die Anschrift meines Vaters, denn ich hatte gehört, dass er dort leben könnte. Doch auch diese Spur lief ins Leere. Man nannte mir zwar eine Straße und eine Hausnummer, doch als ich nach Neumünster fuhr, gingen mir viele drängende Fragen durch den Kopf: Was, wenn sich herausstellt, dass er eine neue Familie gegründet und Kinder hat? Wie würde er mir begegnen? Wäre er erfreut, seinen Erstgeborenen zu sehen? Oder wäre er verstört und würde nichts mit mir zu tun haben wollen? Jagte er mich vielleicht fort, um seine jetzige Familie nicht zu gefährden? Ich hatte eine Menge Bedenken. Keineswegs wollte ich mit dem Wunsch, meinen Vater kennenzulernen, den Frieden einer Familie zerstören. Aber er hatte mich gezeugt, diese Tatsache konnte ich nicht zugunsten anderer ignorieren. Vater blieb Vater.

Doch dann spielte mir das Schicksal einen Streich: Die mir mitgeteilte Hausnummer gab es nicht, ich fand sie jedenfalls nicht. Das machte mich stutzig. Hatte man dies bewusst so entschieden? Oder war mein Kopf so voll von drängenden Fragen gewesen, dass ich nicht genau hatte schauen können, nicht schauen wollen? Wie auch immer, ich wollte diese Fahrt nach Neumünster nicht noch einmal auf mich nehmen. Etwas hielt mich davon ab, etwas Unbestimmtes. Langsam fing ich auch an mich zu fragen, ob mein Vater überhaupt noch lebte. Das aber hoffte ich, hoffe ich noch immer.

Es begann das Jahr 1984, und ich musste beim Bund einen Unteroffizierslehrgang ablegen. Immerhin hatte ich mich dazu verpflichtet, doch ich schaffte es nicht, ihn zu beenden. Zu viel wurde da abverlangt, und das betraf nicht nur die Theorie, auch den körperlichen Voraussetzungen war ich nicht gewachsen. Die Anforderungen waren einfach zu hoch. Ich hatte mir selbst etwas beweisen wollen, war aber längst an meine Grenzen gestoßen. Es passte mir gar nicht, dass ich nicht hatte mithalten können, und so wurde ich depressiv, nachdem ich den Lehrgang abbrechen musste. Immer wieder dachte ich: Hätte ich eine richtige Schule besuchen können, wäre ich nicht missbraucht worden, ich hätte den Lehrgang absolvieren können.

Major Becker fand wieder einmal die passenden Worte: »Wulfi, du machst einen gewaltigen Fehler, du frisst das alles viel zu sehr in dich hinein, grübelst zu viel. Ich will dir ganz ehrlich sagen, mir ist ein guter Hauptgefreiter lieber als ein schlechter Unteroffizier. Sei froh, dass du Hauptgefreiter bist. Du kannst Minusstände ausgleichen und Plusbestände verschwinden lassen, darin bist du perfekt. Denk daran, und mache keinen Mist.«

Dennoch wirkte seine Aufmunterung nur begrenzt. Ich war nicht zufrieden, denn auch privat lief es nicht gut, ich hatte Probleme mit Frauen. In Flensburg geriet ich dann erneut an Leute, die nur am Saufen waren. War man in einem solchen Kreis, kam man so schnell nicht wieder aus ihm heraus. Die Folge: Alkohol. Alkohol. Alkohol. Es war, als wollte ich mein ganzes Leben im Alkohol ertränken. Ich kam einfach nicht mit mir selbst klar.

Mein Major riet mir dringend dazu, den Konsum von Bier und Schnaps runterzufahren – was ich zum Glück noch konnte –, denn es zeigte sich, dass Unteroffiziere fehlten. Und auf einmal, obwohl ich den Lehrgang nicht geschafft hatte, hatte ich auch als Hauptgefreiter sechs Leute unter mir. »Du kriegst das schon hin«, versicherte mir mein Kompaniechef. »Du kennst hier den Laden, das wird klappen.«

Und es klappte auch. Mit den Aufgaben, die mir gestellt wurden, konnte ich nicht nur anderen etwas beweisen, sondern auch mir selbst. Ich wuchs in die neue Verantwortung hinein und behauptete mich. Ich wurde selbstständiger, selbstsicherer. Und der Major gab mir die nötige Rückendeckung.

Ich hatte mich ja für vier Jahre verpflichtet, doch vor Ablauf der Zeit änderte sich etwas: Wir bekamen einen neuen Kompaniechef, und mit diesem Major kam ich nicht zurecht. Lange musste ich den neuen Vorgesetzten immerhin nicht erdulden, denn nach nur ein paar Wochen war mein Vertrag als Zeitsoldat abgelaufen. Nach Ablauf meiner vier Dienstjahre wollte ich nicht länger Soldat sein, doch ich hatte mir überlegt, weiterhin bei der Truppe als Ziviler zu arbeiten. Im Materiallager, meiner neuen Arbeitsstätte, akzeptierte man mich aber nicht, man wünschte sich dort einen anderen Mann, einen aus den eigenen Reihen. Im gleichen Ausmaß, in dem meine Selbstsicherheit schwand, nahm es mit dem Alkohol wieder zu. Ich war inzwischen siebenundzwanzig, und ich verstand die Leute nicht, und die Leute verstanden mich nicht.

»Der Herr Wulf soll mal zu mir kommen.« Das war ein Befehl vom Oberstleutnant.

»Wulfi, hier ist deine Akte, geschrieben von deinem Kompaniechef. Anscheinend hast du dich verändert, woran liegt das?«

»Ganz einfach, Herr Oberstleutnant, ich werde hier nicht akzeptiert.«

»Alles klar, das regele ich.«

Er nahm die Soldaten aus dem Material ins Gebet, und es wurde tatsächlich besser. Doch ich war schon zu tief gefallen, um dadurch aufgefangen zu werden. Die Sauferei nahm immer mehr zu, und da ich auch nicht mehr zu meiner Mutter fahren konnte, gab es kein Wochenende mehr, an dem ich noch nüchtern war. Die alten Probleme kamen hoch. Und auch hier wurde ich wieder von meinen Freunden, die in Wirklichkeit nichts weiter als Saufkumpane waren, nur ausgenutzt. Das war, im Nachhinein betrachtet, der größte Fehler, den ich hatte machen können: mich mit dem Alkohol anzufreunden. Alkohol ist der schlechteste Ratgeber, den es gibt. Seit 2002 trinke ich keinen einzigen Tropfen mehr.

1992 bekam ich meinen ersten Hörsturz, ausgelöst durch Stress. Durch den Tinnitus ging es jedoch mit meinen psychischen Problemen erst richtig los. Ich dachte: Du hast nicht so viel erreicht, wie du erreichen wolltest. Und ich zerfleischte mich mit Selbstvorwürfen, sagte mir: Du hast dir die ganze Zeit was vorgemacht, aber in Wirklichkeit hast du nichts auf die Reihe gekriegt. Dieses Denken zog mich noch weiter runter. Labil, dieses Wort beschreibt den Zustand, in dem ich mich damals befand. Ich war sehr labil.

Ich kam mit Leuten zusammen, die sich als Neonazis einstuften. Ich driftete ab, und als der Bund davon erfuhr, wurde der Arbeitsvertrag im beiderseitigen Einvernehmen aufgelöst. Die Rechten fingen dann an, über das Herrenmenschentum zu schwadronieren, ständig sagten sie: »Diejenigen, die keine Deutschen sind, sind nicht mit uns auf einer Stufe.« Doch daran konnte ich nicht glauben. Mit solchen Äußerungen wollte ich nichts zu tun haben, hatte ich doch genügend darunter gelitten, dass ich ein Heimkind war und noch dazu eins dritter Klasse. Den Neonazis ging es auch nur darum, Menschen zu beherrschen, sie zu steuern.

Dem hatte ich entkommen wollen, und nun war ich in eine solche Gruppe reingerutscht. Nicht mit mir. Ich erklärte: »Leute, ich will mit euch nichts mehr zu tun haben.«

»Ja, willst du denn zu den Kommunisten rüber?«

»Ich will weder die noch euch. Ich will, dass die Menschen vernünftig miteinander umgehen, ganz gleich, welchem Volk oder welcher Schicht sie angehören.«

Dennoch blieb die Sehnsucht, die von den Rechten sofort erkannt worden war: Ich wollte irgendwo dazugehören. Und so suchte ich Zuflucht zwar nicht mehr im rechten Spektrum, sondern tatsächlich im linken. Als ich aber feststellte, wie die sich untereinander verständigten, mit geballter Faust nämlich, da wusste ich sofort, das ist ebenfalls nichts für mich.

Nun spürte ich große Einsamkeit, jetzt gab es überhaupt keine Zugehörigkeit mehr, jetzt war ich ein Außenseiter. Ein Sonderling. Genau so, wie ich es immer schon erlebt hatte. Ich grenzte mich noch mehr ab, wodurch die Leere in mir nur noch größer wurde. In meiner Not dachte ich: Ich muss etwas ganz anderes machen, ich muss weg aus Deutschland. Die Bundesrepublik hing mir zum Halse raus, und Schleswig-Holstein erst recht. Hier hatte ich nur Negatives erlebt.

Und so bewarb ich mich 2001 in der Schweiz als Portier in einem Fünf-Sterne-Hotel. Es war dort wunderschön, doch als ein homosexueller Gast anfing, mich zu berühren, konnte ich es dort auch nicht länger aushalten. Mein Trauma verfolgte mich überallhin, wurde mir klar, ganz gleich, ob ich mich in Schleswig-Holstein oder in der Schweiz aufhielt. »Heimkind bleibt immer Heimkind«, es schien zu stimmen. Meine Flucht in die Schweiz half mir also auch nicht, der Stress war auch hier zu groß. Nachts bekam ich Angstzustände, alles wurde milchig um mich herum, Geräusche drangen nur noch dumpf an mich heran. Panik stieg in mir auf: Jetzt geht es mit mir zu Ende. Das darf es aber nicht, ich habe doch am nächsten Tag Dienst.

Ich musste einsehen, dass ich, als die Saison im September zu Ende war, besser zurück nach Flensburg gehen sollte, wo ich noch meine Wohnung hatte. Wieder war ich in dieser Stadt gefangen. Ich meide sie heute noch, obwohl ich nur siebzehn Kilometer entfernt wohne. Für mich sind die Flensburger Jahre verlorene Jahre.

Arbeit fand ich nun im Garten- und Landschaftsbau. Ich merkte, dass es mit meinen Depressionen schlimmer wurde, sie nahmen zu. Ich beschloss, nicht mehr allein zu leben. Vielleicht würde die bedrängende Einsamkeit besser, wenn ich mir mit anderen eine Wohnung teilte. So tat ich mich mit zwei Kumpels zusammen, gemeinsam bezogen wir in Flensburg ein Haus zur Miete. Alles schien gut zu laufen, meine beiden Freunde gingen ihrem Beruf nach, ich meinem, und zum Essen setzten wir uns an einen Tisch. Doch auch diese zwei Männer hatten in mir das Opfer erkannt. Sie bestellten auf meinen Namen Büromöbel, die ich dann auch bezahlen sollte. Insgesamt kam eine Summe von über 5.000 D-Mark zusammen. Sie hatten es so gewieft angestellt, dass ich aus der Sache nicht rauskam. Doch damit nicht genug: Ein Mitbewohner war verantwortlich dafür gewesen, die gesamte Miete zu überweisen, was er aber unterlassen hatte. Deshalb tauchte eines Tages unser Vermieter bei uns auf, traf dort aber nur mich an, die beiden anderen hatten sich rechtzeitig verdrückt.

»Sie sind gekündigt«, teilte er mir empört mit.

»Weswegen denn?«, fragte ich in aller Unwissenheit.

»Sie haben seit Monaten die Miete nicht bezahlt.«

»Was? Das kann doch gar nicht sein! Ich habe meinem Mitbewohner, der die Miete überweisen wollte, immer meinen Anteil gegeben.«

»Sie können mir alles Mögliche erzählen, auf meinem Konto ist kein Pfennig eingegangen. Sie müssen hier ausziehen. Die Mietschulden sind zu hoch.«

Sie betrugen nochmals Tausende von D-Mark. Zum Glück bekam ich in Flensburg eine andere Wohnung. Aber mit meinem Pech war es noch nicht vorbei, denn meine Kumpane hatten noch mehrere Fahrzeuge gekauft und mich auch dabei in ihre dubiosen Machenschaften hineingezogen. Den Kaufvertrag unterschrieben sie zwar mit ihren eigenen Namen, nicht mit meinem, das wäre Urkundenfälschung gewesen. Aber sie hatten mich als Käufer angegeben. Normalerweise ist ein Kaufvertrag ungültig, wenn der Käufer ihn nicht selbst unterzeichnet. Das Amtsgericht in Flensburg, das sich mit diesem Fall befasste, entschied aber, dass wir eine Gesellschaft bürgerlichen Rechts seien, und diese Gesellschaft hätte ja unterschrieben. Das Ergebnis war, dass ich alles allein bezahlen musste, ich hatte sogar noch die Prozesskosten zu tragen. Am Ende belief sich das auf einen Gesamtverlust von über 60.000 D-Mark.

In dem Moment, in dem ich das begriff, beschloss ich: Nee, jetzt ist Schluss! Wenn mir das Leben nur so etwas bietet, dann mache ich dem ein Ende. Ich grübelte lange darüber nach und teilte auch der Mutter des ehemaligen Mitbewohners, der mich so unglaublich über den Tisch gezogen hatte, meine Überlegungen in Ansätzen mit. Sie sagte: »Günter, bleib ruhig, ich helf dir schon.«

Doch zu oft war ich schon im Stich gelassen worden, ich hatte mich entschieden: Ich nahm das Messer in die Hand, das ich mir in die Brust rammen wollte. In diesem Moment schloss besagte Mutter die Wohnungstür auf, sie hatte in weiser Vorahnung einen Schlüssel von mir verlangt. Schnell ließ ich das Messer fallen, als ich sie kommen hörte, und schob es mit dem Fuß unters Sofa. Ich war aber trotzdem nicht rasch genug, sie hatte es gesehen.

Ruhig sagte sie: »Das hast du nicht nötig, Günter, ich helfe dir, das habe ich dir versprochen, und das werde ich auch tun.«

Vor lauter Verzweiflung fing ich an zu weinen, und sie nahm mich in den Arm und beruhigte mich. Sie half mir dann auch tatsächlich. Manche Mütter reden ihre eigenen Söhne schön, egal was sie angerichtet haben. Sie aber verschloss nicht die Augen vor dem, was ihr Kind angestellt hatte. Er und sein Freund hatten sich sicher gedacht: Mit dem Günter kann man es machen.

»Warum haben sie mich so behandelt?«, fragte ich diese Mutter einmal.

»Manche Leute merken sofort, wer schwächer ist als man selbst. Mein Sohn gehört zu diesen Menschen.«

Ich bezahlte die enorme Summe ab, Monat für Monat, Jahr für Jahr. Am Ende lebte ich nur noch von 80 Euro im Monat. Die Bank wollte partout nicht mit der Ratenzahlung runtergehen.

Ich sagte: »Damit würden Sie mir aber helfen, ich kann doch nicht nur Kartoffeln und Brot essen.«

»Das haben Sie doch selbst verschuldet«, meinte der Filialleiter ungerührt.

Das Ende vom Lied: Ich musste in die Insolvenz gehen.

Und als ich dann merkte, dass auch dieser Ausweg mir über den Kopf wuchs, mein ganzes Leben aus dem Ruder lief und aus meinen Händen glitt, wollte ich mir wieder das Leben nehmen, das war 2003. Ich war zu dieser Zeit ohne Arbeit, hatte Bewerbungen nach Baden-Württemberg geschickt, um aus dieser verhassten Stadt Flensburg zu fliehen, sie war für mich zu einem Albtraum geworden. Ich hatte mich als Hausmeister in einem Landhaus in Weilheim beworben, wo man mich auch genommen hätte. Die Arbeitsagentur Flensburg machte mir aber einen Strich durch die Rechnung – sie war nicht bereit, mir den Umzug nach Weilheim zu finanzieren. So bekam ich die Stelle doch nicht – und verfiel zusehends in Depressionen.

Ich besaß eine Gas- und Schreckschusspistole, damit wollte ich mir die Schläfe zertrümmern. Das Schießen in die Schläfe hätte mit Sicherheit den Tod bedeutet, davon war ich überzeugt, zumal der Gasdruck meiner Pistole sehr hoch war.

Im August, an einem sehr heißen Tag, wollte ich nun mein verkorkstes Leben beenden, in der Marienhölzung, einem großen Forst in Flensburg. Na ja, daraus wurde dann nichts. Gerade wollte ich die Waffe aus meiner Tasche herausholen, da wurde mir schlecht. Mein Kreislauf brach zusammen, versagte mir ohne Vorwarnung den Dienst. Die Sinne schwanden mir, und ich lag plötzlich auf dem Boden. Mir war so schwummerig geworden, ich hatte nicht mehr die Kraft zum Abdrücken gehabt.

Eine Passantin, eine junge Mutter, die ihr Baby im Kinderwagen durch die Gegend schob, entdeckte mich und verständigte den Rettungsdienst, der wiederum die Polizei benachrichtigte, weil mir die Waffe aus der Tasche gefallen war. Das war mein zweiter Suizidversuch gewesen, und ich hatte es wohl als ein Zeichen zu deuten, dass auch dieser misslang.

In Flensburg wurde ich sofort in die neu eingerichtete psychiatrische Abteilung des Diakonie-Krankenhauses eingewiesen. Dort musste ich für eine Woche bleiben. Obwohl diese Station als eine geschlossene galt, konnte ich immer in den Park gehen, wo es sehr schön war. Anschließend folgte eine Tagesklinik, wo ich an verschiedenen Therapiemaßnahmen teilnahm. Meine Depressionen verschwanden. Nach vier Wochen war ich insoweit »wiederhergestellt«, dass ich nicht mehr als suizidgefährdet galt. Ich suchte mir aber dennoch einen Psychiater, mit dem ich über mein bisheriges Leben sprach. Er war ein sehr guter Zuhörer, und durch die Gespräche mit ihm kehrte meine Lebensfreude zurück.

Im November 2003 erlitt ich jedoch einen vierten Hörsturz, wodurch meine inneren Ängste wieder auftauchten und meine Klaustrophobie voll zum Ausbruch kam. Damit hatte ich nicht mehr gerechnet. Die alten Symptome, die ich bisher durch Arbeit und Alkohol mehr oder weniger erfolgreich verdrängt hatte, kehrten zurück. Menschenmengen erdrückten mich und nahmen mir den Atem. Ich bat meinen Psychiater um die Einweisung in eine Nervenklinik. Es kam, wie es nicht hätte kommen müssen: Ich wurde nach Schleswig in die Erwachsenenpsychiatrie eingewiesen, und zwar auf dem Gelände des ehemaligen Landeskrankenhauses Stadtfeld. Ausgerechnet dort! Jetzt war meine Vergangenheit auf einmal vollständig präsent.

»Können Sie mich nicht woanders unterbringen?«, bat ich die Ärztin, die mich behandelte.

»Wieso das denn?«, fragte sie und steckte ihre Brille ins dichte blonde Haar. »Gefällt es Ihnen nicht bei uns?«

»Aufgrund meiner Vergangenheit ist dieser Ort mit zu vielen Erinnerungen behaftet.«

»Wie meinen Sie das?«

In groben Zügen berichtete ich ihr dann, was einst hier vorgefallen war und dass nun alles wieder hochkommen würde, all die schrecklichen Momente, die ich hier erlebt hatte, in aller Deutlichkeit und Intensität.

Als ich mit dem Reden aufgehört hatte, sagte sie, die Brille wieder auf der Nase: »Um Gottes willen, Sie müssen sofort hier weg.«

Die verständige Ärztin ordnete meine Verlegung nach Breklum in Nordfriesland an. Dort wurde ich einer Psychologin und einem Psychiater anvertraut, denen ich mein bisheriges Leben schilderte. Ich konnte ihnen dabei zusehen, wie ihnen die Kinnlade herunterfiel. Sie konnten anfangs nicht glauben, was ich ihnen erzählte, aber nach und nach verstanden sie, dass ich ihnen die Wahrheit erzählt hatte. Der Chefarzt ordnete an, dass ich mit dem Antidepressivum Remergil behandelt werden sollte. Der Wirkstoff dieses Medikaments greift in die Übermittlung von Signalen im Gehirn ein, die stimmungsaufhellenden Botenstoffe können dadurch länger aktiv bleiben. Doch wieder war es so, dass mich das Arzneimittel in einen Zustand versetzte, den ich nur zu gut kannte und ablehnte: den einer halben Betäubung. Ich bat um Veränderung der Medikation, und es wurde dann auch etwas anderes versucht, was mich weniger benommen machte.

Nach sechs Wochen Klinikaufenthalt ging ich in die dortige Tagesklinik und blieb zwölf Wochen in ihr. Doch richtig stabil war ich immer noch nicht, weshalb mir ein ambulanter Betreuer zur Seite gestellt wurde.

Meine Klaustrophobie und die Angst vor mich umgebenden Menschenmengen sind geblieben. Nach meiner Einweisung in die Erwachsenenpsychiatrie auf dem Stadtfeld kehrten auch meine Albträume zurück. Seitdem bin ich sie nicht wieder losgeworden. Bis zum heutigen Tag muss ich mit den psychischen Folgen davon leben, dass ich wieder dorthin zurückgekehrt bin, wo meine Kindheit ruiniert wurde, ich beinahe mein Leben verloren habe. Meine Vergangenheit mit ihren Spätfolgen lässt mich nicht mehr los. Doch ich habe mich dazu entschlossen, sie als Teil meines Lebens anzunehmen.

# Epilog

## Aufarbeitung im Kieler Landtag

Im Jahr 2010 bekam ich mit, dass immer mehr ehemalige Heimkinder öffentlich über ihr Schicksal sprachen. Stephan Richter, ehemaliger Chefredakteur des Schleswig-Holsteinischen Zeitungsverlags (SHZ), hatte über dieses Thema geschrieben, und ich fragte ihn, ob er mir die Anschrift des Vereins der ehemaligen Heimkinder geben könne, den er in seinen Artikeln erwähnt hatte. So entstand der Kontakt. Er bat mich wiederum um ein Interview, und 2010 erschien meine Geschichte in der Osterausgabe der *SHZ*.

Kurz darauf lernte ich Wolfgang Petersen (nicht verwandt mit dem Regisseur) kennen, auch er konnte seine Zeit in der Kinderpsychiatrie nicht vergessen. Als Neunjähriger war er lebhaft gewesen, gab oft Widerworte. Das reichte aus, um ihn vom Kinderheim in die Psychiatrie nach Schleswig zu verlegen. Schläge durch Pfleger waren für ihn an der Tagesordnung. Sie pressten ihn in eine Zwangsjacke, demütigten und misshandelten ihn, drückten ihn unter Wasser. Wenn sich Petersen dagegen aufbäumte, hagelte es weitere Strafen. Und es hieß: »Euch Idioten glaubt ja eh keiner.«

Seine Biografie ähnelte meiner sehr. So schlimm das auch war, es zeigte mir wenigstens, dass ich mir nichts ausgedacht hatte, dass meine Erinnerungen keine Horrorgeschichten aus irgendeiner Diktatur waren. Und das, was ich erlebt hatte, war auch kein Einzelschicksal. Nicht nur Petersen und ich, sondern Tausende von Kindern und Jugendlichen wurden hierzulande auf diese Weise in Psychiatrien abgeschoben – und erlebten dort einen Alltag voller Strafen und Gewalt. Und das nur, weil wir als unbequem galten. Uns alle beschäftigte die Frage: Wie konnten diese Zustände hinter den Klinikmauern nur so lange unentdeckt bleiben?

Durch Wolfgang Petersen kam 2013 der WDR nach Schleswig, die Filmemacher Nadja Kerschkewicz, Anne Kynast und Martin Suckow drehten an mehreren Orten für ihre Dokumentation *Hölle Kinderpsychiatrie. Gewalt und Mißbrauch hinter Anstaltsmauern.* Nach der Ausstrahlung ihres Fernsehbeitrags 2014 meldete sich Professor Jörg Michael Fegert zu Wort, leitender Direktor der Universitätsklinik Ulm und Präsident der Deutschen Gesellschaft für Kinder- und Jugendpsychiatrie. In seiner Erklärung hieß es:

*Die Deutsche Gesellschaft für Kinder- und Jugendpsychiatrie, Psychosomatik und Psychotherapie entschuldigt sich bei den Betroffenen für das Leid, welches ihnen in Einrichtungen der Kinder- und Jugendpsychiatrie damals angetan wurde. Wir bekennen uns zu unserer heutigen Verantwortung, dafür zu sorgen, dass sich solches Leid in unseren Einrichtungen nicht wiederholen kann.*

*Deshalb fordern wir*

1. *Eine Gleichstellung der damals Betroffenen aus Einrichtungen der Kinder- und Jugendpsychiatrie mit anderen Betroffenen aus Heimen und pädagogischen Einrichtungen wie es im Beitrag gefordert wurde.*

2. *Eine historische Aufarbeitung, welche nicht allein von Fachgesellschaften oder einzelnen Einrichtungen geleistet werden kann. Unseren Beitrag zur historischen Aufarbeitung werden wir erbringen.*
3. *Kinderrechte stärken, Beschwerdesysteme ausbauen. Unterstützung von präventiven Maßnahmen, von Information, Transparenz und Partizipation, auch für Kinder und Jugendliche als Patientinnen und Patienten im Gesundheitswesen*
4. *Die Überprüfung der Regelungen zu Zwangsmaßnahmen an Kindern und Jugendlichen. Hier sind Bundes- und Ländergesetzgeber aufgerufen, Klarheit zu schaffen. Dies betrifft Länderunterbringungsgesetze bzw. Psych-KGs (die derzeit vor allem mit Blick auf die Rechtsprechung des Bundesverfassungsgerichts zu Erwachsenen überarbeitet werden). Die zivilrechtliche Genehmigung der Unterbringung nach § 1631 b BGB (die durch jüngste höchstrichterliche Entscheidungen in Bezug auf das Primat der elterlichen Entscheidung z. B. bei Fixierung in die Diskussion geraten ist) und die Inobhutnahme gegen den Willen von Kindern und Jugendlichen nach § 42 SGB VIII.*
5. *Eine menschenwürdige Personalausstattung, gerade in der Kinder- und Jugendpsychiatrie, die die Einhaltungen der Vorgaben aus der UN-Kinderrechtskonvention und UN-Behindertenrechtskonvention erst möglich macht: kein Wegfall der veralteten Psychiatriepersonalverordnung, bevor nicht eine neue, zeitgemäße Verordnung zur Strukturqualität in Einrichtungen vom Gesetzgeber beschlossen ist, sonst droht ein Rückfall in die »Verwahrpsychiatrie«.*

6. *Eine Psychiatriereform, die wichtige sektorenübergreifende Behandlungsformen wie Home Treatment, Intervallbehandlung etc. möglich macht und vorantreibt und den Anteil der Krankenhausbehandlungen reduziert. Kinder- und Jugendpsychiatrie ist heute völlig anders als damals, deshalb keine Angst vor Behandlungsinanspruchnahme heute schüren!*

Im selben Jahr lud Professor Fegert Wolfgang Petersen, mich und einige andere Betroffene zu einem Gespräch nach Ulm ein. Er war einer der ersten Psychiater, der uns zuhörte und sich auch bei uns entschuldigte. Hinterher sagte er: »Ja, das ist mir sehr nahegegangen, dieses Gespräch. Weil diese Taten im Namen von und in Einrichtungen meines Fachs begangen wurden … Und das war auch unser Ziel, dass wir den Betroffenen wirklich zuhören, sie ernst nehmen und ihnen auch deutlich machen, dass wir ihnen glauben.«

Fegert sagte auch, dass er sich für uns einsetzen wolle, man müsse uns in ähnlicher Weise wie Heimkinder entschädigen. Überhaupt müsse das Thema weiter aufgearbeitet werden, und so kam alles ins Rollen. Ich begann zu recherchieren. Es gab die Akte über mich aus dem Kinderheim Vorwerk, aber keine aus der Zeit in Schleswig. Die letzte Akte hatte das Gesundheitsamt Schleswig im Jahr 2009 vernichtet. Ich kam leider zu spät, was mich ärgerte, zumal meine Akte angeblich gar nicht hätte geschreddert werden dürfen. Das erzählte mir Renate Schepker, Professorin an den ZfP, den Zentren für Psychiatrie in Baden-Württemberg, da es damals schon Untersuchungen über Missbrauchsfälle im Landeskrankenhaus Schleswig und in anderen psychiatrischen Einrichtungen gegeben hat.

Die Kinder- und Jugendpsychiatrie auf dem Hesterberg, die inzwischen von den Helios-Kliniken übernommen worden war, unterstützte mich bei der Aufarbeitung. Ich sprach mit dem damaligen Geschäftsführer Florian Friedel und erzählte ihm von meiner Zeit in der Psychiatrie. Um damit abschließen zu können, wollte ich Haus F noch einmal besichtigen und fotografieren. Das wurde mir auch ermöglicht, bevor es abgerissen wurde. Die ehemalige Landespastorin Petra Thobaben und ich hatten die Idee gehabt, auf dem Hesterberg einen Dokumentationsraum mit Bildern und Berichten von Betroffenen einzurichten. Da Helios aber keine Kosten übernehmen wollte, scheiterte das Projekt.

In so manchen politischen und gesellschaftlichen Diskussionen war immer wieder von »Menschenrechten« die Rede. Ich aber hatte erfahren müssen, dass man diese bei uns, den Heim- und Psychiatrieopfern, massiv mit Füßen getreten hatte. Uns sind keine Menschenrechte zugestanden worden. Darum unterbreitete ich im Mai 2017 dem Kieler Sozialministerium den Vorschlag, den Opfern von Misshandlungen und Vergewaltigungen kostenlos Heilfürsorge zukommen zu lassen und die Gesundheitsleistungen bei besonderen Gefährdungen zu übernehmen. Auch beantragte ich die wertmäßige Angleichung des Entschädigungsfonds für Psychiatrieopfer an den Fonds für Heimopfer, so wie es Professor Fegert vorgeschlagen hatte. Ich begründete das Anliegen damit, dass sonst das Gleichheitsprinzip vor dem Gesetz nicht beachtet werden würde. Fegert hatte dieses Missverhältnis schon damals unglaublich gefunden und gesagt: »Dass man jetzt hier, ich würde schon sagen kleinlich unterscheidet, nach der sozialrechtlichen Zuständigkeit. Bei den Heimkindern, nach einer langen Debatte, ja Lösungen, die vielleicht auch unbefriedigend sind, in einem Fonds gefunden hat. Und dass es für diese Betroffenen eigentlich überhaupt keine Lösung und keine Anerkennung des Leids gibt.«

Beide Anträge meinerseits wurden aber rundweg abgelehnt. Ich fand das nicht nachvollziehbar. Man musste doch nur bedenken, wie unmenschlich man mit uns umgegangen ist.

Doch ich ließ nicht locker. Im Juni, einen Monat später, schrieb ich sowohl den Deutschen Bundestag als auch den Deutschen Bundesrat an, um meinem Unmut hierüber unmissverständlich Ausdruck zu verleihen. Das Ergebnis: Beide politischen Organe versuchten, ihre Entscheidung mit meisterhafter Wortakrobatik zu rechtfertigen, indem sie nicht den Wert, sondern die Art der Entschädigungsleistungen ins Gespräch brachten. In meinen Augen war das ein Akt der Unaufrichtigkeit und deshalb nicht hinnehmbar.

Gleichzeitig sah ich mich damals aus Gewissensgründen gezwungen, den regionalen Fachbeirat zu verlassen, in den mich das Kieler Sozialministerium im April 2017 berufen hatte. Sowohl die Bundesländer als auch die Kirchen waren einst Träger jener Einrichtungen, in denen die elementarsten Menschenrechte missachtet wurden, so der Paragraf 223 des StGB, der die Körperverletzung regelt, oder der Paragraf 225, in dem es um die Misshandlung von Schutzbefohlenen geht, und sie saßen mit an dem Tisch. Sie hatten angegeben, Wiedergutmachung leisten zu wollen. Nun, ich achte zwar die menschliche Selbstüberwindung, aber nicht immer glaube ich an sie. Und so war es auch in diesem Fall. Denn die Bereitschaft, eine Entschädigung zu leisten, bedeutet zwangsläufig auch, ein Schuldgeständnis zu unterschreiben.

Immer wieder wies ich auch auf die Medikamententests hin: Wie war es möglich, dass viele von uns Kinder, die wir erst zu Patienten gemacht haben, lang andauernden Experimenten unterzogen worden waren? Unabhängig von der Diagnose. Und zwar nicht, um uns zu helfen, sondern um herauszufinden, welche Nebenwirkungen auftraten. Bei den Kindern, die psychisch krank waren, die körperlich und geistig behindert waren, und denen, die wie ich nur ins Heim kamen, weil woanders kein Platz für sie gefunden wurde.

Viele von uns vertrugen bestimmte Medikamente überhaupt nicht. Wie wir heute wissen, wirken Arzneimittel auf Menschen unterschiedlich, und Testphasen sind als riskant einzustufen, weil man mögliche Folgeschäden überhaupt nicht einschätzen kann. Viele Opfer haben durch die Experimente schwere psychische Schäden erlitten. War das nicht auch eine Form von Körperverletzung? Was waren wir in den Augen der damaligen Verantwortlichen eigentlich wert? Und was sind wir ihnen heute wert? Jedenfalls war das ein gewaltiger Skandal. Ethisch verwerflich und rechtswidrig.

Offenbar passten wir Heimkinder nicht in das Gesellschaftsbild der Wirtschaftswunderzeit, weshalb man uns der Öffentlichkeit entzog, stattdessen dienten wir als gewinnmaximierende Versuchsobjekte der Pharmaindustrie wie auch als medizinische Anschauungsobjekte für die Ärzteschaft. Ich erfuhr, dass die Pharmakonzerne in den Fünfziger- und Sechzigerjahren die Genehmigung zu Produktion und Vertrieb von Medikamenten erhielten, ohne dass die angeblichen Wirkleistungen mit Forschungsergebnissen belegt werden mussten. Aufgedeckt hatte das die Krefelder Pharmazeutin Sylvia Wagner, sie hat Archive und historische Fachzeitschriften ausgewertet. Sie konnte nachweisen, dass Ärzte auf dem Hesterberg ihre jungen Patienten für derartige Versuche nutzten, weil die Mediziner ihre Ergebnisse in Fachzeitschriften publiziert hatten.

Bund und Länder mussten also von diesen Medikamententests gewusst haben, denn sie hatten sie genehmigt. Heiner Garg (FDP), Minister für Soziales und Gesundheit von Schleswig-Holstein, appellierte dann auch an Betroffene, sich zu melden und Unterstützung einzufordern: »Jedem ist klar, dass das erlittene Unrecht nicht wiedergutzumachen ist. Wir müssen Betroffenen sagen, ja, auch der Staat hat damals versagt und Kinder und Jugendliche in Psychiatrien und Heimen der Behindertenhilfe nicht angemessen schützen können.«

An einem Mittwoch im November 2018 standen wir Opfer der Medikamentenversuche im Plenarsaal des Kieler Landtags am Rednerpult; nicht Abgeordnete, sondern sechs traumatisierte ehemalige Heimkinder. Der Sozialausschuss hatte zu einem zweitägigen Symposium mit dem Titel »Die Vergangenheit im Kopf – die Zukunft in der Hand« eingeladen, und wir einstigen Heimkinder sollten vor rund 160 Gästen aus Politik, Wissenschaft und Kirchen berichten, was uns widerfahren war.

Als Erster sprach Franz Wagle. Er erzählte von seiner Zeit als Kind in Psychiatrien und Heimen, von Schlägen mit der Faust ins Gesicht. Er prangerte besonders an, dass so viel Zeit vergehen musste, bis den Opfern geglaubt wurde.

Ich sollte als einziger Betroffener am zweiten Tag des Symposiums sprechen, man hatte mir eineinhalb Stunden Zeit zur Verfügung gestellt, um meine Geschichte zu erzählen. Mir, der für bildungsunfähig erklärt worden war, hatte man einen Vortrag in dieser Länge und Ausführlichkeit zugebilligt, von mir selbst geschrieben. Das war ein innerer Kampf!

Für mich war dieser Tag wichtig dafür gewesen, dass ich mich so, in der Öffentlichkeit, von meiner Geschichte befreien konnte und sie nicht weiter herunterschlucken musste. Ich wollte, dass dieses Unrecht nicht weiter im Verborgenen gehalten wurde. Ich schloss meine Rede mit den folgenden Worten: »Was wir erlebt haben, darf nicht wieder in Vergessenheit geraten, denn sonst fängt das irgendwann wieder an. Den Menschen, die heute in Heimen leben, soll erspart bleiben, was den anderen und mir damals passiert ist.«

Die ganze Zeit war es im Saal mucksmäuschenstill. Für die Besucher war mein Vortrag wohl von allen am schwersten zu ertragen. Viele Zuhörer, darunter Mitglieder des Sozialausschusses und auch Heiner Garg, kämpften mit den Tränen und fanden hinterher kaum Worte, um auf das Gesagte zu reagieren.

Was ich will, ist, dass Politik und Gesellschaft mit Argusaugen auf diese Einrichtungen blicken, um zu verhindern, dass die Zustände von einst wieder zurückkehren und zu furchtbaren menschlichen Tragödien führen. Sicher, die Psychiatrie hat in den letzten fünfzig Jahren einen gewaltigen Wandel vollzogen. Wo zuvor althergebrachte Behandlungsmethoden noch als sakrosankt galten, werden diese nicht mehr angewandt, etwa die Verabreichung überdosierter Beruhigungsmittel, Elektroschocks oder Dauerfixierungen an Betten. Dennoch sollte man die im Blick haben, die die Verantwortung für Schutzbefohlene in den verschiedenen Einrichtungen übernommen haben, nie sollte man dies vergessen, zu schnell könnten sich Praktiken einschleichen, die die Würde des Menschen untergraben.

Das Land Schleswig-Holstein will sich nun mit einer Entscheidung über eine mögliche Wiedergutmachung mindestens bis 2020 Zeit lassen. Es möchte die Vorgänge erst einmal aufarbeiten. Die Pharmakonzerne, die ihre Präparate auf dem Hesterberg getestet haben – angefragt wurden Unternehmen von Bayer bis Novartis –, reagierten bislang nicht, oder sie gaben an, dass sie keine Unterlagen mehr aus dieser Zeit besäßen. Wenig helfen können auch die Ärzte, die uns die Medikamente verabreicht haben, sie sind, soweit ich weiß, nicht mehr am Leben.

Derweil gehe ich auf den Friedhof von Schleswig und besuche die Gräber von Helmut Kobelt, gestorben im Juni 1979, und Professor Hermann Meyerhoff, der im Dezember 1993 das Zeitliche segnete. Wenn ich vor ihren Grabsteinen stehe, kann ich nur sagen: »Vielen Dank für Ihr Vertrauen!«

# Dank

Wenn mich etwas tief bewegt und beglückt, so ist es die Dankbarkeit!

Und so bin ich unendlich dankbar all jenen Menschen, die mir beim Zustandekommen des Buchs zur Seite standen und die mir halfen, in die Öffentlichkeit zu treten, um mein Schicksal und das meiner Leidensgefährten in Heimen und psychiatrischen Anstalten publik zu machen:

Julia Schuhmacher, Eike Lüthje, Christian Schepsmeier, Constantin Gill und noch viele andere vom Norddeutschen Rundfunk Kiel. Sie haben mit uns Betroffenen sehr behutsam zusammengearbeitet.

Ich danke dem in Schleswig-Holstein amtierenden Sozialminister Dr. Heiner Garg dafür, dass er sich für meinen Wunsch, im Kieler Landtag zu sprechen, eingesetzt hat. So konnten auch andere Betroffene zu Wort kommen. Dank auch an Werner Kalinka, Vorsitzender des Sozialausschusses, für das Gelingen dieses zweittägigen Symposiums. Günther Jesumann moderierte es mit Feingefühl und höchster Professionalität.

Durch das Symposium wurde der Bastei Lübbe Verlag auf meine Geschichte aufmerksam. Mareike Neukam war eine unglaubliche Hilfe, damit dieses Buch Wirklichkeit wurde. Danke auch an Susann Wilke vom Sozialministerium, die den Kontakt vermittelte.

Besonders danken möchte ich meiner Co-Autorin Regina Carstensen, die mir mit Rat und Tat zur Seite stand. Ohne ihre Hilfe hätte ich auf verlorenem Posten gestanden.

*Eine Kindheit voller Armut und Gewalt*

Lisa Brönnimann
NIEMANDSKINDER
Verdingt und Verachtet.
Meine Kindheit in
der Schweiz
288 Seiten
ISBN 978-3-404-60951-2

Seit Lisa sich erinnern kann, wird sie zwischen verschiedenen Pflegestellen hin und her geschoben. Mit fünf Jahren kommt sie zu einer Pflegemutter, die sie und die anderen Kinder unbarmherzig quält. Sie prügelt, ertränkt ihre Opfer fast oder sperrt sie tagelang ein. Es ist eine harte Kindheit voller Arbeit und Entbehrungen – und das in den 1970er-Jahren in der Schweiz. Dahinter steht ein politischer Skandal. Bis 1981 ordneten die Schweizer Behörden „fürsorgerische Zwangsmaßnahmen“ an: Arme und uneheliche Kinder oder Waisen wurden in Heimen und Pflegefamilien untergebracht und mussten dort als „Verdingkinder“ arbeiten. Lisa Brönnimanns Schicksal steht stellvertretend für Tausende Betroffene.

Bastei Lübbe

*Eine bewegende Geschichte über ein junges Mädchen, das sich einen Ausweg aus ihrer düsteren Kindheit erkämpft.*

Emma La Spina
NIEMAND TROCKNETE MEINE TRÄNEN
Meine qualvollen Jahre in einem Kinderheim und wie ich in meiner Dienstfamilie gedemütigt wurde
In einem Band
Aus dem Italienischen
448 Seiten
ISBN 978-3-404-60976-5

Gleich nach ihrer Geburt wird die kleine Emma von ihrer Mutter ausgesetzt. Sie kommt in ein Kinderheim, in dem die Nonnen ein brutales Regiment führen: Der Alltag der Heimmädchen ist durchgetaktet, und noch der kleinste Regelverstoß wird mit drakonischen Strafen geahndet. Liebe und Zuneigung lernt Emma während der langen Jahre im Heim nie kennen. Ihre einzige Bezugsperson ist ihre leibliche Schwester Clotilde, doch die will von Emma nichts wissen. Kurz nach ihrem achtzehnten Geburtstag setzen die Nonnen Emma auch noch ohne Vorankündigung vor die Tür. Von einem Tag auf den anderen soll sie völlig alleine zurecht kommen ...

Bastei Lübbe

Lesejury